ESG 시대, 지속가능성을 높이는
전략적 PR 커뮤니케이션

홍보하지 말고 언론으로 보도하라

윤서아, 서성미, 이기정, 임혜경, 손미화
이은순, 오호준, 유양석, 문오영, 한경옥, 윤하솜

홍보하지 말고 언론으로 보도하라
ESG 시대, 지속가능성을 높이는 전략적 PR 커뮤니케이션

ⓒ 윤서아 외 2025

초판 1쇄 인쇄 2025년 5월 31일
초판 1쇄 발행 2025년 5월 31일
작가 **윤서아, 서성미, 이기정, 임혜경, 손미화, 이은순, 오호준, 유양석, 문오영, 한경옥, 윤하솜**

출판사 **재노북스**
기획편집 **윤서아** 디자인 **윤서아, 박지영**
콘텐츠사업 및 마케팅 **이시은, 임지수, 김민지**
작가컨설팅 **윤서아**

출판등록 2022년 4월 6일 제2023-000076 호
주소 서울특별시 금천구 가산디지털1로 205-27 에이원빌딩 705호
대표전화 0507-1381-0245 팩스 050-4095-0245
이메일 dasolthebest@naver.com
블로그 zeno_books@naver.com
ISBN 979-11-94868-01-9(13320) 27,900원

· 이 책은 저작권법에 의하여 보호를 받는 저작물이므로 무단 전재와 복제를 금합니다.
· 재노북스(zenobooks.co.kr)는 독자 여러분의 책에 관한 아이디어와 원고 투고를 기다리고 있습니다.
· 책 출간을 원하는 아이디어가 있으신 분은 재노북스 홈페이지 '원고투고'란으로 개요와 연락처 등을 보내주세요.

ESG 시대, 지속가능성을 높이는
전략적 PR 커뮤니케이션

홍보하지 말고
언론으로 보도하라

재노북스

- 시민기자단
  주니어기자단
  운영 노하우 수록
- 중소기업의 ESG
  내재화를 위한
  실천 로드맵
- 독자의 마음을
  사로잡는
  칼럼 쓰기의 기술

추천사

광고만으로 소비자를 설득하는 시대는 끝났다. 『홍보하지 말고 언론으로 보도하라』는 미디어와 브랜드가 결합했을 때 발휘하는 강력한 시너지 효과를 구체적인 사례를 통해 생생하게 보여준다. 언론의 신뢰를 얻는 브랜드가 결국 시장에서 승자가 된다는 사실을 다양한 전략과 인사이트로 설득력 있게 제시한다. 브랜드의 진정한 영향력을 높이고자 하는 모든 이들에게 자신 있게 추천한다

이동호, 글로벌이비즈니스 연구소장

브랜드는 제품을 넘어 신뢰와 공감으로 완성된다. 이 책은 브랜드가 어떻게 언론과 협력하여 소비자에게 깊은 신뢰감을 줄 수 있는지 명쾌히 안내한다. 광고비를 늘리는 대신 언론의 선택을 받아 브랜드의 가치를 지속적으로 높이고자 하는 기업에게 필독서다. 현장 경험과 풍부한 사례로 구성된 전략은 브랜드의 본질을 다루는 전문가들에게 꼭 필요한 인사이트를 제공한다.

이은호, 원비즈연구소 대표

스타트업은 늘 부족한 자원으로 시장에서 경쟁해야 한다. 이 책은 제한된 예산과 인력으로도 언론을 통해 최대 효과를 얻는 명확한 전략을 제시한다. 특히 창업 초기 브랜드의 신뢰와 인지도를 높이는 실질적인 방법들이 가득하다. 막연한 이론서가 아니라 현장에서 바로 활용 가능한 노하우가 풍부해, 스타트업 대표와 마케터라면 반드시 읽어야 할 필독서다.

정원훈, 텐스페이스 이사

이제 소비자들은 브랜드의 사회적 책임을 광고가 아닌 언론의 눈을 통해 판단한다. 이 책은 브랜드의 ESG 가치를 미디어에 효과적으로 전달하고 소비자의 진정한 지지를 얻는 구체적인 방법을 알려준다. 사회적 책임을 다하는 브랜드가 언론을 통해 어떻게 진정성을 인정받고 지속가능한 성장을 이룰 수 있는지 다양한 사례와 실무적 접근법으로 상세히 제시한다.

김진수, AI콘텐츠융합연구 연구소장

미디어와 브랜드 간의 상호작용은 더욱 중요해지고 있다. 『홍보하지 말고 언론으로 보도하라』는 변화하는 미디어 환경 속에서 브랜드가 어떻게 신뢰를 얻고 지속가능한 관계를 구축할 수 있는지 체계적으로 분석하고 있다. 언론과 브랜드의 건강한 파트너십을 통해 시장을 변화시키는 힘을 명확히 보여주는 이 책은 언론 환경의 변화에 주목하는 모든 사람들에게 의미 있는 지침서가 될 것이다.

리오, 광고디자이너

디지털 시대의 브랜드 전략은 언론의 선택 여부에 달려있다. 이 책은 빅데이터와 AI를 활용한 최신 PR 전략부터 위기 관리까지 미디어를 활용한 실전 전략을 체계적으로 소개한다. 광고를 뛰어넘어 진정한 브랜드 가치를 높이기 원하는 마케터들에게 실무에 바로 적용 가능한 풍부한 사례와 인사이트를 제공한다. 브랜드의 미래를 준비하는 모든 마케팅 전문가의 필독서다.

사락, 일러스트레이터

프롤로그

여러분의 브랜드가 소비자의 머릿속에 강력하게 각인되길 원하십니까? 광고비를 쏟아부어도 단지 일시적인 효과에 그치는 현실에 지쳐 있지는 않으십니까? 이제 광고가 아닌 '언론으로 브랜딩하는 시대'가 열렸습니다. 브랜드를 시장에서 진정한 주인공으로 만들고 싶다면, 광고에 의존하기보다 언론이 주목하고 선택하는 브랜드로 탈바꿈해야 합니다.

우리는 여전히 엄청난 정보의 홍수 속에 살고 있습니다. 하루에도 수백, 수천 개의 광고 메시지가 소비자를 향해 쏟아집니다. TV, 라디오, 신문, 인터넷, 그리고 스마트폰의 SNS까지 곳곳에서 끊임없이 브랜드의 목소리가 경쟁적으로 전달되고 있습니다. 하지만 역설적으로, 소비자는 점점 더 광고를 불신하고 있습니다. 화려한 광고와 홍보 메시지는 쉽게 잊히고, 오히려 소비자의 외면을 받기 시작했습니다.

이제 브랜드가 소비자의 진정한 관심과 신뢰를 얻기 위해서는 '언론'이라는 강력한 매체를 활용해야 합니다. 왜 언론인가요? 언론은 광고와는 근본적으로 다르기 때문입니다. 광고는 브랜드가 스스로 자신을 주장하는 방식이지만, 언론은 객관적인 시선으로 브랜드를 평가하고 전달합니다. 독자들은 언론을 신뢰하고, 언론이 선택한 브랜드에 주목합니다. 언론이 긍정적으로 소개한 브랜드는 단순한 상품이나 서비스가 아닌, 진정한 가치를 지닌 존재로 소비자의 인식에 자리 잡습니다.

이 책 『홍보하지 말고 언론으로 보도하라』는 브랜드가 언론을 통해 시장에서 영향력을 극대화하는 방법을 다룹니다. 시즌 1에서 우리가 제안한 "광고하지 말고 언론하라"라는 메시지가 큰 공감을 얻었다면, 시즌 2에서는 더 나아가 어떻게 언론이 여러분의 브랜드를 선택하고, 소비자에게 강력하게 각인시킬 수 있는지 보다 구체적이고 심도 깊게 접근할 것입니다.

이 책은 이론적이고 추상적인 지식만을 전달하지 않습니다. 대신, 생생한 현장의 목소리와 수많은 성공 사례를 담고 있습니다. 기자들이 실제로 어떤 브랜드를 선택하는지, 어떤 이야기에 주목하고 어떤 스토리를 기사화하는지, 그 실전적이고 현실적인 전략을 담았습니다. 아울러 언론과 함께 일하는 PR 전문가, 마케팅 전략가들이 쌓아온 귀중한 경험과 시행착오까지도 솔직하게 나눌 것입니다.

먼저 우리는 디지털 시대의 언론 환경과 그 속에서 변화하는 브랜드 브랜딩의 트렌드를 깊이 들여다볼 것입니다. 모바일 시대의 언론 생태계는 어떻게 바뀌었으며, 개인 미디어와 전통 언론의 경계가 사라지는 상황에서 브랜드는 어떤 전략을 세워야 하는지 명확하게 짚어줄 것입니다.

이어지는 내용에서는 데이터와 인공지능(AI)을 활용해 브랜드의 정확한 타겟 오디언스를 정의하고 그들에게 깊이 공감하는 메시지를 전달하는 방법을 구체적으로 소개할 것입니다. 언론은 더 이상 막연한 추측과 직관으로 움직이지 않습니다. 정교한 데이터 분석과 AI가 이끄는 미디어 환경에서 브랜드가 어떻게 콘텐츠를 효과적으로 기획하고 전달할 수 있는지 확실히 제시할 것입니다.

물론 좋은 전략과 기술만으로는 충분하지 않습니다. 언론으로 브랜딩하는 진정한 핵심은 브랜드가 전달하는 '스토리'에 있습니다. 단순히 제품이나 서비스를 소개하는 보도자료가 아니라, 브랜드가 소비자에게 제공하는 특별한 가치와 철학을 담은 스토리를 만들어야 합니다. 기자들이 관심을 가질 만한 콘텐츠는 어떤 것인지, 브랜드 스토리텔링을 통해 어떻게 기사화를 유도할 수 있는지, 실제로 효과를 본 브랜드들의 사례를 통해 생생하게 안내할 것입니다.

브랜드는 늘 위기 상황에 직면할 수 있습니다. 언론을 활용하는 브랜딩은 좋은 이야기만 전달하는 것이 아닙니다. 우리는 이번 책에서 위기 상황에서도 언론을

프롤로그

통해 브랜드의 신뢰를 지키고 강화할 수 있는 전략을 상세하게 제시합니다. 위기에 빠졌을 때도 언론과 효과적으로 소통하며 브랜드의 평판을 보호하는 실제 사례와 전략적 대응 매뉴얼을 제공할 것입니다.

더불어 시대의 큰 화두로 자리 잡은 ESG와 지속가능성도 빼놓지 않고 다룹니다. 브랜드가 단지 상품이나 서비스 이상의 가치를 추구할 때, 소비자들은 진심 어린 신뢰와 애정을 보냅니다. 언론은 이 과정에서 가장 중요한 역할을 합니다. ESG 메시지를 언론과 함께 효과적으로 전달하고 소비자와 시장의 호응을 얻어내는 방법까지 이 책에서 배울 수 있을 것입니다.

언론으로 브랜딩한다는 것은 결국 브랜드가 스스로 미디어를 만들고, 기자들과 긴밀히 협력하여 시장의 신뢰와 소비자의 마음을 얻는 과정을 의미합니다. 이제 브랜드는 단순히 광고 메시지를 전달하는 주체가 아니라, 소비자의 신뢰를 얻고 언론이 적극적으로 선택하는 가치 있는 이야기의 주인공이 되어야 합니다.

『홍보하지 말고 언론으로 보도하라』는 단순한 브랜드 PR 책이 아닙니다. 이 책은 브랜드가 소비자의 삶에 의미 있는 가치를 제공하고, 시장과 사회의 신뢰를 얻으며 지속 가능한 성공을 이루기 위한 종합적인 지침서입니다. 이 책을 통해 여러분은 언론이 주목하고 소비자가 신뢰하는 강력한 브랜드를 만들 수 있을 것입니다.

여러분의 브랜드가 이제 광고의 한계를 넘어, 언론을 통해 시장을 지배하고 소비자의 마음속 깊이 자리 잡기를 바랍니다. 이 책이 그 여정의 시작부터 끝까지 든든한 길잡이가 되어드릴 것입니다.

언론으로 브랜딩하는 시대가 왔습니다. 이제, 언론이 여러분의 브랜드를 선택할 차례입니다. 함께 그 놀라운 여정을 시작해볼까요?

이 책이 탄생하는 과정에서 소중한 경험과 통찰을 아낌없이 공유해준 한국미디어창업뉴스의 열정적인 기자분들과 전문가들에게 진심 어린 감사의 마음을 전합니다. 또한 언제나 따뜻한 관심과 응원을 보내주시는 독자 여러분께 깊은 존경과 애정을 표합니다.

『홍보하지 말고 언론으로 보도하라』가 여러분 브랜드의 성공과 성장, 나아가 건강한 미디어 생태계의 발전에 기여하는 작은 씨앗이 되기를 간절히 바랍니다.

2025년 5월, 가산디지털단지에서 한국미디어창업뉴스 편집장 올림

목 차

추천사 4

프롤로그 6

언론보도의 새로운 트렌드와 효과적인 미디어 커뮤니케이션 전략 _ 윤서아

1. 언론보도, 광고를 뛰어넘는 힘
  (1) 왜 지금 '언론'인가? 광고의 한계와 언론보도의 장점 26
  (2) 신뢰와 영향력: 언론보도가 강력한 이유 27

2. 디지털 혁명, 언론이 변하고 있다
  (1) 디지털 시대 언론보도의 3가지 핵심 변화 29
  (2) 모바일과 소셜 미디어 중심의 새로운 언론 생태계 30
  (3) 개인 미디어의 급부상과 전통 언론의 변화 방향 32

3. AI와 데이터로 승부하는 언론보도 전략 7가지
  (1) 데이터로 정확하게 타겟을 찾아라 34
  (2) AI로 고객의 마음을 읽는 메시지 전략 34
  (3) 언론 모니터링과 빅데이터를 활용한 이슈 분석 기법 35
  (4) 뉴스룸의 AI 활용 사례와 실질적 효과 35
  (5) 자동화로 언론보도 효율 극대화하기 35
  (6) AI로 성과 예측과 평가 정확도를 높이는 방법 36
  (7) 인공지능 기반 위기 예측과 대응 시스템 구축 36

목차

4. 독자를 사로잡는 타겟 오디언스 맞춤형 메시지
  (1) 내 고객은 누구인가? 정확한 타겟 오디언스 정의하기   37
  (2) 타겟의 니즈를 정확히 파악하는 리서치 전략   38
  (3) 기억에 남는 맞춤형 메시지 작성법과 실전 사례   38

5. 효과를 극대화하는 멀티채널 언론보도 캠페인
  (1) 멀티채널 홍보의 핵심과 성공 요소   50
  (2) 언론과 SNS의 시너지 극대화 방법   51
  (3) 실제 효과를 입증한 멀티채널 캠페인 사례 분석   52

6. 위기상황에서도 강력한 대응력을 갖추는 법
  (1) 기업 위기 상황, 언론보도는 어떻게 대응해야 하는가?   53
  (2) 신속하고 정확한 메시지 전달을 위한 매뉴얼 제작   54
  (3) 실제 사례로 보는 성공적인 위기대응과 실패의 교훈   55

7. 언론보도에서 지켜야 할 투명성과 신뢰성 원칙
  (1) 언론보도에서 신뢰가 중요한 이유와 신뢰성 구축 전략   56
  (2) 독자와 미디어가 신뢰하는 투명한 소통의 기술   56
  (3) 신뢰 위기를 극복한 기업 사례 분석   57

목 차

성공하는 시민기자단과 서포터즈 운영의 모든 것 _ 서성미

1. 시민기자단, 평범한 시민이 특별해지는 기회
  (1) 시민기자단의 역할과 매력 이해하기   62
  (2) 성공한 시민기자단의 공통점은?   62

2. 마음을 움직이는 서포터즈 모집 전략
  (1) 열정적인 서포터즈를 모으는 비결   64
  (2) 공공기관의 서포터즈 운영 사례와 성공 포인트   65
  (3) 민간기업과 유명 브랜드의 서포터즈 운영 전략   67

3. 탄탄한 기자단을 만드는 필수 교육 프로그램
  (1) 효과적인 기자단 교육 프로그램 설계법   69
  (2) 시민기자에게 꼭 필요한 핵심 역량 키우기   71

4. 시민기자단을 효과적으로 운영하는 노하우
  (1) 기자단 활동의 지속적 참여를 이끄는 방법   73
  (2) 기자단과의 원활한 소통과 관리 기술   74

5. 시민기자단과 서포터즈의 모집 및 지원 방법
  (1) 기관별 시민기자단 및 서포터즈 지원 절차와 팁   76
  (2) 시민기자단 및 서포터즈 모집 사이트 추천과 활용법   78

6. 시민기자단의 성과 관리와 지속 가능한 발전 전략
  (1) 시민기자단 성과 평가 방법   80
  (2) 지속 가능한 기자단 운영을 위한 장기 전략 수립하기   81

목 차

독자의 마음을 사로잡는 칼럼 쓰기의 기술 _ 이기정

1. 읽히는 칼럼의 비밀: 매력적인 구조와 스타일
  (1) 독자가 끝까지 읽는 칼럼의 구조 이해하기   88

2. 지금 바로 써야 할 주제 선정의 기술
  (1) 독자가 가장 궁금해하는 시의성 있는 주제 찾기   92
  (2) 시대 흐름을 빠르게 읽고 주제를 선정하는 법   93

3. 설득력을 높이는 논리적 글쓰기
  (1) 칼럼의 논리를 탄탄하게 만드는 방법   95
  (2) 효과적으로 근거를 제시하는 3가지 전략   98

4. 독자와 강력한 공감대를 만드는 법
  (1) 독자가 공감하는 키워드 찾기   100
  (2) 글에 감성을 더해 공감을 극대화하는 방법   102

5. 영향력 있는 칼럼니스트가 되는 브랜딩 전략
  (1) 칼럼니스트의 정체성과 브랜드 만들기   104
  (2) 독자와 꾸준히 소통하는 브랜드 관리 비법   105

6. 실제로 독자를 움직인 영향력 있는 칼럼 사례 분석
  (1) 칼럼 하나로 사회를 움직인 사례   107
  (2) 꾸준히 사랑받는 칼럼의 성공 비결 분석   109

목 차

생각을 키우는 논술 글쓰기와 주니어 기자단 완벽 가이드 _ 임혜경

1. 주니어 기자단, 제대로 기획하고 운영하는 법
  (1) 효과적인 기자단 프로그램 설계 전략 115
  (2) 기자단 운영의 필수 체크리스트 116

2. 글쓰기의 기본, 논술적 사고력 키우기
  (1) 논리적 사고력을 길러주는 글쓰기 지도법 117
  (2) 창의력과 비판적 사고를 키우는 방법 119

3. 주니어 기자를 위한 취재와 인터뷰 스킬
  (1) 취재 준비부터 현장 인터뷰까지 실전 기술 120
  (2) 좋은 질문으로 생생한 이야기를 끌어내는 노하우 121

4. 읽히는 기사 작성과 꼼꼼한 피드백 전략
  (1) 기사 구성법과 주의해야 할 표현들 123
  (2) 효과적인 기사 피드백과 수정 방법 124

5. 똑똑한 주니어 기자로 키우는 미디어 리터러시 교육
  (1) 올바른 미디어 활용법 지도하기 125
  (2) 가짜 뉴스와 허위 정보를 구별하는 방법 127

6. 실제로 효과 본 우수 기자단 육성 사례 분석
  (1) 실제 현장에서 성과를 낸 주니어 기자단 운영 사례 128
  (2) 독자들에게 사랑받는 주니어 기자의 성장 스토리 132

목 차

소상공인을 위한 맞춤형 홍보 전략의 모든 것 _ 손미화

1. 작은 가게를 위한 홍보 전략의 비밀
   (1) 소상공인 홍보만의 강점과 효과   140
   (2) 우리 가게를 돋보이게 하는 차별화 전략   141

2. 적은 예산으로 최고의 효과 내기
   (1) 비용 대비 효과가 뛰어난 홍보 전략 3가지   142
   (2) 실제로 매출을 끌어올린 알뜰 홍보 사례   143

3. 스토리텔링으로 마음을 움직이는 보도자료 작성법
   (1) 독자의 관심을 끄는 우리 가게만의 이야기 찾기   145
   (2) 고객의 마음을 움직이는 보도자료 쓰는 방법   147

4. 지역 미디어를 내 편으로 만드는 법
   (1) 지역 미디어가 좋아하는 홍보 소재는 무엇인가?   148
   (2) 지역 신문, 방송과 협력하여 홍보 효과 높이기   150

5. SNS를 활용해 가게 알리기
   (1) SNS를 효과적으로 활용한 홍보법   151
   (2) SNS와 가게 홍보를 성공적으로 연결한 사례   153

6. 실제로 효과를 본 소상공인 홍보 기획 사례
   (1) 작은 가게가 SNS로 유명해지려면?   154
   (2) 지역과 함께 성장한 성공 사례 분석   157
   (3) 특별한 스토리텔링으로 고객의 마음을 사로잡기   158

목 차

PART 6

제주를 빛내는 매력적인 지역 홍보와 콘텐츠 마케팅 전략 _ 이은순

1. 제주만의 특별함을 발견하는 홍보 전략
   (1) 제주다움을 살리는 소상공인·지역 특화 홍보 포인트 165
   (2) 독자가 기억하는 제주만의 브랜드 스토리 만들기 165

2. 사람의 마음을 움직이는 스토리텔링 보도자료
   (1) 제주만의 이야기를 찾아서 보도자료로 만드는 법 167
   (2) 지역 고유 스토리를 기사로 만들어 홍보하는 기술 168

3. 제주의 숨겨진 자원을 콘텐츠로 만드는 방법
   (1) 관광자원을 효과적으로 콘텐츠로 전환하는 전략 170
   (2) 사람들의 기억에 오래 남는 관광콘텐츠 개발법 171

4. 성공하는 지역 축제와 이벤트 홍보의 비밀
   (1) 제주 지역 축제의 홍보 효과를 높이는 방법 173
   (2) 작은 이벤트도 빛나게 만드는 홍보 전략 175

5. 온라인 홍보, 채널별 맞춤 전략으로 승부하기
   (1) SNS, 블로그, 유튜브 등 온라인 채널별 전략 가이드 176
   (2) 제주의 특성을 살린 온라인 홍보 성공 사례 178

6. 제주를 알린 성공적인 홍보 사례 분석
   (1) 제주의 가치를 효과적으로 알린 성공 사례 179
   (2) 관광객과 주민 모두에게 사랑받은 성공 사례 이야기 181

목 차

PART 7

신뢰받는 의료 기사 작성의 원칙과 전략 _ 오호준

1. 의료 광고와 언론 보도, 무엇이 다를까
  (1) 의료 광고와 언론 보도의 명확한 구분법   187
  (2) 의료 보도의 공정성과 신뢰성 확보하기   188

2. 독자가 신뢰하는 의료 정보 기사 쓰기
  (1) 정확한 의료 정보를 효과적으로 전달하는 방법   189
  (2) 복잡한 의료 용어, 쉽게 풀어 쓰는 전략   190

3. 의료 광고성 기사 작성 시 반드시 지켜야 할 원칙
  (1) 의료 광고 기사에서 자주 하는 실수와 예방법   191
  (2) 독자를 현혹하지 않고 정직하게 작성하는 방법   192

4. 의료 보도 과정시 발생 가능한 법적 문제와 대책
  (1) 의료 보도 시 주의해야 할 법적 쟁점과 사례   193
  (2) 실제 사례로 보는 법적 문제 예방 및 대응법   194

5. 의료 기사 작성을 위한 필수 법률 가이드
  (1) 의료법, 광고법 등 꼭 알아야 할 주요 법령   195
  (2) 사례 중심으로 배우는 의료기사 관련 법적 가이드라인   196

PART 8

디지털 시대의 언론법, 온라인 명예훼손과 초상권 _ 유양석

1. 디지털 시대, 언론과 법이 만나다
  (1) 온라인에서 법적 갈등이 급증하는 이유는? 202
  (2) 디지털 언론과 기존 언론의 차이점 이해하기 203
  (3) 사례로 배우는 디지털 언론의 법적 책임과 한계 205

2. 온라인 명예훼손, 이것만은 알아두자
  (1) 명예훼손은 어떤 상황에서 성립될까? 명확한 기준 알아보기 208
  (2) 인터넷 댓글과 SNS 게시물, 어디까지 허용될까? 209
  (3) 내가 피해자 또는 가해자라면 어떻게 대처해야 할까? 210
  (4) 판례로 보는 온라인 명예훼손 실제 사례 분석 211

3. 초상권 침해, 어디까지가 허용될까
  (1) 초상권 침해란 무엇인지 쉽게 이해하기 214
  (2) 온라인 초상권 침해 기준과 현실적 적용 사례 215
  (3) 초상권 침해가 발생했을 때 현명하게 대응하는 법 216
  (4) 판례로 보는 초상권 침해 실사례 이야기 217

4. 명예훼손과 초상권 침해, 법적 대응 및 예방 전략
  (1) 온라인에서 명예훼손과 초상권 침해를 미리 막는 효과적인 방법 219
  (2) 명예훼손과 초상권 침해 피해 발생 시 대응 절차 및 요령 221

목 차

성공하는 인터뷰 기사의 모든 것 _ 문오영

1. 인터뷰 준비하기: 훌륭한 인터뷰는 준비에서 시작된다.
  ⑴ 인터뷰이 선정: 독자들이 궁금해할 인물 찾기 _ 229
  ⑵ 사전 조사: 인터뷰 전 꼭 준비해야 할 5가지 _ 230
  ⑶ 효과적인 질문 만들기: 좋은 질문이 좋은 답변을 만든다 _ 231
  ⑷ 사전 인터뷰와 인터뷰이 설득하는 노하우 _ 233

2. 인터뷰 진행하기: 현장에서 좋은 답변을 끌어내는 방법
  ⑴ 인터뷰 현장 분위기를 만드는 법 _ 234
  ⑵ 질문의 순서와 질문의 기술 _ 236
  ⑶ 돌발 상황 대처법과 인터뷰이의 긴장 완화법 _ 237
  ⑷ 인터뷰이의 진심을 이끌어내는 질문법 _ 239

3. 인터뷰 기사 작성하기: 독자를 사로잡는 글쓰기 전략
  ⑴ 첫 문장으로 독자의 시선을 붙잡는 방법 _ 240
  ⑵ 스토리텔링을 활용한 인터뷰 기사 구성법 _ 242
  ⑶ 인터뷰이의 개성과 철학을 효과적으로 표현하는 기술 _ 243
  ⑷ 직접 인용과 간접 인용을 적절히 사용하는 방법 _ 245

4. 실제 사례로 보는 인터뷰 기사 분석: 잘 쓴 인터뷰 기사에는 비밀이 있다
  ⑴ 사례 분석 _ 247
  ⑵ 독자와의 공감을 이끄는 인터뷰 기사의 공통점 _ 249

5. 인터뷰를 통해 고객과 신뢰 관계 형성하기
  ⑴ 인터뷰이와 신뢰를 형성하는 대화 기술 _ 249
  ⑵ 좋은 인터뷰 경험을 만들어 재인터뷰 기회 확보하기 _ 250
  ⑶ 인터뷰를 통해 장기적인 인적 네트워크 구축 방법 _ 252

목 차

PART 10

ESG 시대, 지속가능성을 높이는 전략적 PR 커뮤니케이션 _ 한경옥

1. ESG 커뮤니케이션, 왜 지금 중요한가
 (1)기업 홍보의 미래, ESG를 이해하라 258
 (2)놓쳐선 안 될 최신 ESG 트렌드 분석 259

2. ESG 성과를 효과적으로 알리는 홍보 전략
 (1)ESG 성과를 매력적으로 전달하는 방법 261
 (2)성공적인 ESG 홍보 캠페인의 핵심 전략 262

3. ESG 메시지, 이해관계자 맞춤형으로 개발하기
 (1)투자자, 고객, 직원별 효과적 메시지 구성 265
 (2)이해관계자를 설득하는 ESG 스토리텔링 기법 266

4. 언론이 주목하는 ESG 보도자료 작성과 미디어 대응
 (1)기자가 관심을 갖는 ESG 보도자료 쓰기 268
 (2)미디어 대응을 위한 ESG 커뮤니케이션 실전 노하우 270

5. 지속가능경영보고서, 제대로 만들고 활용하기
 (1)지속가능경영보고서 작성의 필수 가이드 272
 (2)지속가능경영보고서를 홍보에 적극 활용하는 방법 274

6. 중소, 중견기업의 ESG공급망 실사 대응방안
 (1)글로벌 ESG규제 대응을 위한 준비 276
 (2)중소, 중견기업의 ESG경쟁력 강화를 위한 실천방안 277

목 차

PART 11

ESG로 조직을 바꾸고 문화를 만드는 강소기업 경영 전략 _ 윤하솜

1. 강소기업도 ESG를 해야 하는 이유
　(1) 작은 회사가 ESG를 해야 살아남는다　283
　(2) ESG는 비용이 아니라 투자다　284

2. ESG 경영, 어디서부터 어떻게 시작할까
　1) 복잡하게 생각하지 말고 작은 것부터 시작하라　286
　(2) 실천 가능한 ESG 액션 10가지　287

3. 조직에 ESG를 자연스럽게 심는 방법
　(1) CEO가 먼저 ESG를 말하고 행동해야 한다　290
　(2) ESG를 강요하지 않고 문화로 만드는 법　291

4. 일하는 방식부터 바뀌어야 ESG가 된다
　(1) 친환경·공정성을 고려한 업무 프로세스 혁신　293
　(2) 내부 커뮤니케이션으로 ESG를 생활화하기　295

5. ESG 성공 기업 사례: 작은 실천이 큰 변화를 만든다
　(1) 강소기업 A사: 플라스틱 절감 캠페인 성공 스토리　297
　(2) 스타트업 B사: 직원 복지와 ESG를 연결한 혁신　298
　(3) 제조 스타트업 C사: 탄소중립을 일상화한 사례　299
　(4) 외식업체 D사: 지역사회와 연결한 ESG 모델　301

6. 중소기업의 ESG 내재화를 위한 실천 로드맵
　(1) 1년 안에 ESG를 체질화하는 실행 계획　303
　(2) 내부 리더를 키워 ESG를 지속 가능하게 만들기　305

에필로그　308

PART 1

언론보도의 새로운 트렌드와 효과적인 미디어 커뮤니케이션 전략

CONTENTS

언론보도, 광고를 뛰어넘는 힘 ………………………………………… 26

디지털 혁명, 언론이 변하고 있다 ……………………………………… 29

AI와 데이터로 승부하는 언론보도 전략 7가지 …………………… 33

독자를 사로잡는 타겟 오디언스 맞춤형 메시지 …………………… 36

효과를 극대화하는 멀티채널 언론보도 캠페인 …………………… 50

위기상황에서도 강력한 대응력을 갖추는 법 ……………………… 53

언론보도에서 지켜야 할 투명성과 신뢰성 원칙 …………………… 56

윤서아

"AI기업교육 전문강사이자 디지털 미디어 아티스트"

윤서아 작가는 AI기업교육 전문강사이자 디지털 미디어 아티스트로서 동화책부터 웹툰까지 다양한 분야에서 일러스트 디자이너로 활동하며 장르소설 및 웹소설을 꾸준히 연재하고 있습니다.

현재 『한국미디어창업뉴스』 대표 겸 편집장으로서 지역과 사회를 연결하는 미디어 플랫폼을 운영하며, 현장 중심의 저널리즘을 실천하고 있습니다. AI 콘텐츠 제작과 1인 미디어 창업 등 급변하는 디지털 환경 속에서 기업과 개인의 콘텐츠 및 홍보영상 제작에 주력하고 있습니다.

또한 『재노북스』의 편집장과 (사)국제미디어예술협회의 대표이사를 맡아 창작과 미디어 혁신을 위한 기반을 조성하고 있으며, 『재노스쿨 & 미디어창업아카데미 평생교육원』을 운영하며 미디어 창업코칭과 AI활용 교육을 통해 생산성 향상과 혁신을 선도하고 있습니다.

- 재노북스 출판사 대표 겸 수석편집장
- AI기업교육 전문강사 겸 교육학 박사
- 한국미디어창업뉴스 대표 겸 수석편집장
- (사)국제미디어예술협회 대표이사 겸 수석연구원
- 재노스쿨 & 미디어창업아카데미 평생교육원 원장

출간저서로는 『그림책 동화작가로 시작하는 1인출판 프로젝트』, 『인공지능 콘텐츠 트렌드』, 『광고하지 말고 언론하라』, 『여성 창업시대 리더가 된 여자들』, 『나도 AI로 돈 벌어볼까?』, 『퇴근 후 온라인 강사가 된 홍대리』 외 다수

"좋은 기사는 독자의 마음을 열고,
위대한 기사는 세상을 바꾼다."

조셉 퓰리처

1. 언론보도, 광고를 뛰어넘는 힘

(1) 왜 지금 '언론'인가? 광고의 한계와 언론보도의 장점

우리는 매일 엄청난 양의 광고 속에서 살아가고 있다. TV를 켜도, 스마트폰을 봐도, 심지어 거리를 걸을 때조차 수많은 광고가 우리의 시선을 끌려고 경쟁한다. 기업은 고객의 관심을 얻기 위해 광고에 막대한 비용을 쓰고 있지만, 아이러니하게도 광고가 많아질수록 소비자는 광고에 더욱 무감각해진다. 광고가 넘쳐나는 시대에 소비자들은 광고를 피하거나 신뢰하지 않기 시작했다. 사람들은 브랜드가 전하는 광고 메시지보다는 믿을 만한 누군가의 추천이나 뉴스 기사에 더 신뢰를 보낸다. 이러한 변화는 광고의 한계를 명확히 보여준다.

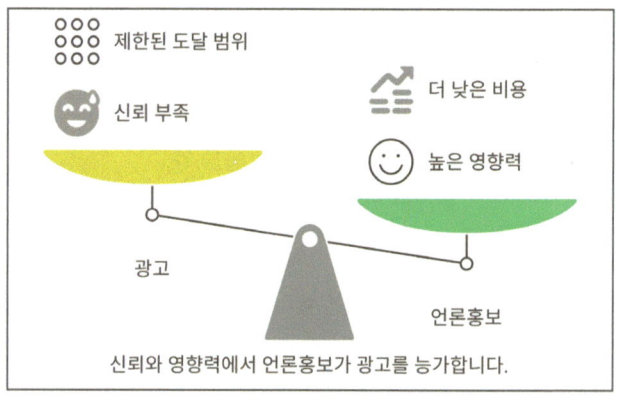

반면 언론보도는 광고의 이런 한계를 뛰어넘어 브랜드가 소비자와 깊고 의미 있는 신뢰 관계를 형성하도록 돕는다. 그렇다면 언론보도의 힘은 과연 무엇일까? 언론보도의 가장 큰 장점은 신뢰와 공신력에 있다. 소비자들은 언론이 객관적이고 공정한 시각으로 전달하는 정보를 신뢰하기 때문에, 언론에서 다뤄진 브랜드나 제품에 자연스럽게 신뢰감을 느낀다. 언론보도를 통해 전달되는 메시지는 광고처럼 단순히 상품을 알리는 것이 아니라, 소비자의 삶과 관련된 진정성 있는 정보로 인식된다.

예를 들어, 똑같은 제품이라도 광고에서는 '최고의 제품', '가장 좋은 선택'이라고 홍보하지만, 소비자들은 이러한 광고 문구에 쉽게 동의하지 않는다. 하지만 언론 기사를 통해 이 제품이 실제로 어떤 문제를 해결했고, 소비자의 생활에 어떻게 도움이 되었는지 객관적이고 구체적인 이야기를 전달한다면 독자는 자연스럽게 관심을 가지고 신뢰하게 된다. 즉, 광고는 브랜드가 스스로를 자랑하는 방식이지만, 언론보도는 제3자의 객관적이고 신뢰할 수 있는 평가를 제공한다는 점에서 광고보다 강력하다.

또한 언론보도는 비용 대비 효과가 뛰어나다는 점에서도 주목할 만하다. 광고는 비용을 지속적으로 투입해야 효과를 유지할 수 있지만, 언론보도는 한 번 기사가 보도되면 온라인 검색, SNS 공유 등을 통해 오랜 기간 소비자에게 노출될 수 있다. 이것이 바로 브랜드가 광고를 넘어 언론보도로 전환해야 하는 또 다른 중요한 이유다.

특히 디지털 시대에는 뉴스 콘텐츠가 소셜미디어와 검색 엔진을 통해 쉽게 확산되면서, 언론보도의 영향력은 더욱 커지고 있다. 이제는 단순히 광고비를 늘리는 것이 아니라, 언론을 통해 소비자와 시장의 신뢰를 얻는 전략을 고민해야 할 때이다. 이처럼 신뢰와 공신력, 비용 효율성까지 갖춘 언론보도야말로 브랜드가 광고의 한계를 뛰어넘어 소비자와 진정으로 연결될 수 있는 가장 효과적인 방법이다.

(2) 신뢰와 영향력: 언론보도가 강력한 이유

광고의 시대가 저물고 언론보도가 주목받는 가장 큰 이유는 바로 '신뢰'와 '영향력' 때문이다. 소비자들은 광고가 기업의 일방적인 메시지라는 사실을 잘 알고 있다. 그래서 소비자들은 점점 더 광고를 불신하거나 무시하는 경향이 강해지고 있다. 하지만 언론이 전달하는 메시지는 다르다. 언론은 중립적이고 객관적인 입장에서 정보를 전달한다고 믿기 때문에, 소비자들은 뉴스 기사와 보도자료에 훨씬 높은 신뢰를 보낸다.

실제로 한 조사에 따르면 소비자들이 브랜드나 제품을 선택할 때, 광고보다는 언론의 추천이나 보도를 통해 정보를 얻는 경우 구매 의사결정이 훨씬 빨라진다고 한다. 예를 들어, 똑같은 음식점이라도 광고에서 "가장 맛있는 집"이라고 소개하면 소비자들은 과장된 표현이라며 의심하지만, 지역 언론이 "이 음식점은 지역 주민들에게 오랜 시간 사랑받고 있다"라고 기사화하면 소비자들은 훨씬 더 쉽게 신뢰하고 방문할 가능성이 높아진다. 이처럼 언론은 소비자에게 신뢰받는 제3자의 입장에서 브랜드를 평가하기 때문에 설득력이 훨씬 더 크다.

또한 언론보도의 강력한 힘은 브랜드의 신뢰성뿐만 아니라 영향력에서도 발휘된다. 언론이 보도하는 내용은 단순히 사실 전달을 넘어 여론을 만들고 소비자의 생각과 행동에 실질적인 영향을 미친다. 예를 들어, 환경을 보호하는 브랜드의 사회공헌 활동을 광고로 내보내는 것보다 언론의 보도를 통해 알리는 것이 더 큰 영향력을 발휘한다.

소비자는 광고에서 브랜드가 하는 이야기를 과장이나 홍보로 인식하지만, 언론 보도를 통해 접한 브랜드의 활동은 진정성 있고 가치 있는 일로 받아들인다. 이렇게 되면 소비자들은 자연스럽게 브랜드의 팬이 되고, 브랜드와 지속적인 신뢰 관계를 형성하게 된다.

디지털 시대가 되면서 언론의 영향력은 더욱 커지고 있다. 사람들은 SNS와 인터넷을 통해 뉴스 기사를 활발히 공유하고 의견을 나눈다. 언론이 보도한 브랜드의 긍정적인 이야기는 빠르게 온라인을 통해 확산되면서 브랜드 이미지를 한층 높여준다. 특히 MZ세대는 광고보다 주변의 추천이나 뉴스 기사에 더 큰 신뢰를 보내기 때문에, 언론보도를 통한 브랜드 메시지는 더욱 강력한 영향력을 갖는다.

이러한 신뢰와 영향력을 얻기 위해 브랜드가 할 일은 명확하다. 광고에만 의존할 것이 아니라, 언론이 주목하고 소비자가 신뢰할 만한 스토리를 개발하는 것이다. 객관적이고 진정성 있는 이야기를 언론을 통해 전달할 때, 브랜드는 광고비 없이도 시장에서 영향력 있는 리더로 성장할 수 있다. 이것이 바로 언론보도가 광고를 뛰어넘는 가장 강력한 이유이자, 지금 당장 브랜드가 언론보도를 해야 하는 이유다.

2. 디지털 혁명, 언론이 변하고 있다

(1) 디지털 시대 언론보도의 3가지 핵심 변화

디지털 시대의 도래는 우리의 일상뿐만 아니라 언론보도의 환경도 완전히 바꾸어 놓았다. 과거 신문이나 방송 중심으로 이뤄졌던 언론보도는 이제 디지털 채널로 무게중심이 급격히 이동하고 있다. 이렇게 바뀐 환경에서 브랜드가 효과적으로 언론보도를 하려면, 어떤 변화를 정확히 이해하고 있어야 할까? 지금부터 디지털 시대 언론보도의 핵심 변화 3가지를 살펴보자.

첫 번째 변화는 뉴스 소비 방식의 디지털화다. 더 이상 사람들은 신문 지면이나 TV 앞에 앉아서만 뉴스를 접하지 않는다. 스마트폰, 태블릿, SNS 등 모바일 기기를 통해 실시간으로 뉴스를 소비한다. 이에 따라 뉴스는 빠르고 간결하게 전달되는 것이 중요해졌다. 긴 보도자료나 복잡한 내용을 가진 기사는 소비자에게 외면받기 쉽다. 대신 직관적인 제목과 요약된 핵심 메시지, 짧고 이해하기 쉬운 콘텐츠로 구성된 뉴스가 독자의 관심을 끌고 온라인에서 빠르게 확산된다. 따라서 브랜드는 뉴스를 디지털 환경에 최적화하는 능력을 키워야 한다.

두 번째 변화는 소셜미디어의 등장으로 뉴스가 소비되는 경로가 다양해졌다는 것이다. 과거에는 언론사나 포털사이트가 뉴스 소비의 핵심 경로였지만, 지금은 페이스북, 인스타그램, 유튜브 등 다양한 소셜미디어가 주요 뉴스 소비 채널로 떠올랐다. 뉴스는 이제 소비자들이 적극적으로 공유하며 확산시키는 방식으로 퍼진다. 따라서 브랜드는 전통 언론뿐 아니라 소비자들이 활발히 활동하는 소셜미디어 플랫폼을 적극적으로 활용해야 한다. 짧은 영상 콘텐츠, 카드뉴스, 인포그래픽 등 디지털 친화적 콘텐츠가 브랜드의 이야기를 효과적으로 전달하는 데 큰 역할을 한다.

세 번째 변화는 데이터와 인공지능(AI)을 활용한 정교한 타겟팅과 분석이 가능해졌다는 점이다. 디지털 환경에서는 뉴스가 누구에게, 언제, 어떤 경로로 전달되는지 데이터를 통해 정확히 파악할 수 있다. 브랜드는 이 데이터를 활용해 자신들의 메시지를 원하는 타겟 오디언스에게 효과적으로 전달할 수 있다. 예를 들어, 특정 연령층이나 관심사를 가진 소비자에게만 정교하게 뉴스 콘텐츠를 노출시키거나, 뉴스에 대한 소비자의 반응과 참여도를 실시간으로 분석하여 다음 전략을 빠르게 조정할 수 있다. AI와 데이터 분석을 통한 언론보도는 브랜드가 훨씬 적은 비용으로 더 큰 성과를 내도록 도와준다.

이러한 세 가지 변화—디지털 뉴스 소비 방식, 소셜미디어의 부상, 데이터 기반의 정교한 홍보 전략—를 이해하고 활용하는 것이 디지털 시대 언론보도 성공의 핵심이다. 브랜드가 앞으로의 언론보도 환경에서 살아남으려면 이 변화에 빠르게 적응하고 적극적으로 활용하는 능력을 키워야 한다. 이것이 바로 디지털 시대에 브랜드가 시장에서 경쟁력을 높이고 소비자와 진정한 신뢰를 형성하는 가장 효과적인 방법이다.

(2) 모바일과 소셜 미디어 중심의 새로운 언론 생태계

디지털 혁명으로 인해 언론이 가장 크게 변화한 부분 중 하나는 바로 뉴스 소비 환경이 모바일과 소셜 미디어 중심으로 급격히 옮겨갔다는 점이다. 과거에는 아침 신문이나 저녁 TV 뉴스를 통해 하루에 정리된 소식을 접했지만, 이제 사람들은 하루 종일 스마트폰을 통해 실시간으로 뉴스를 확인하고 공유한다. 즉, 뉴스는 더 이상 기다리는 것이 아니라 실시간으로 소비되고 있다.

이런 변화는 뉴스 제작과 유통 방식에도 커다란 변화를 가져왔다. 첫째,

뉴스 콘텐츠의 형태가 달라졌다. 모바일 환경에서는 긴 텍스트 중심의 기사가 아니라 간결하고 명확한 메시지가 담긴 콘텐츠가 각광받는다. 카드뉴스, 짧은 영상, 인포그래픽과 같은 콘텐츠가 뉴스 소비자들에게 빠르게 다가가고 공유된다. 따라서 브랜드는 언론보도 시 모바일에 최적화된 짧고 임팩트 있는 메시지를 전달해야 한다.

둘째, 뉴스의 유통 채널이 전통적인 언론 매체에서 소셜 미디어로 급격히 확장되었다. 페이스북, 인스타그램, 유튜브, 틱톡과 같은 다양한 소셜 플랫폼을 통해 뉴스 콘텐츠는 빠르고 광범위하게 확산된다. 뉴스가 소셜 미디어를 통해 소비자들 사이에서 자발적으로 공유되는 순간, 브랜드는 단순한 보도를 넘어 막대한 영향력을 발휘할 수 있게 된다. 따라서 소셜 미디어의 특성에 맞는 감성적이고 공유하기 좋은 콘텐츠를 기획하는 능력이 필수적이다.

셋째, 모바일과 소셜 미디어 중심의 생태계에서는 독자와의 소통 방식도 완전히 달라졌다. 과거에는 일방적인 정보 전달에 그쳤지만, 지금은 독자들이 뉴스 콘텐츠에 즉각적으로 반응하고 의견을 제시할 수 있다. 이러한 양방향 소통 환경은 브랜드에게 큰 기회를 제공한다. 브랜드가 기사에 달린 소비자들의 반응과 피드백을 실시간으로 분석하고 즉시 대응한다면, 소비자와 더욱 친밀한 관계를 맺고 긍정적인 이미지를 형성할 수 있다.

이제 브랜드는 뉴스가 어떻게 모바일과 소셜 미디어 환경에서 소비되는지 명확히 이해하고 그 특성에 맞게 전략을 세워야 한다. 모바일에 최적화된 콘텐츠 제작, 소셜 미디어를 활용한 자발적 확산, 실시간으로 이루어지는 소비자와의 소통과 피드백 분석이 바로 디지털 시대 언론보도의 성공 열쇠다. 모바일과 소셜 미디어 중심의 새로운 언론 생태계를 적극적으로 활용할 수 있는 브랜드가 앞으로 시장에서 소비자의 신뢰를 얻고 더 강력한 경쟁력을 가질 것이다.

(3) 개인 미디어의 급부상과 전통 언론의 변화 방향

디지털 혁명은 개인 미디어 시대를 열었다. 이제 뉴스 콘텐츠를 만드는 주체는 더 이상 기존의 신문사나 방송국 같은 전통적인 언론사만이 아니다. 블로그, 유튜브 채널, SNS를 운영하는 개인 미디어들이 뉴스 콘텐츠 제작과 확산의 중심에 서게 되었다. 이 변화는 뉴스 생태계 전체를 근본적으로 흔들고 있다.

개인 미디어가 급부상한 이유는 무엇일까? 가장 큰 이유는 진정성과 신속성에 있다. 개인 미디어는 기존 언론이 다루지 않는 틈새 주제나 지역의 생생한 소식을 빠르게 전달할 수 있다. 또한 개인의 솔직한 의견과 경험이 담긴 콘텐츠가 독자에게 더 큰 공감을 얻기도 한다. 예를 들어, 전문 기자가 아닌 동네 주민이 직접 지역 맛집을 소개하거나, 여행자가 생생한 여행 경험을 유튜브로 전달하면 전통 언론보다 훨씬 더 높은 신뢰와 공감을 얻는 경우가 많다.

이러한 변화 속에서 전통 언론 역시 변화하지 않을 수 없다. 첫째, 전통 언론은 개인 미디어의 강점인 신속성과 친근성을 배워야 한다. 복잡하고 긴 기사보다는 빠르고 직관적인 콘텐츠를 제작하고, 딱딱하고 권위적인 어조 대신 친근하고 공감을 주는 어조로 독자에게 접근해야 한다.

둘째, 전통 언론과 개인 미디어의 협력이 중요해졌다. 전통 언론은 개인 미디어의 독창적인 콘텐츠를 적극적으로 활용하고 제휴를 맺음으로써 콘텐츠의 다양성과 신속성을 높일 수 있다. 예를 들어, 인기 있는 개인 유튜버와 협업하여 브랜드 캠페인을 진행하거나 개인 블로거의 생생한 후기를 뉴스 콘텐츠에 인용하는 방식으로 협업이 이루어지고 있다.

셋째, 전통 언론은 '큐레이션 역할'을 강화해야 한다. 정보가 넘쳐나는 디지털 시대에 소비자들은 신뢰할 수 있고 검증된 정보를 원한다. 전통 언론은 전문성을 기반으로 정보의 진위를 가려내고 신뢰할 수 있는 정보를 소비자에게 제공하는 '필터' 역할을 더욱 강조해야 한다.

이제 브랜드는 개인 미디어의 영향력과 전통 언론의 변화를 동시에 이해해야 한다. 개인 미디어를 통해 소비자와 친근하게 소통하면서 전통 언론의 신뢰와 공신력을 적극적으로 활용해야 한다. 이렇게 개인 미디어와 전통 언론의 장점을 융합하는 브랜드만이 디지털 시대의 치열한 경쟁에서 살아남을 수 있다. 개인 미디어의 급부상과 전통 언론의 변화를 효과적으로 활용하는 것이 브랜드가 시장을 지배할 수 있는 가장 강력한 전략이 될 것이다.

3. AI와 데이터로 승부하는 언론보도 전략 7가지

3장은 언론보도를 효과적으로 혁신하기 위해 AI와 데이터를 적극 활용하는 방법을 구체적으로 소개한다. 데이터 타겟팅, AI 메시지 전략, 이슈 분석, 뉴스룸 AI 사례, PR 자동화, 위기 대응 시스템 등의 전략을 통해 기존의 전통적인 홍보 방식을 뛰어넘어 정교하고 효율적인 PR 전략을 수립할 수 있도록 명확한 지침을 제시할 것이다.

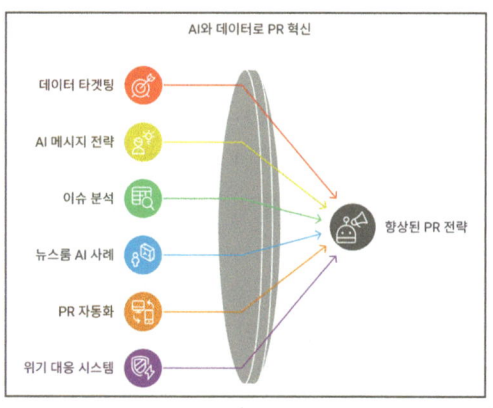

(1) 데이터로 정확하게 타겟을 찾아라

디지털 시대에 언론보도의 성공은 '정확한 타겟 설정'에 달려 있다. 과거처럼 막연히 모든 사람에게 메시지를 전달하는 시대는 끝났다. 이제 브랜드는 빅데이터를 활용해 누가, 언제, 어떤 메시지에 관심을 갖는지 정확히 파악할 수 있다. 예를 들어, 2030 여성 소비자들이 주로 보는 뉴스 채널과 그들이 관심 갖는 키워드를 분석하면 맞춤형 콘텐츠를 제작할 수 있다. 이렇게 데이터에 기반한 정교한 타겟팅을 통해 브랜드의 메시지는 더 강력한 영향력을 발휘하게 된다.

(2) AI로 고객의 마음을 읽는 메시지 전략

AI를 활용하면 고객의 숨겨진 마음을 읽고 가장 적합한 메시지를 전달할 수 있다. AI는 소비자가 온라인에서 어떤 콘텐츠를 좋아하고, 어떤 메시지에 반응하는지 데이터를 통해 정확히 파악한다. 예를 들어, 최근 온라인에서 자주 언급되는 키워드를 AI가 분석하면 고객이 관심 있는 이슈나 트렌드를 빠르게 발견할 수 있다. 또한 감성 분석 기술을 활용해 고객이 특정 브랜드나 메시지에 긍정적이거나 부정적인 반응을 보이는 이유를 파악해 맞춤형 메시지를 설계할 수 있다. 이를 통해 브랜드는 소비자에게 더 깊은 공감을 얻고, 더 효과적인 커뮤니케이션을 할 수 있다.

(3) 언론 모니터링과 빅데이터를 활용한 이슈 분석 기법

디지털 시대에는 수많은 뉴스와 정보가 실시간으로 쏟아진다. 브랜드는 빅데이터를 활용한 언론 모니터링을 통해 주요 이슈를 놓치지 않고 실시간으로 파악할 수 있다. AI 기반의 빅데이터 분석 시스템은 수천 개의 기사와 소셜미디어 데이터를 신속히 분석하여 브랜드가 주목해야 할 핵심 이슈를 찾아낸다. 예를 들어, 특정 키워드의 급격한 증가나 여론의 변화 추이를 실시간으로 감지하고, 이에 따라 브랜드의 대응 전략을 빠르게 조정할 수 있다. 이렇게 빅데이터를 활용하면 이슈를 사전에 파악하여 위기를 예방하고 전략적인 홍보 활동을 펼칠 수 있다.

(4) 뉴스룸의 AI 활용 사례와 실질적 효과

이미 많은 언론사가 AI를 활용하여 기사 작성, 편집, 콘텐츠 배포 등의 효율성을 크게 높이고 있다. 예를 들어, AI가 자동으로 실시간 뉴스 브리핑을 작성하거나, 긴 기사를 짧게 요약해 독자에게 제공하는 시스템이 활용되고 있다. 또 독자가 좋아하는 콘텐츠를 AI가 분석하여 개인화된 뉴스 추천 서비스도 제공한다. 실제로 한 언론사는 AI 도입 이후 기사의 생산성을 30% 높이고, 독자 유입률과 체류 시간을 크게 늘리는 성과를 거뒀다. 언론의 AI 활용은 단순히 효율성만 높이는 것이 아니라 독자의 만족도를 높이고, 더욱 정교한 홍보 전략 수립을 가능하게 한다.

(5) 자동화로 언론보도 효율 극대화하기

디지털 시대의 언론보도는 속도와 정확성이 생명이다. AI를 활용한 PR 자동화는 브랜드가 반복적이고 시간이 많이 드는 업무를 효율적으로 처리하게 도와준다. 예를 들어, 언론 모니터링, 보도자료 배포, 기사 효과 분석 등을 자동화할 수 있다. 특히, AI 기반의 보도자료 배포 시스템은 최적의 시간과 타겟 매체를 자동으로 찾아 메시지를 발송하여 노출 효과를 높인다. 자동화를 통해 브랜드는 업무 효율성을 높이고, 남은 자원을 전략적 기획이나 창의적 활동에 더 투자할 수 있게 된다.

(6) AI로 성과 예측과 평가 정확도를 높이는 방법

언론보도의 성과를 정확히 평가하고 예측하는 것은 브랜드 전략에서 매우 중요하다. AI는 과거 데이터와 현재 소비자 반응을 기반으로 미래의 성과를 정확히 예측하는 데 뛰어난 성능을 발휘한다. 예를 들어, 특정 언론 홍보 캠페인이 소비자의 관심을 얼마나 끌고, 브랜드의 인지도나 매출에 어떻게 영향을 미칠지 AI가 미리 분석하고 예측할 수 있다. 또한 실시간 데이터 분석을 통해 홍보 효과를 객관적이고 정량적으로 평가할 수 있다. AI 기반의 정확한 평가와 예측은 브랜드가 더 효율적인 의사 결정을 내리는 데 큰 도움을 준다.

(7) 인공지능 기반 위기 예측과 대응 시스템 구축

브랜드에게 위기는 언제든 찾아올 수 있다. AI를 활용하면 위기 발생 가능성을 사전에 파악하고 미리 대응 전략을 준비할 수 있다. AI 기반 시스템은 뉴스, 소셜미디어, 블로그 등에서 부정적인 이슈를 실시간으로 감지하고 분석한다. 특정 키워드나 이슈가 급격히 증가하면 브랜드 담당자에게 자동으로 알림을 보내 신속한 대응을 가능하게 한다. 예를 들어, 소비자 불만이나 부정적 기사 발생 시 빠르게 감지하고 사전 대응 매뉴얼을 가동해 피해를 최소화할 수 있다. AI를 활용한 위기 대응 시스템은 브랜드의 위기 관리 능력을 획기적으로 높이고, 소비자의 신뢰를 지키는 중요한 전략이 될 것이다.

4. 독자를 사로잡는 타겟 오디언스 맞춤형 메시지

4장은 브랜드의 메시지가 독자의 마음에 정확히 꽂히도록 타겟 오디언스를 명확히 정의하고 그들의 니즈를 정확히 파악하여 맞춤형 메시지를 개발하는 방법을 설명한다. 오디언스를 정밀하게 식별하는 전략, 타겟층의 요구를 깊이 이해하는 방법, 기억에 오래 남고 공감을 이끌어내는 메시지 제작법을 명확한 단계별 전략으로 제시할 것이다.

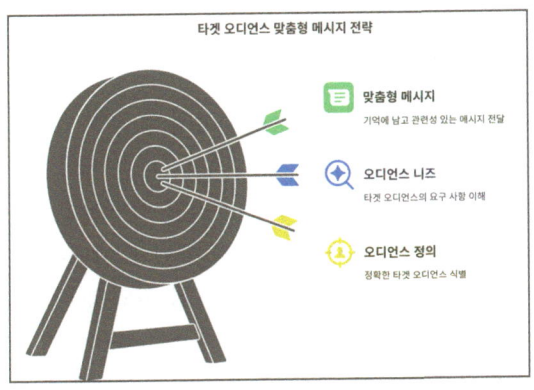

(1) 내 고객은 누구인가? 정확한 타겟 오디언스 정의하기

타겟 오디언스 정의란 브랜드가 전달할 메시지를 수용하고 행동으로 연결할 가능성이 높은 소비자 집단을 정확히 파악하는 것을 의미한다. 효과적인 타겟 오디언스 정의를 위해 다음과 같은 세 가지 전문적 기법을 활용할 수 있다.

첫째, 인구통계학적 세분화(Demographic Segmentation) 기법이다. 이 기법은 소비자를 연령, 성별, 소득 수준, 교육 수준 등의 명확한 특성을 기반으로 분류하여 주요 오디언스를 식별한다.

둘째, 심리학적 세분화(Psychographic Segmentation) 기법을 활용한다. 이는 소비자의 가치관, 생활방식, 흥미, 의견 등의 내면적 특성을 분석하여 오디언스의 행동 동기와 성향을 더 깊이 이해할 수 있게 한다.

마지막으로, 행동 세분화(Behavioral Segmentation)는 소비자가 브랜드의 메시지에 어떻게 반응하고 실제로 행동하는지를 분석하여 핵심 고객을 정의한다. 예를 들어, 제품을 구매하는 빈도, 충성도, 반응 속도 등을 기준으로 고객을 분류한다. 이 세 가지 기법을 체계적으로 결합하면 브랜드는 자신의 메시지를 가장 효과적으로 전달할 타겟 오디언스를 정확히 정의할 수 있다.

(2) 타겟의 니즈를 정확히 파악하는 리서치 전략

타겟 오디언스의 니즈를 정확히 파악하려면 전문적인 리서치 방법을 활용하여 소비자의 숨겨진 요구와 기대를 깊이 있게 이해해야 한다. 다음 세 가지 전문적 기법을 통해 정확한 타겟의 니즈를 파악할 수 있다.

첫 번째는 정성적 리서치(Qualitative Research) 방법이다. 이는 소비자의 심리와 의견을 깊이 탐색하기 위해 인터뷰, 포커스 그룹 등을 활용하여 소비자들의 실제 목소리를 듣는 기법이다.

둘째, 소셜 리스닝(Social Listening) 기법을 사용한다. 소셜미디어와 온라인 커뮤니티에서 소비자들이 자발적으로 표현한 의견을 데이터 분석 툴로 수집하고 분석해 소비자의 실질적인 관심사와 불만사항을 파악할 수 있다.

마지막으로, 니즈 갭 분석(Needs Gap Analysis)이다. 이 기법은 소비자들의 현재 만족도와 기대치 사이의 차이를 분석하여 채워야 할 구체적인 니즈를 발견하는 방법이다. 이러한 세 가지 전략을 통해 브랜드는 타겟 오디언스의 진정한 니즈를 명확히 파악하고, 보다 효과적이고 맞춤화된 메시지를 전달할 수 있다.

(3) 기억에 남는 맞춤형 메시지 작성법과 실전 사례

[사례1] 소상공인: 고객과의 밀착 메시지로 단골을 사로잡다

지역 카페나 식당 같은 소상공인은 동네 주민이나 단골 고객이 핵심 타겟이다. 이들은 주로 가까운 거리에 사는 이웃이나 자주 찾아주는 손님들로, 친근하고 믿을 만한 소통을 원한다. 소상공인 브랜드들은 이런 타겟 오디언스를 명확히 정의하고, 일상적으로 얼굴을 마주하는 단골 손님과의 유대를 강화하는 메시지 전략을 세운다.

예를 들어 프리미엄 음료 베이스를 판매하는 카페 만월회는 온라인 기반의 작은 F&B 브랜드이지만, 고객을 특별한 커뮤니티의 일원으로 대하는 독특한 방식을 보여준다. 만월회는 일반 소비자 고객을 귀엽게 '달무리'라고 부르고, 제품을 사용하는 파트너 카페들은 '조각달'이라 칭하며 애정을 담아 소통한다.

이런 메시지의 핵심 전략은 "우리 브랜드를 함께 만들어가는 동료"라는 인식을 심어주는 것이다. 단순히 물건을 파는 사이가 아니라 함께 모임을 꾸려 나가는 협력자처럼 느끼도록 한 것이죠. 실제로 만월회 브랜드명 자체가 "보름달 뜨는 날 천재들이 모이는 모임"이라는 뜻에서 착안되었고, 고객을 비즈니스 원동력인 사람으로 여기겠다는 컨셉을 내세웠다.

메시지 전달방식인 톤앤매너는 친근하고 유쾌한 스타일을 취했다. 만월회는 트위터를 통해 고객의 유머러스한 언급에도 재치 있게 맞장구치며 화제를 만들었는데요. 한 고객이 트위터에 만월회 밀크티를 맛본 후 재미있는 밈(meme)을 올리자, 공식 계정이 이를 "드디어 찾았다! 주문 폭탄의 원인!"이라고 받아쳐 큰 웃음을 준 사례가 유명하죠. 이 재치 있는 대응은 순식간에 입소문을 탔고, 그 영향으로 제품이 재입고되자 3분 만에 완판되는 폭발적 반응을 얻게 됩니다.

만월회 측은 이후로도 자신들을 언급한 트윗에 적극 답글을 달고, 고객 의견을 설문조사로 묻는 등 소통 채널을 활발히 운영했죠. 재미있는 점은, 이렇게 주고받는 대화에서 사업 아이디어도 얻었다는 것입니다. 몇몇 고객이 "만월회 제품을 친구에게 깜짝 선물하고 싶다"는 트윗을 올리자 이를 착안해, 상대방 주소를 몰라도 익명으로 선물 배송을 해주는 서비스까지 출시했죠.

이 사례에서 보듯 메시지 전달 방식은 주로 소셜 미디어 채널(특히 트위터)을 활용해 실시간 대화 형식으로 이뤄졌습니다. 또한 오프라인 매장이 있다면 매장 내 공지판이나 단골고객에게 직접 보내는 문자메시지, 카카오톡 채널 등도 많이 쓰인다. 중요한 것은 어떤 채널이든 1:1로 말을 거는 듯한 친밀감을 주는 것입니다. 카페 만월회의 경우, 온라인상에서의 대화에서도 마치 단골 손님과 사장님이 가게에서 농담을 주고받는 듯한 분위기를 연출했기에 고객들이 재미와 소속감을 느꼈습니다.

실제 성과도 확연했습니다. 앞서 언급한 트위터 밈 사례로 단기간에 브랜드 인지도가 급상승했고, 이후에도 상품 출시 때마다 충성 고객들이 자발적으로 홍보해주는 효과를 누렸습니다. 작은 브랜드임에도 불구하고 입소문 마케팅을 통해 판매량을 크게 늘린 것이죠. 한 번 관계를 맺은 고객들은 만월회의 특별한 호칭과 스토리에 애정을 느껴 지속적인 재구매와 지지를 보내주었습니다.

왜 효과적이었나?

소상공인의 밀착 메시지는 사람 냄새가 나기 때문입니다. 대형 기업의 딱딱한 홍보문구보다, 동네 가게 사장님이 건네는 한마디는 훨씬 정겹습니다. 만월회 사례에서 고객을 이름붙여 불러준 것만으로도 고객들은 자기 자신이 브랜드의 일부가 된 듯한 공동체 의식을 느꼈습니다. 또한 유머와 공감을 녹여 소통하니, 지루한 광고가 아닌 친구의 이야기처럼 받아들여졌습니다.

이런 접근은 소규모 브랜드가 가진 친근함이라는 강점을 극대화하여, 적은 예산으로도 충성도 높은 팬을 만들어낸 훌륭한 전략이라 할 수 있습니다. 독자분께서 카페나 작은 가게를 운영한다면, 이처럼 고객 한 명 한 명을 우리 동네 모임의 회원으로 여기고 대화하듯 메시지를 전해보세요. 작지만 진심 어린 메시지가 큰 반응을 이끌어낼 수 있다는 것을 실전 사례가 보여주고 있습니다.

[사례2] 스타트업: 새로운 서비스로 관심을 끌어모은 메시지 전략

스타트업의 경우 혁신적인 기술이나 새로운 서비스 아이디어를 가지고 있지만, 아직 대중에겐 낯설기 때문에 타겟 고객의 호기심을 자극하는 메시지가 중요합니다. 보통 스타트업이 겨냥하는 고객층은 이노베이터나 얼리어답터처럼 새로운 것을 시도해보길 좋아하는 사람들입니다.

따라서 타겟 오디언스 정의를 할 때, 인구통계적 조건뿐만 아니라 기술 수용도가 높은 집단인지, 문제 해결에 적극적인 성향인지 등을 세분화합니다. 이러한 초기 핵심 고객들에게 강력하게 어필하려면, 기존에 없던 솔루션이 그들의 문제를 어떻게 획기적으로 해결하는지를 명쾌하게 전달해야 합니다.

한국의 스타트업 '배달의민족' 사례를 살펴보죠. 배달의민족은 배달 주문 앱이 생소하던 시절에 등장해, "앱으로 음식을 주문한다"는 새로운 경험을 팔아야 했습니다. 타겟은 야식이나 외식을 즐기는 20~30대 젊은 층으로, 스마트폰 사용에 능숙하고 재미있는 콘텐츠에 반응이 빠른 사람들이었습니다.

배달의민족의 메시지 핵심 전략은 진지함 대신 유머와 B급 감성으로 다가간 것입니다. 2014년 첫 브랜드 광고에서 "우리가 어떤 민족입니까?"라는 캐치프레이즈를 외치며, 한국인의 밥심 문화를 유쾌하게 패러디했습니다. 이 문구는 당시 인터넷에서 유행하던 밈("해학의 민족" 등)을 절묘하게 활용한

것으로, 배달 시켜 먹기를 좋아하는 우리 민족이라는 메시지를 젊은 층의 언어로 풀어냈습니다. 새로운 기술 서비스라고 해서 첨단 이미지로만 홍보하지 않고, 대중 문화 코드에 녹여낸 것이 주효했죠.

메시지의 표현 방식 역시 철저히 재미있고 캐주얼했습니다. 배달의민족은 스스로를 "B급 정서"로 무장했다고 말할 정도로, 형식에 얽매이지 않은 파격적인 카피와 디자인을 선보였어요. 가령 잡지나 지하철 광고에 "치킨은 살 안 쪄요, 살은 내가 쪄요", "아빠 힘내세요, 우리도 있잖아요? (사골국물)" 같은 기발한 문구들을 내걸었습니다. 언뜻 보면 우스꽝스럽지만 음식과 생활에 관한 공감을 불러일으키는 짧은 카피들이었고, 이러한 재치 있는 언어 스타일은 소비자들이 광고를 사진 찍어 SNS에 공유하게 만들었습니다. 스타트업으로서는 고객이 자발적으로 바이럴 마케팅을 해준 셈이죠.

배달의민족의 메시지 전달 방식은 초창기에는 TV와 온라인 동영상 광고, 지하철 역 포스터 등을 통해 대중에게 각인되는 전략을 썼습니다. 배우 류승룡을 모델로 한 CF는 코믹한 연기로 화제가 되었고, "우리가 어떤 민족입니까" 광고 영상은 유튜브 조회수 수백만을 넘기며 바이럴 히트를 쳤습니다. 동시에 SNS 채널을 적극 활용하여 이용자와 양방향 소통도 전개했습니다. 페이스북 페이지에 재미있는 밈 콘텐츠를 올리고, 댓글 이벤트로 사용자 참여를 유도했죠.

특히 2015년부터 시작한 '배민신춘문예'는 브랜드와 고객이 함께 만드는 콘텐츠 마케팅의 대표 성공 사례입니다. '음식'을 주제로 25자 내외의 창작시를 공모한 이 이벤트에는 해마다 수십만 건의 응모작이 쏟아졌습니다. 예를 들어 2020년 공모에는 53만여 편의 시가 접수되어 역대 최다를 기록했는데, 이는 2015년부터 2019년까지 누적 응모작 수와 맞먹는 규모였습니다. 고객 참여형 캠페인을 통해 사용자들은 단순 소비자를 넘어 브랜드 팬이 되었고, 배달의민족은 재미와 문화 현상을 동시에 이끄는 스타트업으로 자리매김했습니다.

실제 반응 및 성과는 숫자로도 입증됩니다. 배달의민족은 이렇듯 독특한 브랜딩 전략에 힘입어 배달 앱 시장에서 압도적인 1위로 성장했습니다. 출시 초창기에는 신규 앱 설치와 브랜드 인지도 상승이 가장 큰 목표였는데, "우리가 어떤 민족입니까" 캠페인 후 앱 다운로드 수가 폭발적으로 증가했고, 광고 송출 후 해당 기간에 주문량도 크게 늘었다고 알려졌습니다.

또한 배민신춘문예 등의 지속적 캠페인은 사용자 로그인을 강화하여 경쟁사보다 높은 재방문율을 이끌어냈습니다. 무엇보다 브랜드 자산이 쌓였다는 게 큰 성과인데요. 이제는 "배달은 배민"이라는 인식이 생길 정도로, 배달의민족이라는 이름 자체가 배달앱의 대명사로 통하게 되었습니다.

왜 효과적이었나?

기술 스타트업이라도 인간적인 웃음과 공감을 줄 때 소비자의 마음을 연다는 점이 핵심입니다. 배달의민족은 새로운 서비스를 알리는 데 있어 복잡한 기술 설명 대신 감성적인 접근을 선택했습니다. 새로운 시도에 거부감이 있을 법한 사람들에게 오히려 친숙한 유머로 다가감으로써 진입장벽을 낮춘 것이지요. 또한 일방향으로 "우리 서비스가 최고입니다"를 외치지 않고, 사용자가 참여해서 놀 수 있는 장을 만들어 준 덕분에 초기 고객을 열광시키고 충성도 높은 팬으로 전환시켰습니다.

스타트업 마케터라면 이 사례를 참고해, 자사 타겟층의 문화와 언어를 깊이 이해한 메시지를 고민해보세요. 제품의 혁신성은 물론 중요하지만, 그것을 포장하는 메시지가 재미있고 마음을 움직여야 대중이 그 혁신을 기꺼이 받아들인다는 교훈을 얻을 수 있습니다.

[사례3] 공공기관/비영리: 시민 참여를 이끈 공익 메시지 전략

정부 부처나 공공기관, 혹은 NGO 단체에서는 공익적 목적의 메시지를 전달해야 하는 경우가 많습니다. 이때 타겟 오디언스는 일반 시민 전체이거나 특정 사회문제에 관심을 가진 집단입니다. 상업광고와 달리 즉각적인 소비 행위를 유도하기보다는, 인지와 동의, 나아가 자발적 참여를 이끌어내는 것이 목표죠. 따라서 메시지 전략은 설득과 공감에 초점을 맞춥니다. '이건 남의 일이 아니다, 우리의 문제다'라는 인식을 심어주고, 작은 행동이라도 참여하면 큰 변화를 만들 수 있다는 동기부여를 주어야 합니다.

한국 세이브더칠드런(Save the Children)의 '신생아 살리기 모자뜨기 캠페인'은 시민들의 자발적 참여를 성공적으로 이끌어낸 비영리 캠페인의 대표 사례입니다. 이 캠페인의 타겟은 전 연령의 일반 시민이었지만, 특히 뜨개질에 관심 있는 주부층이나 학생들을 주요 대상으로 설정했습니다. 10대 청소년부터 연세 지긋한 어르신까지 남녀노소 누구나 털모자를 뜨는 간단한 행위로 선행에 참여할 수 있게 한 것이 포인트였죠.

메시지의 핵심 전략은 "작은 모자 한 개가 생명을 구한다"는 강력한 한 줄로 요약됩니다. 저개발국 신생아들이 보온만 잘 되어도 목숨을 구할 수 있다는 문제의식을 알리고, "털모자 한 번 떠서 보내주세요"라고 호소한 것입니다. 이는 거창한 금전적 기부를 요구하는 대신 일상의 재능이나 시간을 기부하는 개념이어서 사람들의 마음 장벽을 낮추었습니다. 또한 모자뜨기 키트를 구매하면 자동으로 기부 참여가 되는 구조로 설계하여, 행동을 유도하는 장치도 명확했습니다.

이 메시지를 전달하는 표현 방식은 따뜻하고도 긴박했습니다. 캠페인 슬로건 중 하나는 "니트 한 모자, 니 생명 구해요"와 같이 운율을 살려 친근하면서도, "신생아의 24시간을 지켜주세요", "기적의 손을 찾습니다"처럼 긴박감과 영웅적 부름을 느끼게 하는 문구도 사용되었습니다. 언어 스타일은 지나치게 감성적이거나 눈물 짜내기보다는, 희망적인 감동을 주는 데 집중했습니다. 이를테면, 털모자를 쓴 아기들의 사진과 함께 "여러분의 모자가 이들을 따뜻하게 안아주었습니다"라는 식의 멘트로 참여자들에게 보람을 느끼게 하는 톤을 유지했죠. 마치 캠페인에 참여한 사람이 작은 영웅이 된 듯한 긍정적 감정을 심어주었습니다.

메시지 전달 방식은 공익 캠페인의 특성상 다채로운 채널을 활용했습니다. 온라인에선 홈페이지와 블로그, SNS를 통해 캠페인 소식을 전파했고, YouTube 등에서 홍보 영상도 제작되었습니다. 이와 함께 언론 보도를 적극적으로 활용하여 신문, 방송에 캠페인 이야기가 실리도록 했습니다. 예컨대 초반에 몇 년간 모인 모자 수와 참여자 통계를 언론에 공개하여 "국민 캠페인으로 성장" 같은 헤드라인을 끌어냈습니다.

학교나 직장에서 오프라인 참여 프로그램도 중요한 채널이었습니다. 전국의 중·고등학교 동아리나 기업 봉사단을 통해 단체로 모자 뜨기 행사를 열고, 뜬 모자를 모아 보내는 과정을 사회공헌 이벤트로 만들었습니다. 또한 손편지 쓰기 코너를 마련해 참여자가 만든 모자와 함께 아기 엄마에게 응원 메시지도 보낼 수 있게 함으로써, 참여자들이 더욱 정서적으로 연결될 수 있게 했습니다. 이렇듯 온라인과 오프라인, 미디어 노출을 망라한 종합적 커뮤니케이션으로 캠페인의 목소리를 널리 퍼뜨렸습니다.

이 캠페인의 실제 반응과 성과는 놀라울 정도였습니다. 2007년 첫 시작 이후 15년에 걸쳐 약 99만 명의 한국 시민이 참여했고, 아프리카와 아시아 등 15개국에 약 219만 개 이상의 털모자와 담요가 전달되었습니다

첫 해 수만 개로 시작된 모자 모금은 해마다 증가하여, 어떤 해에는 단일 시즌에만 수십만 개의 모자가 모일 정도로 호응이 컸습니다. 예를 들어 20072008년 시즌1에서는 2만5천여 개 모자가 모였던 것이, 20082009년 시즌2에는 8만 개로 늘어났고 참여자 수도 1만5천 명에서 2만5천 명으로 급증했습니다

캠페인이 진행되는 매년 겨울이면 전국에서 뜨개질 바늘이 바쁘게 움직이는 진풍경이 연출되었고, "나도 학생 때 털모자 떠서 보냈었지" 하고 추억하는 2030세대가 많을 정도로 대중적인 참여 열풍이 일었습니다. 세이브더칠드런 측은 국내에서의 성공에 힘입어 홍콩 등 해외 지부에서도 이 캠페인을 벤치마킹하게 되었고, 15년간의 대장정을 성공적으로 마무리한 뒤에는

캠페인 아카이브 페이지를 통해 참여자들에게 감사와 추억을 공유하기도 했습니다.

<mark>왜 효과적이었나?</mark>

이 캠페인의 성공 요인을 분석해보면, 명확한 문제 제시와 쉬운 해결 행동의 조합이 주효했습니다. "신생아 저체온증으로 죽어가는 아기가 많습니다"라는 문제를 제기하고, "모자를 떠서 보내주시면 됩니다"라는 해결책을 제시한 구조죠. 복잡한 정책 제안이나 거액의 기부 호소가 아니라, 개인에게 할당된 미션이 간단하고 구체적했기에 사람들은 움직일 수 있었습니다.

둘째, 참여자가 느끼는 보람과 연결감을 잘 설계했습니다. 완성한 모자를 보낼 때 자신이 직접 편지를 써서 함께 보내는 과정, 또 나중에 어디 나라의 어떤 아기들에게 전달되었는지 소식을 알려주는 피드백 덕분에 사람들은 내가 진짜 한 생명을 살렸다는 뿌듯함을 얻었습니다.

세 번째로, 사회적 분위기 형성에 성공했습니다. 학교 과제나 회사 봉사로 채택되면서 주변에서도 다 하는 일이 되었고, SNS 상에서도 "모자 10개 완성!" 같은 인증이 퍼져 나갔지요. 이것이 눈덩이 효과를 불러와 참여를 더 확산시켰습니다. 전문가 관점에서 보자면, 공공 캠페인의 메시지는 이처럼 공감대를 이끌어내고 작은 참여라도 쉽게 할 수 있게 해주는 것이 핵심임을 알 수 있습니다. 독자께서 시민 대상 캠페인을 기획한다면, 먼저 사람들의 마음을 움직일 스토리를 만들고, 그 다음 구체적 행동 가이드를 제시해 보세요. "당신도 변화의 일부가 될 수 있다"는 메시지만큼 사람을 움직이는 힘은 없으니까요.

<mark>[사례4] 지역 축제/캠페인: 참여 열기를 불붙인 로컬 이벤트 홍보 전략</mark>

지역축제나 지역 캠페인의 홍보에서는 그 지역만의 매력을 극대화하여 사람들을 현장으로 끌어오는 메시지가 중요합니다. 타겟 오디언스는 축제의

성격에 따라 다르지만, 보통 지역 주민과 관광객 모두를 포괄합니다. 메시지를 만들 때는 "왜 이 축제에 가봐야 하는가?"에 대한 설득 포인트가 분명해야 합니다. 핵심 전략은 축제의 고유한 경험 가치를 강조하는 것입니다. 다른 데서는 못 해볼 신선한 경험이나 볼거리를 앞세워 호기심을 자극하죠. 동시에 지역 주민에게는 지역에 대한 자부심과 공동체 참여의식을 불어넣는 이중 효과를 노립니다.

전세계적으로 유명해진 보령 머드축제는 지방 축제가 효과적인 메시지 전략으로 글로벌 이벤트가 된 경우입니다. 충남 보령시의 머드축제는 원래 해변 진흙을 활용한 체험형 축제로 1998년 소규모로 시작했지만, 지금은 지구촌 최대의 여름축제 가운데 하나로 성장했습니다. 이 축제의 타겟 오디언스는 20~30대의 젊은 여행객, 외국인 관광객부터 가족 단위 방문객까지 매우 폭넓습니다.

메시지 전략은 보령 머드만의 "더럽게 즐거운" 경험을 내세우는 것이었습니다. 진흙범벅이 되는 비일상적 재미를 강조하며, "국적과 언어 불문하고 모두 하나 되어 논다"는 컨셉을 밀었습니다. 실제 공식 홍보 문구에서도 연령, 국적 상관없이 함께 즐기는 체험형 축제임을 강조하고 있죠. 이는 국내 관객에겐 "외국인도 찾는 월드페스티벌"로서의 자부심을 심어주고, 해외 관광객에겐 "꼭 가봐야 할 이색 축제"로서 호기심을 자극하는 이중 효과가 있습니다.

메시지 표현 방식은 활기차고 역동적입니다. 포스터나 영상에는 온몸에 머드를 뒤집어쓴 채 환하게 웃는 사람들, 거대한 머드탕에서 뛰어노는 젊은이들의 모습이 가득합니다. 문구도 "Let's Get Dirty!", "진흙 속에서 찾은 자유" 등 과감하고 에너지 넘치는 카피를 사용합니다. 언어 스타일은 축제 자체가 주는 해방감, 젊음, 열정을 담아 약간은 도발적이지만 긍정적인 어투로 구성됩니다. 또한 축제가 열리는 여름 시즌과 해변 분위기를 살려, 시원시원하고 자유분방한 느낌을 강조하였습니다. 덕분에 홍보물을 보는 이들이 "올여름 저기 가서 한바탕 놀고 싶다"는 충동을 느끼도록 만든 것이죠.

보령 머드축제의 메시지 전달 방식은 초기에는 주로 언론 PR과 여행사 채널을 통한 입소문 형성이 중심이었습니다. 지역 축제인 만큼 지역 언론과 전국 언론에 보도자료를 내고, "보기 드문 이색 축제"라는 콘셉트로 TV뉴스나 신문에 소개되게 한 겁니다. 덕분에 "진흙탕에서 노는 축제가 있다"는 이야기가 화제가 되어 입소문이 퍼졌습니다. 이후 규모가 커지면서는 디지털 마케팅과 SNS의 역할이 커졌습니다. 외국인들을 위해 영문 홈페이지와 홍보 영상물을 제작하여 유튜브, 페이스북에 배포하고, 인플루언서를 초청해 체험 후기를 올리게도 했습니다.

특히 인스타그램 시대에 들어 축제 참가자들이 현장에서 찍은 사진과 영상을 자발적으로 공유하면서 홍보 효과가 극대화되었습니다. 사람들은 머드축제에서 진흙에 뒤덮인 자신들의 우스꽝스런 모습이나 친구들과 신나게 노는 장면을 올렸고, 이를 본 다른 이들은 *"나도 가보고 싶다!"*는 생각을 갖게 되었죠.

또한 축제 프로그램 구성 자체도 홍보 전략과 맞물려 있는데, K-팝 콘서트나 EDM 디제이 파티, 불꽃놀이 같은 볼거리를 라인업에 추가하여 다양한 관심사의 대중을 끌어모았습니다. 2023년 행사만 해도 머드풀 싸움 외에 월드 K-POP 공연, 월드 DJ 페스티벌, 반려견 머드체험, 머드 뷰티 체험 등 다채로운 행사가 열려 폭넓은 관객층을 만족시켰습니다. 메시지 측면에서는 "여러분이 원하는 재미가 모두 있다"는 포괄적인 호소로 이어졌습니다.

이러한 노력 덕분에 실제 참여 성과도 해마다 기록을 세웠습니다. 코로나 팬데믹으로 한차례 위축되었던 축제는 2023년에 완전 정상화되며 17일간 164만명이 넘는 방문객을 끌어모았습니다. 그 중 외국인 방문객만 8만여 명으로 집계되어 명실상부 국제축제로서 위상을 입증했습니다. 지역 인구 대비 엄청난 규모의 인파가 몰리면서, 축제 기간 보령 지역의 숙박, 음식, 교통 등 관련 산업에 막대한 경제적 효과를 주었습니다.

또한 머드화장품 판매나 머드테마파크 조성 등 지역 브랜드 자산 향상에도 기여했습니다. 머드축제 성공을 벤치마킹하여 전국 각지에서 특산물이나 전통문화를 소재로 한 축제가 우후죽순 생겨날 정도로, 하나의 모델 케이스가 되었습니다.

왜 효과적이었나?

보령 머드축제의 사례는 지역 고유의 콘텐츠를 전략적으로 브랜딩하면 전세계인이 열광하는 이벤트로 발전할 수 있음을 보여줍니다. 일단 컨셉의 차별화가 명확했기에 메시지가 힘을 얻었습니다. 진흙이라는 흔치 않은 소재를 가지고 "마음껏 뛰어노는 해방감"이라는 보편적 욕구를 건드린 점이 주효했죠.

둘째, 체험형 메시지로 사람들을 설득했습니다. 사람들은 단순히 보러 가는 축제보다 직접 참여해 몸으로 느끼는 축제에 더 끌립니다. 머드축제 홍보에서는 늘 "오면 당신도 머드 히어로!" 식으로 직접 와서 즐기라고 초대했는데, 이 참여형 호소가 사람들의 행동을 이끌어냈습니다.

셋째, 멀티 채널 홍보와 프로그램 기획의 조화입니다. 홍보 메시지와 실제 축제 콘텐츠가 일치되도록 기획되었기 때문에, 메시지에 대한 만족도가 높았습니다. 예를 들어 "세계인이 하나 된다"는 메시지에 걸맞게 외국인들이 불편 없이 즐길 편의시설과 국제 자원봉사자 안내요원을 두었고, "밤에는 신나는 파티"라는 홍보에 맞춰 유명 DJ 공연을 준비하는 식입니다. 이러한 일관성은 축제 브랜드에 대한 신뢰를 높여 재방문율과 입소문 확산으로 이어졌습니다.

마지막으로, 지역 주민을 포함한 모두를 주인공으로 세운 메시지가 성공 요인입니다. 주민들에게는 "우리 보령을 전세계에 알리자"는 긍지의 메시지로, 외부 관광객에겐 "너도 와서 진흙축제의 전설이 돼보라"는 도전의 메시지로 접근한 것이죠.

지역 축제나 캠페인을 홍보할 때, 전략가의 조언을 덧붙이자면 다음과 같습니다.

첫째, 그 지역만이 줄 수 있는 유일한 경험 가치를 발견하고 선명하게 슬로건화하세요.

둘째, 모두를 환영하는 포용적 언어로 현장에 초대하세요.

셋째, 참여 이후 얻게 될 즐거움과 추억을 구체적으로 그려주세요.

이 세 가지를 잘 담은 메시지는 사람들의 발걸음을 움직입니다. 보령 머드축제처럼 잘 짜인 메시지는 지역 한계를 넘어 글로벌 팬을 만들 수 있으니, 자신의 지역 행사에도 이러한 원칙을 적용해보시면 좋겠습니다.

각 사례를 통해 살펴본 것처럼, 타겟 오디언스 맞춤형 메시지 작성법의 핵심은 받는 이의 마음을 헤아린 소통입니다. 소상공인은 이웃 같은 친밀함으로, 스타트업은 트렌디한 재미와 참여로, 공공기관/NGO는 공감과 의미 부여로, 지역축제는 색다른 경험의 약속으로 다가갔을 때 큰 반향을 얻었습니다. 독자 여러분도 자신의 상황에 맞는 타겟 설정과 그들의 언어를 반영한 맞춤형 메시지 전략으로, 원하는 목표를 멋지게 달성하시길 바랍니다.

5. 효과를 극대화하는 멀티채널 언론보도 캠페인

5장은 언론보도 캠페인의 성과를 극대화하기 위해 멀티채널 전략, 언론과 SNS의 효과적 시너지 창출법, 성공 사례 분석을 통해 실전에서 활용 가능한 전략을 안내한다. 다양한 미디어 채널을 효과적으로 결합하고, 전통 언론과 디지털 채널의 강점을 살리는 전략을 제시하여 브랜드의 메시지가 더욱 강력하게 확산될 수 있도록 구체적 방법을 제시할 것이다.

(1) 멀티채널 홍보의 핵심과 성공 요소

멀티채널 홍보란 브랜드의 메시지를 다양한 미디어 채널에서 일관되면서도 채널 특성에 맞게 최적화하여 전달하는 전략을 말한다. 성공적인 멀티채널 홍보를 위해서는 다음 세 가지 핵심 요소가 필수적이다.

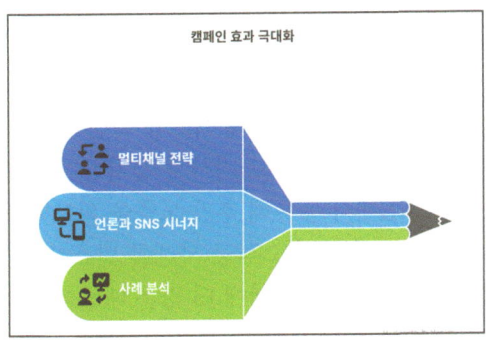

첫째, 채널별 특성 이해(Channel-specific Strategy)이다. 모든 채널에 동일한 콘텐츠를 단순 반복하기보다는, 각 채널의 사용 목적과 이용자의 특성에 맞춰 콘텐츠를 조정해야 한다. 예를 들어, 인스타그램은 이미지 중심의 간결한 메시지로 젊은 층을 겨냥하고, 블로그나 유튜브는 상세한 정보를 원하는 사용자를 위해 긴 형식의 콘텐츠로 구성해야 한다.

둘째, 크로스 채널 통합(Integrated Cross-channel Approach) 기법이다. 이것은 각 채널이 독립적으로 운영되는 것이 아니라, 상호 보완적으로 연결되어 시너지를 내도록 기획하는 전략이다. 예를 들어, SNS에서 간략하게 관심을 유도한 후, 홈페이지나 블로그 등 다른 채널로 유도하여 추가 정보를 제공하거나 참여를 끌어내는 방식을 활용한다.

셋째, 성과 추적과 최적화(Performance Tracking and Optimization)이다. 채널별로 데이터를 분석하여 메시지 전달 효과를 평가하고, 결과에 따라 홍보 전략을 지속적으로 최적화해야 한다. 이 세 가지 요소가 결합될 때 멀티채널 홍보의 효과는 극대화될 수 있다.

(2) 언론과 SNS의 시너지 극대화 방법

전통적인 언론의 신뢰성과 공신력을 SNS의 신속성과 확산성과 결합하여 효과를 높이는 전략을 미디어 시너지라 한다.

첫째, 언론 보도 후 이를 SNS를 통해 빠르게 확산시키는 앰플리피케이션 전략이다. 주요 언론이 보도한 브랜드 기사를 캡처하여 SNS 콘텐츠로 제작하거나, 보도 링크를 SNS에서 공유해 추가 노출을 확보하는 방식이다. 예를 들어, 유명 언론사가 보도한 브랜드 성공 사례를 인스타그램 스토리나 페이스북 게시물로 홍보하면 빠른 시간 내에 더 많은 대중에게 전달할 수 있다.

둘째, SNS 상의 반응을 역으로 언론 콘텐츠로 전환하는 역큐레이션 전략을 활용한다. 소비자들의 SNS상 긍정적 반응이나 바이럴된 콘텐츠를 모아 이를 다시 언론 보도자료 형태로 배포하면 언론에서 관심 있게 다룰 가능성이 커진다.

마지막으로, 언론과 SNS의 콘텐츠가 통일된 브랜드 메시지를 전달하는 메시지 일관성 전략을 사용한다. 이는 소비자가 채널을 이동할 때마다 브랜드의 일관된 메시지를 접하게 하여 브랜드에 대한 신뢰와 인지도를 강화한다. 이러한 전략들은 언론과 SNS 간의 시너지를 극대화해 브랜드 메시지의 파급력을 크게 높일 수 있다.

(3) 실제 효과를 입증한 멀티채널 캠페인 사례 분석

▪ 배경 및 목표 ▪

CJ제일제당의 K-푸드 브랜드 비비고는 2024년 파리 올림픽 기간 팝업 부스 '비비고 시장'을 열어 멀티채널 홍보 캠페인을 전개했다. 올림픽을 기회로 삼아 프랑스 소비자와 유통 바이어에게 브랜드 인지도와 선호도를 높이고자 했으며, 주 타깃은 MZ세대 등 젊은 소비자와 현지 식품업계 관계자였다.

▪채널 전략▪
온라인·오프라인 다중 채널을 활용했다. 올림픽 현장 체험 부스에서 관객이 직접 제품을 맛볼 수 있게 하고, 동시에 미디어 PR로 글로벌 언론 보도와 방송 노출을 극대화했다. 그 결과 Bloomberg, France5 등 해외 TV에 총 11회 등장하고 256건의 기사 및 SNS 콘텐츠를 생성하여 약 3억3천만 회 노출을 달성했다 또한 SNS 이벤트를 통해 방문객들의 식사 사진 공유를 독려해 입소문도 확산시켰다. 이러한 콘텐츠들은 온·오프라인 매체 전반으로 확산되어 캠페인 내내 화제를 모았다.

▪성과▪
17일간 64,569명이 부스를 방문했고, 준비한 음식 7,700인분이 모두 완판됐다. B2B 측면에서도 프랑스 대형마트 입점 계약이 성사되었다.

▪효과 분석▪
각 채널에 일관된 핵심 메시지를 담아 현장 체험→온라인 확산→사업 성과로 이어지는 멀티채널 시너지를 창출했다. 즉, 한 캠페인으로 브랜드 인지도 제고와 매출 기회 창출 두 성과를 모두 거둔 것이다.

6. 위기상황에서도 강력한 대응력을 갖추는 법

6장은 위기상황에서도 기업이 강력한 대응력을 발휘할 수 있는 실전적 커뮤니케이션 전략을 제시한다. 위기대응 매뉴얼 개발을 통한 신속한 메시지 작성법, 이해관계자의 신뢰를 얻기 위한 효과적인 커뮤니케이션 전략 수립, 실제 사례를 통한 성공과 실패의 교훈을 구체적으로 살펴봄으로써 어떠한 위기 속에서도 흔들림 없는 언론보도 역량을 갖추도록 돕는다.

(1) 기업 위기 상황, 언론보도는 어떻게 대응해야 하는가?

기업의 위기 상황에서 언론보도는 철저한 사실 중심 대응이 필수적이다. 이는 정확하고 투명한 사실 공개를 통해 신뢰성을 유지하는 전략이다. 우선 위기 발생 직후 상황 진단을 신속히 수행해 사안의 심각성과 범위를 정확히 파악해야 한다. 이후 위기 커뮤니케이션팀을 구성하여 언론과 소통할 공식 창구를 마련한다.

이때 팀은 사건에 대한 정확한 정보 제공과 추측성 보도를 방지하는 역할을 한다. 또한, 메시지는 반드시 일관된 톤앤매너로 유지하고, 책임 인정 및 해결책 제시를 명확히 전달해야 한다. 감정적 반응보다는 진솔함과 신속한 대응으로 언론의 신뢰를 얻는 것이 핵심이다.

(2) 신속하고 정확한 메시지 전달을 위한 매뉴얼 제작

위기 상황에서는 즉각적이고 일관된 대응이 필수적이므로, 사전의 위기 대응 매뉴얼 제작이 중요하다. 매뉴얼에는 다음의 세 가지 요소를 명확히 포함해야 한다.

첫째, 위기 단계별 시나리오로 예상 가능한 위기 상황별 대응 방식을 구체적으로 수립한다. 둘째, 키 메시지는 사건 발생 시 이해관계자에게 전달될 핵심 내용으로, 상황별로 미리 준비하여 혼란을 방지한다. 셋째, 공식적 의사소통 채널을 설정해 언론 및 이해관계자에게 신속히 정보를 전달할 체계를 마련한다. 이처럼 체계적 매뉴얼이 있으면 위기 상황에서도 혼선을 최소화하며 빠르고 정확하게 메시지를 전달할 수 있다.

(3) 실제 사례로 보는 성공적인 위기대응과 실패의 교훈

① 성공 사례: 존슨앤드존슨 타이레놀 위기대응 사례(위기 관리의 모범 사례)

1982년 존슨앤드존슨의 진통제 타이레놀 캡슐에서 독극물이 검출되어 미국 내 소비자 7명이 사망하는 사건이 발생했다. 이 위기 상황에서 회사는 즉각적이고 투명한 대응 전략을 펼쳤다. 즉각 전국 매장에서 타이레놀 제품을 전량 회수하고, 소비자에게 지속적인 정보 업데이트를 제공했다.

또한, 최고 경영진이 언론 브리핑에 직접 나서 사건을 인정하고 사과하는 모습을 보여 책임감을 강조했다. 이 과정에서 개방적 커뮤니케이션기법을 적극 활용했다. 이는 사건과 관련된 모든 정보를 숨김없이 신속하게 공개하여 신뢰를 확보하는 방법이다. 결국 존슨앤드존슨은 소비자 신뢰를 유지했고, 1년 내에 브랜드 평판과 시장 점유율을 회복했다.

② 실패 사례: 폭스바겐 디젤게이트 사건(은폐 중심의 위기 관리 실패 사례)

2015년 폭스바겐은 디젤 차량의 배출가스를 조작한 사실이 드러나며 '디젤게이트'라는 위기를 맞았다. 초기에 폭스바겐은 문제를 부인하고 책임을 회피하는 태도를 보여 큰 비난을 받았다. 여기서 범한 큰 실수는 부정적 메시지 최소화 전략을 잘못 적용한 점이다. 이 전략은 부정적 정보를 축소하거나 부인하여 단기적 피해를 줄이려 하지만, 장기적으로 신뢰를 잃는 위험성이 높다.

결국 폭스바겐은 소비자의 신뢰를 잃었으며, 막대한 벌금과 브랜드 이미지 손상이라는 심각한 결과를 초래했다. 이 사례를 통해 정확한 정보 공개와 신속한 책임 인정이 위기 커뮤니케이션의 핵심이라는 교훈을 얻을 수 있다.

7. 언론보도에서 반드시 지켜야 할 투명성과 신뢰성 원칙

본 내용에서는 언론보도에서 반드시 지켜야 할 투명성과 신뢰성의 원칙을 다룬다. 브랜드가 장기적으로 성공하기 위해 왜 신뢰가 필수적인지 살펴보고, 독자와 미디어가 신뢰할 수 있는 투명한 커뮤니케이션 전략과 기술을 제시한다. 또한 신뢰 위기를 극복한 실제 기업 사례를 분석하여 위기 속에서도 신뢰를 회복하고 강화하는 방법을 구체적으로 안내한다.

(1) 언론보도에서 신뢰가 중요한 이유와 신뢰성 구축 전략

언론보도에서 신뢰는 기업 이미지의 근간이자 장기적 생존의 필수 조건이다. 신뢰가 무너지면 브랜드 평판이 악화되고 회복하는 데 막대한 비용과 시간이 든다. 신뢰 구축 전략에는 첫째, 진정성 전략이 있다. 이는 기업의 메시지가 진솔하고 과장이나 허위가 없음을 강조하는 기법으로, 고객과 미디어에게 일관된 정보를 제공해 신뢰를 얻는다.

둘째, 책임 인정 전략을 활용한다. 문제가 발생했을 때 적극적으로 잘못을 인정하고 개선 방안을 투명하게 공유해 신뢰를 회복하는 방법이다. 마지막으로 지속적 소통 전략이 있다. 이는 정기적인 정보 공개와 피드백을 통해 지속적으로 신뢰 관계를 유지하고 강화하는 방법이다.

(2) 독자와 미디어가 신뢰하는 투명한 소통의 기술

투명한 소통을 위해 가장 중요한 기법은 정보의 완전 공개(Full Disclosure)

이다. 이는 언론과 독자에게 필요한 모든 정보를 지체 없이 명확하게 제공하는 기법이다. 둘째로 사전예방적 커뮤니케이션이 필수적이다. 문제가 터진 뒤에 대응하는 것이 아니라, 미리 예상 가능한 문제를 공개하고 예방적 메시지를 전달해 신뢰를 높이는 전략이다.

셋째, 미디어와의 관계 관리가 있다. 기자와 언론인과 평소 신뢰 관계를 구축하여 위기 상황에서도 신속하고 정확한 정보 교류가 가능하도록 하는 기법이다. 이러한 기술을 적극 활용하면 미디어와 독자 모두에게 투명성과 신뢰성을 전달할 수 있다추가로 추천하는 기술은 스토리텔링 기법이다. 이를 통해 진정성을 담아 공감대를 형성하고, 신뢰를 더욱 효과적으로 높일 수 있다.

(3) 신뢰 위기를 극복한 기업 사례 분석

대표적 사례는 글로벌 커피 브랜드인 스타벅스의 인종차별 논란이다. 2018년 미국 필라델피아 매장에서 인종차별적 사건이 발생하면서 스타벅스는 전 세계적으로 심각한 신뢰 위기를 맞았다. 이때 스타벅스는 빠르게 책임 수용과 진정성 전달 전략을 전개했다. 이는 잘못을 명확히 인정하고 진정성 있게 대응하는 기법이다.

스타벅스 CEO는 직접 사과하며 문제를 인정했고, 해당 매장 폐쇄와 전 직원 대상의 인종차별 방지 교육을 실시했다. 또한 기업 내부 정책을 공개적으로 재검토하며 개선 방향을 언론과 소비자에게 투명하게 공유했다. 이 같은 적극적이고 투명한 대응은 미디어와 소비자로부터 긍정적인 평가를 받았으며, 브랜드 이미지 회복과 오히려 기업 신뢰도 상승이라는 결과를 가져왔다.

추가로 추천하는 기법은 커뮤니케이션 프레이밍이다. 이는 메시지의 맥락을 긍정적으로 재구성하여 위기를 기회로 전환하는 전략으로, 스타벅스가 문제를 해결하는 과정을 사회적 책임을 다하는 브랜드로 재정립한 것이 좋은 예시다.

PART 2

성공하는 시민기자단과 서포터즈 운영의 모든 것

CONTENTS

시민기자단, 평범한 시민이 특별해지는 기회······················62

마음을 움직이는 서포터즈 모집 전략······························64

탄탄한 기자단을 만드는 필수 교육 프로그램······················69

시민기자단을 효과적으로 운영하는 노하우························73

시민기자단과 서포터즈의 모집 및 지원 방법······················76

시민기자단의 성과 관리와 지속 가능한 발전 전략·················80

서성미

"청소년 진로·강점 코치이자 LEGO·AI 융합 퍼실리테이터"

서성미 작가는 청소년 진로·강점 코치이자 LEGO Serious Play 인증 퍼실리테이터로, 그림책부터 AI 기반 콘텐츠까지 폭넓은 창작 활동을 병행하고 있습니다. 로맨스 웹소설 작가, 그림책·동화 작가이며, MZ세대부터 시니어까지 아우르는 진로 코칭·강의 프로그램을 운영하고 있습니다. 현재 『마이다스북』 출판사 대표 겸 한국미디어창업뉴스 수석기자로 AI-퍼블리싱과 브랜딩을 접목한 1인 출판 프로젝트를 이끌고 있으며, 지역 청소년을 위한 강점·커리어 멘토링을 실천하고 있습니다. 또한 국제·기업 워크숍에서 LEGO Serious Play와 AI 크리에이티브 교육을 결합해 생산성과 혁신을 선도하고 있습니다.

- 안산청소년재단 청소년진로멘토
- 마이다스북 출판사 대표 겸 수석편집장
- 국제미디어예술협회 경기총괄지부장 겸 수석연구원
- 한국코치협회 KPC·Gallup Strengths Certified Coach
- 시리어스워크(Level 3) 인증 퍼실리테이터 겸 프로그램 개발자

출간저서로는 『체인지UP 하라』, 『위대한 나의 발견』, 『3P바인더』, 『인터널코칭을 시작합니다』, 『억대연봉 메신저, 그 시작의 기술』, 『레고치유코칭』, 그림동화책 『홍박사의 기발한 과학수사대』 외 다수

"신문 없는 정부보다
정부 없는 신문을 택하겠다."

토머스 제퍼슨

1. 시민기자단, 평범한 시민이 특별해지는 기회

(1) 시민기자단의 역할과 매력 이해하기

시민기자단은 특별한 능력을 가진 사람만 할 수 있는 일이 아니다. 평범한 시민 누구나 참여할 수 있으며, 시민기자가 되면 자신의 이야기를 많은 사람에게 전달할 수 있는 특별한 기회를 얻는다. 그렇다면 시민기자단은 어떤 일을 하고, 왜 많은 사람이 매력을 느끼는 것일까?

시민기자단은 우리 주변에서 일어나는 다양한 이야기들을 기사로 작성하여 세상에 알리는 역할을 한다. 학교에서 일어난 특별한 행사, 우리 동네에서 열린 축제, 지역사회에 숨겨진 감동적인 이야기들처럼, 사람들의 관심을 끌 수 있는 소재를 찾아내 기사를 쓴다. 시민기자의 글은 전문 기자들보다 더 따뜻하고 친근한 느낌을 줄 수 있다. 평범한 이웃이 직접 경험한 이야기를 쓰기 때문이다.

또한, 시민기자단 활동을 통해 스스로를 성장시키는 기회도 갖게 된다. 글쓰기 실력이 좋아질 뿐 아니라, 사람을 만나 이야기를 듣고 질문하는 과정에서 의사소통 능력도 키울 수 있다. 자신의 생각을 논리적으로 표현하는 능력이 높아지고, 다양한 사람들과 만나면서 세상을 보는 시각도 넓어진다.

무엇보다 시민기자단 활동은 우리 사회에 긍정적인 변화를 만들 수 있다. 자신이 쓴 기사를 통해 작은 문제를 해결하거나, 사람들에게 감동과 희망을 전하는 일을 할 수 있기 때문이다. 시민기자단이 되는 순간 평범했던 시민이 세상을 바꾸는 특별한 사람으로 성장할 수 있다.

(2) 성공한 시민기자단의 공통점은?

성공한 시민기자단들은 몇 가지 공통적인 특징을 가지고 있다. 첫 번째 특징은 좋은 주제를 잘 찾아낸다는 점이다. 성공적인 시민기자단은 주변 사람들에게 흥미롭고 유익한 이야기를 찾아내어 많은 사람의 관심을 끈다. 이런 주제는 아주 거창하거나 특별할 필요는 없다. 우리 주변에서 일어나는 작고 친근한 이야기라도 독자의 마음에 공감과 감동을 줄 수 있다면 좋은 주제가 된다.

두 번째는 글을 쉽게 이해할 수 있게 잘 쓴다는 것이다. 시민기자는 전문기자와 달리 어려운 말이나 복잡한 표현을 쓰지 않아도 된다. 대신, 초등학생도 이해할 수 있을 만큼 쉽고 명확한 문장으로 써야 한다. 글이 어렵지 않고 명확하면 더 많은 사람이 읽고 공감할 수 있다.

세 번째는 시민기자단 활동을 열심히 꾸준하게 하는 점이다. 아무리 좋은 이야기라도 꾸준히 기사로 쓰지 않으면 사람들의 관심에서 멀어진다. 성공한 시민기자는 꾸준히 주변의 이야기를 찾아내고, 독자들이 궁금해하는 내용을 지속적으로 전달한다. 그렇게 하면 독자들도 자연스럽게 그 시민기자의 글을 기다리게 된다.

마지막 특징은 책임감을 가지고 기사를 작성한다는 점이다. 자신이 쓴 기사가 누군가에게 영향을 줄 수 있다는 책임감을 가지고 정확한 정보를 전달하는 것이 중요하다. 이런 책임 있는 태도가 독자에게 신뢰를 얻고, 시민기자단이 지속적으로 성공할 수 있는 비결이 된다. 이렇게 공감할 수 있는 주제, 이해하기 쉬운 글, 꾸준한 활동, 책임감을 갖춘 시민기자가 성공하는 시민기자단의 공통된 비밀이다.

나 역시 안산시 시민기자로 활동하면서 특별한 경험을 할 수 있었다. 세 자녀를 키우는 워킹맘으로서 지역사회 행사나 축제에 직접 취재를 나가 아이들과 함께 현장을 체험할 기회를 가질 수 있었다. 평소에는 쉽게 접할 수 없었던 다양한 지역 소식과 사람들을 가까이에서 만나고, 그 이야기를 세상에 알릴 수 있었다. 소정의 원고료를 받으면서 글쓰기에 대한 동기부여도 되었고, 정기적으로 열리는 역량 강화 워크숍을 통해 기사 작성법과 사진 촬영 기법도 배울 수 있었다. 시민기자로서의 활동은 단순한 취재를 넘어 아이들과 함께 성장하고 지역사회를 이해하는 소중한 시간이었으며, 무엇보다 평범한 일상 속에서 특별한 경험을 만들어준 값진 기회였다.

2. 마음을 움직이는 서포터즈 모집 전략

(1) 열정적인 서포터즈를 모으는 비결

서포터즈를 모집할 때 가장 중요한 것은 '수'가 아니라 '질'이다. 많은 인원을 모집하는 것도 필요하지만, 진정성 있는 활동을 이어갈 수 있는 열정적인 지원자를 찾는 것이 무엇보다 중요하다. 그렇다면 어떻게 하면 열정 있는 서포터즈를 모을 수 있을까?

첫 번째는 서포터즈 활동의 가치를 명확히 전달하는 것이다. 단순히 '홍보 활동'이 아니라, 참여자가 직접 성장하고 의미 있는 경험을 쌓을 수 있다는 메시지를 전해야 한다. 예를 들어, "기관과 함께 사회에 긍정적인 변화를 만들어 가는 기회"라고 표현하면 지원자의 동기를 자극할 수 있다.

두 번째는 실제 서포터즈 활동의 매력을 생생하게 보여주는 것이다. 이전 기수 서포터즈의 후기나 활동 사진, 영상을 함께 제공하면 지원자들은 활동을 구체적으로 상상할 수 있다. '나도 저렇게 활약할 수 있겠구나' 하는 기대감이 참여를 결정하게 만든다.

세 번째는 지원 과정을 지나치게 까다롭지 않게 하면서도, 기본적인 열정을 확인할 수 있도록 하는 것이다. 예를 들어, 간단한 자기소개서와 지원동기서로 서류를 받고, 최종적으로는 짧은 인터뷰나 콘텐츠 샘플을 요청하는 방식이 적절하다. 이를 통해 겉으로만 관심 있는 척하는 지원자가 아니라, 진짜로 활동에 참여하고 싶은 사람을 골라낼 수 있다.

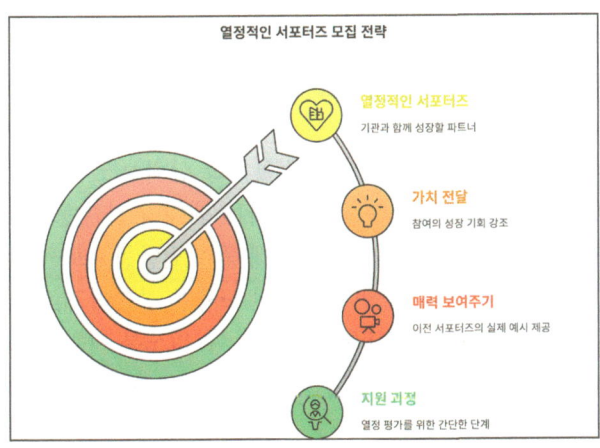

이렇게 서포터즈 모집 단계부터 참여자와의 '공감'을 끌어내는 전략이 필요하다. 지원자는 단순히 '활동 인원'이 아니라, 기관과 함께 성장할 '파트너'로 바라보아야 한다.

(2) 공공기관의 서포터즈 운영 사례와 성공 포인트

공공기관들은 서포터즈를 통해 시민과 소통하고 정책 홍보를 자연스럽게 이어가고 있다. 잘 운영된 사례들은 몇 가지 공통점을 가지고 있다.

안산시는 시민과 소통하는 창구를 넓히기 위해 다양한 주제의 서포터즈를 운영했다. 특히 '안산시민기자단'은 단순한 보도자료 전달을 넘어, 시민의 눈으로 바라본 생생한 안산의 이야기를 전하는 데 중점을 두었다. 워킹맘, 대학생, 청년 창업자 등 다양한 계층의 참여를 이끌어내어, 보다 친근하고 다양한 콘텐츠를 생산할 수 있었다. 또한 정기 간담회와 워크숍을 통해 기자단 간 교류를 활성화하고, 기사 작성법과 취재 기법을 교육하여 참여자들의 역량을 꾸준히 강화했다.

서울시는 '서울시민기자'라는 이름으로 서포터즈를 운영하며, 블로그와 SNS를 중심으로 서울시 주요 정책과 행사를 시민들이 직접 취재하고 소개하는 구조를 만들었다. 특히, 각 참여자에게 활동 주제를 자유롭게 선택하게 함으로써 자율성과 창의성을 강조했다. 그 결과, 다양한 시각의 콘텐츠가 쏟아졌고, 시민들 사이에서도 자연스럽게 바이럴이 이루어졌다.

질병관리청은 '국민소통단'을 통해 정확하고 신뢰성 있는 건강 정보를 시민들에게 알리는 데 집중했다. 특히 코로나19 팬데믹 기간 동안 국민소통단은 방역수칙, 백신 정보 등을 친근하고 쉽게 풀어 전달함으로써, 정보의 신뢰도를 높이는 데 중요한 역할을 했다. 소통단 교육을 강화하고, 전문가와의 간담회를 통해 정보를 정확히 이해하고 전달할 수 있도록 지원한 점이 성공 요인이었다.

제주도에서는 한국미디어창업뉴스 기자 출신 이은순 기자가 중심이 되어 지역 홍보 서포터즈를 이끌었다. 이은순 기자는 제주 관광지와 지역 문화를 보다 생생하게 소개하는 콘텐츠를 제작했으며, 일반 시민이 직접 경험하고 느낀 제주를 소개하는 방식을 통해 외부 관광객뿐만 아니라 지역 주민에게도 큰 호응을 얻었다.

이처럼 공공기관은 서포터즈를 단순한 홍보 수단이 아니라, 시민 참여형 콘텐츠 생산자로서 역할을 부여할 때 더 큰 성공을 거둘 수 있었다.

(3) 민간기업과 유명 브랜드의 서포터즈 운영 전략

민간기업에서도 서포터즈 운영은 매우 활발하다. 특히 대기업들은 서포터즈를 통해 브랜드 인지도 강화, 고객과의 소통 강화, 신제품 마케팅 등의 다양한 목표를 달성하고 있다.

롯데는 '롯데웰푸드 히든서포터즈'를 소비자 입장에서의 긍정적인 콘텐츠와 아이디어를 발굴하기 위해 지난 2012년 처음 도입해 12년째 운영 중이다. 서포터즈는 단순히 제품을 사용해 보는 것에 그치지 않고, 제품 아이디어에 대해 마케팅 전략 아이디어를 발표한다. 신제품 제안 발표식 우승팀에는 상금이 전달되며 우승작이 실제 제품화까지 이어질 수 있도록 검토할 계획이라고 밝혔다. 브랜드에 대한 애착을 높일 수 있는 다양한 활동 지원을 통해 지원자들의 수준 높은 참여를 이끌어냈다.

현대자동차는 'H-옴부즈맨'이라는 서포터즈 프로그램을 통해 자동차 소비자들의 의견을 직접 수렴하고, 실제 차량 개발이나 서비스 개선에 반영하는 구조를 만들었다. 참여자들은 현대차의 신차를 직접 시승하고, 장단점에 대해 솔직한 의견을 제시했으며, 이 과정에서 현대차는 소비자와의 신뢰를 강화할 수 있었다.

삼성그룹은 '삼성그룹 대학생 서포터즈'를 통해 젊은 세대와 적극적으로 소통하고 있다. 매년 선발되는 삼성그룹 대학생 서포터즈는 삼성을 연구하고, 청년들의 목소리를 기업에 전달하는 '싱크탱크' 역할을 수행한다. 서류와 면접 전형을 통해 선발된 200여 명의 대학생들은 팀을 이루어 삼성의 다양한 사업장 탐방, 삼성캠퍼스톡, 삼성SNS 참가 활동을 진행한다.

또한 삼성경제연구소(SERI)와 함께 삼성의 주요 이슈를 연구하는 특별 미션도 수행한다. 이를 통해 대학생들은 기업을 깊이 이해하고 다양한 아이디어를 제시하며, 삼성은 청년들의 신선한 시각을 기업 전략에 반영할 수 있다. '가장 하고 싶은 대외활동'으로 손꼽힐 만큼 청년들 사이에서 높은 인기를 끌고 있는 이 프로그램은, 대학생들에게는 전국 각지의 친구들과 네트워킹할 기회를 제공하고, 삼성에는 젊은 에너지와 창의적인 아이디어를 공급하는 일석이조의 효과를 거두고 있다. 실제로 서포터즈에 참여한 한 대학생은 "다른 지역 친구들과 다양한 이야기를 나누면서 큰 영감을 얻고 있다"고 소감을 밝히기도 했다.

농심은 '농심 펀스터즈(대학생 서포터즈)'를 통해 젊은 세대와의 친밀감을 높였다. 라면, 스낵 등 다양한 제품을 직접 체험하고 리뷰하는 활동은 물론, 마케팅 아이디어를 제안하는 공모전 형태로도 운영하여 서포터즈들의 창의적인 아이디어를 수집했다. 활동 우수자에게는 농심 입사 지원 시 가산점을 부여하는 제도를 운영해, 참여자들의 동기부여를 극대화했다.

이처럼 민간기업들은 브랜드 체험과 참여자 성장을 동시에 강조하며, 단순 체험단을 넘어서는 깊이 있는 서포터즈 프로그램을 구축하고 있다. 지원자들에게는 '브랜드와 함께 성장할 기회'를 제공하고, 기업은 충성 고객층을 형성하는 원원 전략을 구사한 것이다.

서포터즈 모집과 운영에서 가장 중요한 것은 단순히 홍보 인력을 확보하는 데 그치지 않고, 함께 성장하고 소통할 수 있는 진정한 동료를 찾는 데 있다. 참여자들이 활동을 통해 실질적인 성장을 경험할 수 있도록 프로그램을 설계하고, 그 과정에서 얻는 의미와 보람을 분명히 전달해야 한다. 또한, 서포터즈가 브랜드나 기관과 깊이 공감할 수 있도록 진정성 있는 메시지를 전하고, 참여 자체가 특별한 경험이 될 수 있도록 유도해야 한다. 결국, 공감과 성장이 어우러진 서포터즈 운영 전략이야말로 지속 가능한 성과를 만드는 핵심 열쇠가 된다.

이런 전략을 세운다면, 서포터즈는 단순한 캠페인 활동을 넘어, 브랜드와 사회에 긍정적인 영향을 미치는 진정한 동반자가 될 것이다.

3. 탄탄한 기자단을 만드는 필수 교육 프로그램

(1) 효과적인 기자단 교육 프로그램 설계법

탄탄한 시민기자단을 만들기 위해서는 모집만큼이나 교육 과정이 중요하다. 아무리 열정 넘치는 기자단을 선발해도, 체계적인 교육이 뒷받침되지 않으면 활동의 질을 높이기 어렵다. 그렇다면 효과적인 기자단 교육 프로그램은 어떻게 설계해야 할까?

첫 번째로, 기본기 강화를 목표로 삼아야 한다. 많은 시민기자들이 글을 쓰는 데는 관심이 많지만, 기사의 기본 구조나 취재 방법을 정확히 알지 못하는 경우가 많다. 기사 작성의 기본인 '5W1H(누가, 언제, 어디서, 무엇을, 왜, 어떻게)'를 중심으로, 독자가 이해하기 쉬운 문장을 구성하는 방법을 초반에 명확히 교육하는 것이 중요하다. 특히 초심자라도 쉽게 따라올 수 있도록, 기사 작성 과정을 단계별로 나누어 차근차근 훈련할 수 있게 해야 한다.

두 번째로, 실습 중심의 교육 방식을 도입해야 한다. 이론 교육만으로는 기자단이 실제로 취재 현장에서 글을 작성하는 데 필요한 감각을 키우기 어렵다. 강의만 듣는 것에 그치지 않고, 직접 취재 기획서를 작성하고, 인터뷰를 하고, 현장 사진을 찍고, 기사를 완성하는 과정을 반복하게 해야 한다. 교육 기간 중에는 한두 번이라도 현장 체험 취재를 경험하게 하는 것이 효과적이다.

세 번째로, 역량별 맞춤형 프로그램을 운영해야 한다. 기자단 구성원들의 글쓰기 수준이나 취재 경험은 모두 다르다. 초보자와 중급자, 고급자를 구분하여 각각의 수준에 맞는 교육을 제공하면 기자단 전체의 실력을 고르게 끌어올릴 수 있다. 예를 들어, 초보자 과정은 기본 기사 작성법에 집중하고, 중급자 과정은 기획 기사와 심층 인터뷰 작성법을 다루는 식으로 차별화하면 좋다.

마지막으로, 정기적인 피드백과 성과 공유가 필수적이다. 기자단 활동 중 작성된 기사에 대해 정기적으로 피드백을 제공하고, 잘 쓴 기사 사례를 함께 공유하는 시간을 마련하면 기자단의 사기가 올라가고, 자연스럽게 학습 효과도 높아진다. 좋은 기사를 쓴 기자에게는 소정의 포상이나 인증서를 수여하여 활동에 대한 동기부여를 강화하는 것도 좋은 방법이다.

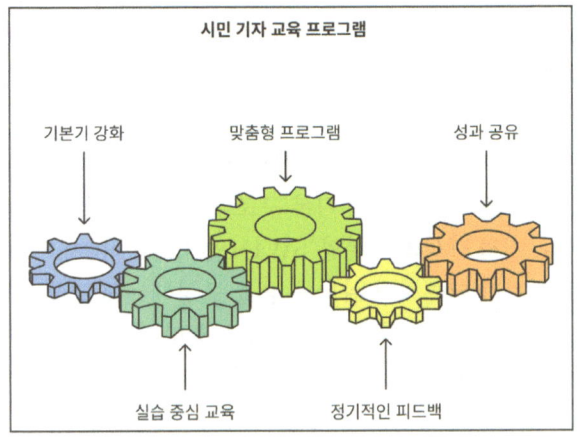

이처럼 기본기를 튼튼히 하고, 실습과 맞춤형 교육을 병행하며, 지속적인 피드백을 제공하는 교육 프로그램을 설계해야만 기자단이 스스로 성장하고 성과를 만들어낼 수 있다.

이와 함께, 보다 체계적인 교육을 원하는 이들을 위해 한국미디어창업뉴스의 객원기자 교육과정을 추천할 수 있다. 이 과정은 시민기자와 서포터즈를 꿈꾸는 이들에게 실질적인 기사 작성법과 취재 기법을 집중적으로 교육하며, 실전 중심의 커리큘럼을 제공한다. 기사 작성 기본부터 현장 취재 실습, 인터뷰 기술, 사진 촬영, SNS 콘텐츠 제작까지 다양한 영역을 다루어 초보자도 쉽고 체계적으로 실력을 키울 수 있다. 특히, 교육 수료 후에는 실제 뉴스 콘텐츠를 작성해보는 기회와 함께 객원기자로 활동할 수 있는 길이 열려 있어, 기자단 활동을 보다 전문적으로 이어가고 싶은 이들에게 든든한 발판이 되어준다.

(2) 시민기자에게 꼭 필요한 핵심 역량 키우기

좋은 시민기자가 되기 위해서는 단순히 글을 잘 쓰는 것 이상의 핵심 역량이 필요하다. 기자단 교육을 통해 키워야 할 중요한 역량들을 하나씩 살펴보자.

첫 번째는 취재력이다. 좋은 기사는 좋은 취재에서 시작된다. 기자는 사건이나 인물을 단순히 바라보는 것을 넘어, 그 이면에 숨은 이야기를 찾아내야 한다. 이를 위해서는 올바른 질문을 던지는 능력, 정보를 다각도로 수집하는 능력이 필요하다. 기자단 교육에서는 실제 인터뷰 실습을 통해 질문하는 방법, 상대방의 이야기를 자연스럽게 이끌어내는 기술을 익히게 해야 한다.

두 번째는 스토리텔링 능력이다. 아무리 좋은 정보라도 건조하게 전달하면 독자의 관심을 끌기 어렵다. 스토리텔링은 정보를 하나의 흐름으로 연결하여 독자가 이야기에 몰입할 수 있도록 만드는 기술이다. 기자단 교육에서는 단순한 기사 작성법을 넘어, 스토리 구성법, 기승전결 구조 잡기, 인상 깊은 첫 문장 쓰기 등의 훈련을 함께 진행해야 한다.

세 번째는 디지털 콘텐츠 제작 능력이다. 현대 시민기자는 텍스트뿐만 아니라 사진, 영상, 카드뉴스 등 다양한 형태의 콘텐츠를 제작할 수 있어야 한다. 글만 작성하는 데 그치지 않고, 기사의 이해를 돕는 사진을 촬영하거나, 짧은 영상 클립을 만들어 SNS에 배포하는 것도 필요하다. 특히 요즘은 짧고 빠르게 소비되는 콘텐츠가 많기 때문에, 기자단 교육에서 스마트폰으로 사진 잘 찍는 법, 짧은 영상 편집 기본기를 함께 다루면 실전에 큰 도움이 된다.

네 번째는 팩트체크와 윤리 의식이다. 시민기자는 때때로 오해를 살 수 있는 민감한 이슈를 다루기도 한다. 따라서 기사 작성 전에는 반드시 사실 여부를 검증해야 하고, 타인의 명예나 개인정보를 침해하지 않도록 주의해야 한다. 기자단 교육에서는 팩트체크 방법과 함께, 취재 윤리, 초상권과 저작권 등에 대한 기본 교육을 반드시 포함해야 한다.

마지막으로, 자기주도성과 꾸준함도 키워야 한다. 시민기자단 활동은 외부의 강제성이 적기 때문에 스스로 주제를 정하고, 취재 계획을 세우고, 마감 기한을 지켜야 한다. 이러한 자기주도적 태도와 꾸준함이 없다면 활동을 이어가기 어렵다. 교육 과정에서는 주제 선정부터 기사 완성까지 전 과정을 스스로 계획하고 실천해보게 하여, 실제 활동에서 필요한 자기주도성을 자연스럽게 기를 수 있도록 해야 한다.

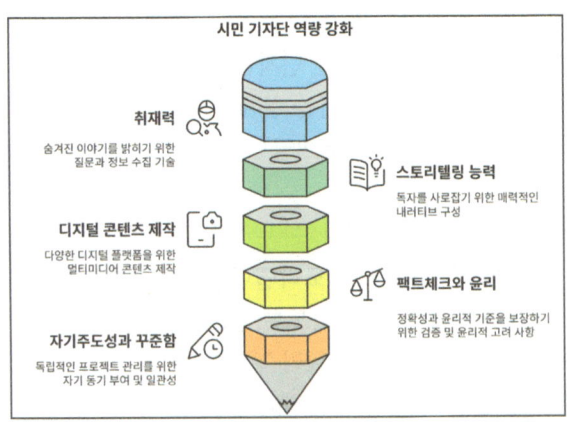

이처럼 기자단 교육은 글쓰기 기술만 가르치는 것이 아니라, 취재력, 스토리텔링, 디지털 콘텐츠 제작, 윤리 의식, 자기주도성까지 포괄적으로 다뤄야

한다. 단단한 기본기를 갖춘 시민기자들이야말로 지역사회에 신뢰를 주고, 세상을 변화시키는 소중한 힘이 된다.

4. 시민기자단을 효과적으로 운영하는 노하우

(1) 기자단 활동의 지속적 참여를 이끄는 방법

시민기자단을 성공적으로 운영하기 위해 가장 중요한 것은 처음의 열정을 어떻게 지속시키느냐이다. 모집할 때는 많은 기대와 포부를 가진 기자들이 시간이 지나면서 점차 활동이 뜸해지는 경우가 종종 있다. 기자단 활동을 지속적으로 이어가게 하려면 어떤 노하우가 필요할까?

첫 번째는 활동 동기를 끊임없이 자극하는 것이다. 기자단이 활동을 시작할 때 가졌던 초심을 유지할 수 있도록, 활동의 의미를 반복적으로 상기시켜야 한다. 기사 하나가 지역사회에 긍정적인 변화를 만들 수 있고, 스스로도 성장할 수 있다는 점을 교육과 피드백 과정에서 꾸준히 강조해야 한다. 또한 기자단 활동을 통해 사회와 소통하고 세상에 긍정적인 영향을 줄 수 있다는 자긍심을 심어주는 것도 중요하다.

두 번째는 다양하고 재미있는 미션을 제공하는 것이다. 매번 비슷한 형태의 기사 작성만 요구하면 기자들도 쉽게 지치게 된다. 때로는 인터뷰 특집, 포토 에세이, 영상 콘텐츠 제작 등 다양한 형식의 콘텐츠를 제안하고, 시즌별로 주제를 정해 특별 프로젝트를 진행하는 것도 좋은 방법이다. 이러한 변화를 통해 기자들이 활동에 재미를 느끼고 도전 의식을 가질 수 있다.

세 번째는 성과를 가시화하는 것이다. 기자들이 작성한 기사가 얼마나 많은 사람들에게 읽혔는지, 어떤 긍정적인 반응이 있었는지를 구체적으로 알려주는 것이 중요하다. 예를 들어, 기사 조회수, 댓글 수, SNS 공유 수 등을 월별로 정리해 기자단에 공유하면, 자신의 활동이 실제로 사회에 영향을 미치고 있다는 것을 체감할 수 있다. 특히, 매월 '이달의 우수 기사'를 선정하거나, 작은 시상식을 개최하는 것도 큰 동기부여가 된다.

마지막으로, 기자단 간의 소속감을 강화하는 것이 필요하다. 개인적인 활동에만 집중하면 기자들은 외로움을 느끼기 쉽다. 정기적인 오프라인 모임이나 온라인 소통 공간을 마련하여 서로의 활동을 공유하고 응원하는 문화를 만들어야 한다. 기자단끼리 서로 조언하고 격려할 수 있는 분위기가 조성되면, 자연스럽게 활동 지속성이 높아진다.

이처럼 기자단의 동기, 재미, 성과 체감, 소속감을 함께 관리하면, 시민기자단은 시간이 지나도 끈끈하게 활동을 이어가는 강한 조직이 될 수 있다.

(2) 기자단과의 원활한 소통과 관리 기술

시민기자단을 운영하면서 또 하나 중요한 것은 기자단과의 원활한 소통과 세심한 관리이다. 아무리 좋은 프로그램을 기획해도 소통이 원활하지 않으면 기자단의 만족도는 떨어지고, 활동도 느슨해질 수밖에 없다. 효과적인 소통과 관리를 위해 어떤 전략이 필요할까?

첫 번째는 명확하고 꾸준한 커뮤니케이션 채널을 확보하는 것이다. 기자단과의 소통은 불규칙적이어서는 안 된다. 공식 커뮤니티(네이버 카페, 밴드, 슬랙, 단톡방 등)를 운영하여 주요 공지사항, 취재 주제, 마감 일정 등을 일관성 있게 전달해야 한다. 정해진 시간대에 정기적으로 소식을 업데이트하면 기자들도 스케줄을 잡기 편하고, 활동에 대한 안정감을 느낄 수 있다.

두 번째는 개별 기자의 상황을 존중하는 관리 방법이다. 기자단 구성원은 모두 다른 배경과 생활 패턴을 가지고 있다. 학생, 직장인, 주부 등 다양한 환경 속에서 활동하기 때문에 일률적인 기준만을 적용하기보다는, 개인의 상황을 배려하는 유연한 운영이 필요하다. 예를 들어, 마감 일정이 늦어질 때는 사정을 듣고 조율하거나, 개인 사정으로 활동이 어려운 경우 잠시 활동을 쉬게 하는 등 배려심 있는 관리를 해야 한다. 이런 섬세한 배려는 기자단에게 큰 신뢰를 주고, 장기적인 활동 의지를 높인다.

세 번째는 적극적인 피드백과 칭찬을 아끼지 않는 것이다. 기자들이 작성한 기사에 대해 구체적인 피드백을 주고, 잘한 점을 칭찬하는 것은 기자의 성장뿐만 아니라 소속감을 키우는 데도 큰 도움이 된다. 예를 들어, "이 기사에서 인터뷰 내용을 자연스럽게 연결한 점이 참 좋았습니다", "앞으로는 사진 설명도 덧붙이면 더 완성도가 높아질 것 같아요" 같은 구체적인 피드백을 제공하면 기자들은 자신이 인정받고 있다는 느낌을 받는다. 이런 긍정적인 소통이 기자단 활동을 더욱 활발하게 만든다.

네 번째는 위기 상황을 미리 대비하는 것이다. 기자단 운영 중에는 예상치 못한 상황이 발생할 수 있다. 예를 들어, 기자 간의 갈등, 마감 불이행, 허위 정보 취재 등 다양한 문제가 발생할 수 있다. 이를 위해 사전에 기자단 활동 규칙을 명확히 설정하고, 문제가 발생했을 때는 신속하고 공정하게 대응하는 것이 중요하다. 갈등이 생겼을 때는 중재자가 되어 감정을 조율하고, 규정에 따라 공정하게 처리해야 기자단 전체의 신뢰를 지킬 수 있다.

마지막으로, 기자단의 의견을 존중하고 반영하는 것이다. 기자단 운영은 일방적인 지시가 아니라, 상호 소통을 통해 함께 만들어가는 과정이다. 기자단 활동 중간에 만족도 조사를 실시하거나, 개선 의견을 수렴하고, 좋은 의견은 실제 운영에 반영하면 기자단은 더욱 주인의식을 가지고 활동하게 된다.

이처럼 기자단과의 소통은 단순한 정보 전달이 아니라, 신뢰와 존중을 바탕으로 한 관계 구축이 핵심이다. 세심한 관리와 따뜻한 소통이 뒷받침될 때, 시민기자단은 자발적이고 활기찬 조직으로 성장할 수 있다.

시민기자단 운영의 핵심은 단순히 활동을 유지시키는 데 그치는 것이 아니라, 지속적인 동기부여와 세심한 소통을 통해 기자단이 성장할 수 있도록 이끄는 데 있다. 기자단이 자신들의 활동에 의미를 느끼고, 스스로 가치를 발견할 수 있도록 돕는 것이 가장 중요하다. 또한, 다양한 미션을 부여하고, 성과를 구체적으로 공유함으로써 참여 의욕을 지속적으로 자극해야 한다.

무엇보다 기자 한 사람 한 사람의 상황을 존중하고, 꾸준한 피드백과 진심어린 배려를 통해 신뢰를 쌓아가는 과정이 필요하다. 이 모든 노력이 어우러질 때, 시민기자단은 단순한 활동 그룹을 넘어, 함께 성장하고 변화를 만들어가는 소중한 커뮤니티로 발전할 수 있다.

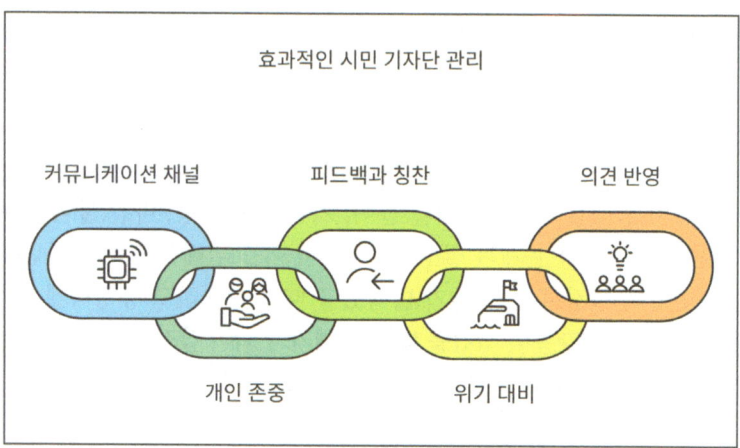

5. 시민기자단과 서포터즈의 모집 및 지원 방법

(1) 기관별 시민기자단 및 서포터즈 지원 절차와 팁

시민기자단과 서포터즈 활동에 참여하고 싶은 사람들은 많지만, 막상 어떻게 지원해야 할지 막막해하는 경우가 많다. 기관마다 지원 절차나 요구하는 조건이 조금씩 다르기 때문에, 기본적인 지원 흐름을 이해하고 준비하는 것이 중요하다.

첫 번째, 모집 공고를 세심히 읽는 것부터 시작해야 한다. 기관마다 모집 대상, 지원 자격, 활동 기간, 제출 서류 등이 다를 수 있다. 예를 들어, 지자체나 공공기관은 '거주지 제한'을 두는 경우가 있고, 특정 나이대나 직업군을 선호하는 경우도 있다. 반면, 민간기업은 SNS 운영 경험이나 콘텐츠 제작 능력을 중시하는 경우가 많다. 따라서 지원하기 전에 반드시 모집 요강을 꼼꼼히 확인하고, 자신이 조건에 부합하는지 체크하는 것이 기본이다.

두 번째, 지원서를 작성할 때는 '왜 이 활동에 지원했는지'에 대한 진정성 있는 이야기를 담아야 한다. 단순히 "좋은 경험을 하고 싶어서"라는 추상적인 표현보다는, 구체적인 동기와 목표를 적는 것이 좋다. 예를 들어, "지역 사회 소식을 더 많은 사람들에게 알리고 싶어서 지원했다", "건강 정보를 정확히 전달하고 싶어서 지원했다"처럼 구체적인 이유를 제시하면 평가자에게 강한 인상을 줄 수 있다.

세 번째, 콘텐츠 제작 경험이나 관련 활동 경력이 있다면 적극적으로 어필해야 한다. 특히 블로그 운영, SNS 관리, 영상 제작, 사진 촬영 등 콘텐츠 제작과 관련된 경험은 서포터즈나 시민기자단 선발 시 큰 장점이 된다. 실제로 여러 기관에서는 포트폴리오 제출을 요구하거나, 지원서에 SNS 계정을 입력하도록 해 지원자의 콘텐츠 역량을 평가하기도 한다.

네 번째, 면접이 있을 경우, 자신감 있는 자세로 임하는 것이 중요하다. 면접에서는 지원 동기 외에도, 활동 기간 동안의 참여 의지, 팀워크 능력, 글쓰기나 취재에 대한 기본적인 이해도를 평가한다. 너무 긴장하지 말고, 평소 관심 있던 주제나 작성해본 콘텐츠에 대해 자연스럽게 이야기하는 것이 좋은 인상을 남긴다.

마지막으로, 결과 발표 이후에는 합격 여부와 상관없이 다음 기회를 준비하는 자세를 가져야 한다. 불합격하더라도 아쉬워할 필요는 없다. 모집 주기는 정기적으로 반복되며, 여러 기관이 다양한 형태로 시민기자단과 서포터즈를 운영하고 있기 때문에 꾸준히 정보를 탐색하고 다시 도전할 수 있다.

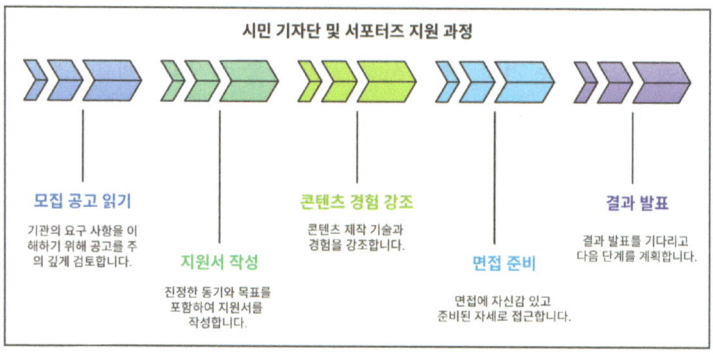

(2) 시민기자단 및 서포터즈 모집 사이트 추천과 활용법

 좋은 모집 정보를 빠르고 정확하게 찾는 것도 시민기자단과 서포터즈 지원의 중요한 시작이다. 기관별 홈페이지 외에도, 다양한 대외활동 플랫폼을 활용하면 훨씬 쉽게 정보를 모을 수 있다.

 첫 번째, 대외활동 통합 플랫폼을 활용하는 방법이다. 대표적으로 위비티(Wevity), 씽굿(Thinkgood), 올콘(Allcon) 등이 있다. 이들 사이트에서는 시민기자단, 서포터즈, 체험단, 공모전 등 다양한 대외활동 정보를 지역별, 주제별, 연령대별로 정리해 제공한다. 특히 검색 필터를 활용하면 자신에게 맞는 활동을 빠르게 찾을 수 있다. 예를 들어, '공공기관 서포터즈', '문화예술 분야기자단', '대학생 홍보대사' 같은 키워드로 구체적인 검색이 가능하다.

두 번째, 체험단 및 SNS 기반 서포터즈를 모집하는 전문 사이트를 활용하는 방법이다. 강남맛집체험단, 리뷰노트, 디너의 여왕, 블로그체험단 등은 제품 체험 리뷰 활동을 원하는 사람들에게 유용하다. 특히 초보자가 콘텐츠 제작 경험을 쌓고, 포트폴리오를 만들기에 좋은 기회를 제공한다. 다양한 카테고리(뷰티, 음식, IT, 생활용품 등)에서 원하는 체험단을 선택할 수 있으며, 비교적 지원 경쟁률이 낮아 도전하기 쉽다.

세 번째, 직접 기관 홈페이지를 방문하는 방법이다. 서울시, 경기도, 인천시 같은 지자체 홈페이지에는 시민기자단, SNS 서포터즈, 홍보대사 등의 모집 공고가 수시로 올라온다. 문화체육관광부, 환경부, 고용노동부, 보건복지부 등 중앙 부처에서도 국민 참여형 프로그램을 정기적으로 모집하고 있으니, 관심 있는 분야가 있다면 해당 부처 홈페이지를 즐겨찾기 해두는 것도 좋은 방법이다.

네 번째, SNS와 커뮤니티를 활용하는 방법이다. 요즘은 기관이나 기업이 직접 인스타그램, 페이스북, 카카오톡 채널 등을 통해 모집 공고를 게시하는 경우도 많다. 예를 들어, "서울시 공식 인스타그램", "농심 대학생 서포터즈 페이스북 페이지" 같은 곳을 팔로우해두면, 모집 소식을 빠르게 받아볼 수 있다. 네이버 카페나 대학 커뮤니티 게시판도 유용한 정보 창구가 될 수 있다.

마지막으로, 정보를 찾을 때는 항상 모집 요강과 지원 조건을 꼼꼼히 비교하는 습관을 들이는 것이 중요하다. 모집 공고만 보고 무작정 지원하기보다는, 활동 기간, 제공 혜택, 활동 내용, 제출 과제 등을 꼼꼼히 확인한 후 자신에게 맞는 활동을 선택해야 지원 후 활동 만족도도 높아진다.

시민기자단과 서포터즈 활동은 단순히 경험을 쌓는 것을 넘어, 자신의 역량을 키우고 세상과 소통하는 특별한 기회를 제공한다. 이러한 소중한 기회를 잘 활용하기 위해서는 무엇보다 전략적인 준비가 필요하다. 모집 요강을 꼼꼼히 읽고, 자신만의 진정성 있는 지원서를 작성하는 것이 첫걸음이다. 또한 다양한 대외활동 플랫폼과 체험단 사이트를 적극적으로 활용해 폭넓은 기회를 탐색하는 자세도 중요하다.

무엇보다 꾸준히 도전하고 작은 경험이라도 차곡차곡 쌓아가며 포트폴리오를 만들어가는 과정이 필요하다. 이러한 준비성과 지속적인 노력은 결국 더 나은 기회를 만들고, 더 큰 성장으로 이어진다. 체계적인 정보 탐색과 전략적인 접근을 통해 누구나 자신만의 스토리를 만들어가는 시민기자단과 서포터즈로 멋진 시작을 할 수 있다.

6. 시민기자단의 성과 관리와 지속 가능한 발전 전략

(1) 시민기자단 성과 평가 방법

시민기자단을 운영하다 보면, 활동이 잘 이루어지고 있는지, 개선할 점은 없는지 점검하는 과정이 꼭 필요하다. 단순히 기사의 수나 조회수만으로 평가하는 것은 한계가 있다. 시민기자단의 진짜 가치를 제대로 측정하려면 보다 다양한 관점에서 성과를 평가해야 한다.

첫 번째는 양적 성과와 질적 성과를 함께 평가하는 것이다. 양적 성과란 작성한 기사 수, 기사별 조회수, SNS 공유 수, 댓글 수 등을 의미한다. 이는 기자단 활동의 외형적 활발함을 보여주는 지표가 된다. 하지만 여기에만 집중하면 시민기자단의 깊이나 신뢰도는 놓치기 쉽다. 따라서 질적 성과, 즉 기사의 내용 수준, 독자와의 공감도, 전달력, 사회적 파급효과 등을 함께 고려해야 한다. 예를 들어, 지역 문제를 다룬 기사가 실제로 공론화를 이끌어내거나 정책 변화에 영향을 미쳤다면, 조회수가 적더라도 매우 높은 질적 성과로 평가할 수 있다.

두 번째는 참여도와 지속성을 점검하는 것이다. 시민기자단은 단기적인 프로젝트가 아니라, 꾸준한 참여를 통해 성장하는 커뮤니티다. 따라서 기자들의 활동 지속 기간, 중도 이탈률, 정기 미션 참여율 등을 함께 분석해야 한다. 활동 초기에는 열정적이던 기자들도 시간이 지나면서 활동이 느슨해질 수 있는데, 이를 방지하기 위한 관리 전략 수립이 필요하다.

세 번째는 피드백 시스템을 통한 평가다. 단순히 운영자 입장에서만 평가하지 않고, 기자단 스스로 평가에 참여하게 하는 것도 효과적이다. 예를 들어, 활동 종료 후 설문조사를 통해 활동 만족도, 어려웠던 점, 개선해야 할 점 등을 수집하면, 보다 객관적이고 현실적인 평가 결과를 얻을 수 있다. 또한, 기자단 내부에서 우수 활동자를 추천하거나, 서로의 기사에 대해 평가하는 프로그램을 도입하면, 참여자들의 자발적인 성장도 유도할 수 있다.

마지막으로, 성과를 구체적으로 기록하고 공유하는 것이 중요하다. 연말이나 활동 종료 시기에 기자단 활동 결과를 정리하여 리포트를 만들고, 우수 사례를 공유하는 자리를 마련하면, 기자단 스스로도 자신들의 성과를 체감할 수 있다. 이를 통해 활동에 대한 자부심과 다음 활동에 대한 동기부여를 동시에 얻을 수 있다.

(2) 지속 가능한 기자단 운영을 위한 장기 전략 수립하기

시민기자단이 일회성 활동에 그치지 않고, 지속 가능한 조직으로 발전하려면 장기적인 관점에서 운영 전략을 수립해야 한다. 탄탄한 장기 전략은 기자단의 안정성과 성장 가능성을 높이는 중요한 열쇠가 된다.

첫 번째는 기자단의 정체성과 목표를 명확히 설정하는 것이다. 시민기자단이 무엇을 위해 존재하는지, 어떤 가치를 추구하는지를 명확히 해야 한다. 예를 들어, "지역 사회의 긍정적 변화를 이끄는 소통 매개체" 또는 "시민과 기관을 연결하는 신뢰의 다리"와 같은 명확한 목표가 설정되면, 기자단 활동의 방향성도 자연스럽게 잡힌다. 목표가 분명할수록 기자들도 자부심을 가지고 활동할 수 있다.

두 번째는 교육과 성장 지원을 꾸준히 제공하는 것이다. 기자단이 처음에는 열정으로 시작할 수 있지만, 시간이 지남에 따라 성장할 수 있는 기회가 없으면 활동 의욕이 떨어질 수 있다. 따라서 연 1~2회 역량 강화 워크숍, 글쓰기 및 사진 강좌, 인터뷰 실습 등의 교육 프로그램을 지속적으로 운영하는 것이 필요하다. 교육을 통해 기자단의 실력을 끌어올리고, 새로운 도전을 이어가게 해야 한다.

세 번째는 우수 활동자에 대한 명확한 인센티브 제공이다. 기자단 활동이 순수한 봉사정신에 기반한다고 해도, 작은 보상과 인정은 큰 동기부여가 된다. 소정의 원고료 지급, 활동 인증서 발급, 우수 활동자 표창, 수료증 수여 등을 통해 기자단의 노력을 공식적으로 인정하고, 활동에 대한 자긍심을 심어줄 수 있다. 또한, 기자단 활동을 포트폴리오로 활용할 수 있도록 지원하는 것도 좋은 방법이다.

네 번째는 기자단 내 커뮤니티를 강화하는 것이다. 기자들끼리 교류할 수 있는 자리를 정기적으로 마련하고, 팀 활동이나 공동 프로젝트를 통해 소속감을 높이는 것이 중요하다. 기자단이 서로에게 자극과 응원의 존재가 되어야, 장기적인 활동이 가능해진다. 예를 들어, 팀별 기사 경진대회나 공동 취재 미션을 부여하면 자연스럽게 협력과 소통이 이루어질 수 있다.

마지막으로, 운영팀과 기자단 간의 신뢰를 지속적으로 구축하는 것이 핵심이다. 기자들의 의견을 존중하고, 제안사항을 적극 반영하며, 활동의 변화를 함께 고민하는 과정을 통해 기자단은 스스로 '주인의식'을 가지게 된다. 운영팀은 단순한 관리자가 아니라, 기자단과 함께 성장하는 동반자가 되어야 한다.

시민기자단을 성공적으로 운영하기 위해서는 단기간의 성과에 만족하기보다, 꾸준한 성장과 신뢰 구축을 핵심 목표로 삼아야 한다. 기자단 활동을 평가할 때는 단순히 수치로 드러나는 양적 성과뿐만 아니라, 콘텐츠의 질적 수준과 사회적 영향력까지 함께 고려해야 한다. 또한, 기자단이 지속적으로 성장할 수 있도록 다양한 교육과 지원을 제공하고, 각자의 역량을 키울 수 있는 발판을 마련해주는 것이 필요하다.

무엇보다 시민기자단이 지향하는 명확한 목표와 정체성을 세우고, 이를 기반으로 장기적인 운영 전략을 수립해야 한다. 체계적인 성과 관리와 지속 가능한 운영 방안을 갖춘다면, 시민기자단은 일회성 프로젝트에 그치지 않고, 지역과 사회를 긍정적으로 변화시키는 힘 있는 커뮤니티로 성장할 수 있을 것이다.

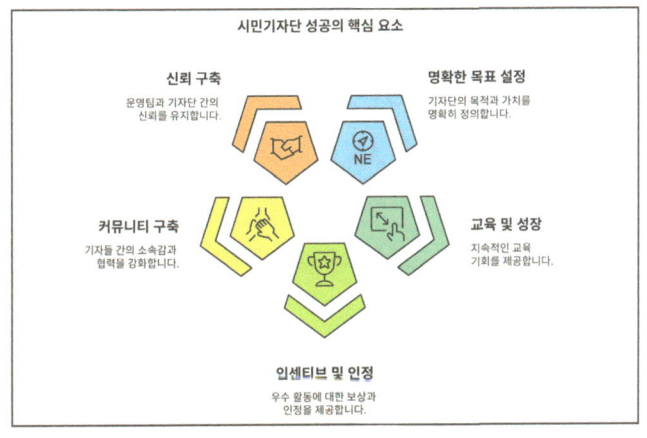

PART 3

독자의 마음을 사로잡는 칼럼 쓰기의 기술

CONTENTS

읽히는 칼럼의 비밀: 매력적인 구조와 스타일··················88

지금 바로 써야 할 주제 선정의 기술························92

설득력을 높이는 논리적 글쓰기····························95

독자와 강력한 공감대를 만드는 법·························100

영향력 있는 칼럼니스트가 되는 브랜딩 전략··················104

실제로 독자를 움직인 영향력 있는 칼럼 사례 분석·············107

이기정

"기록으로 말하고, 이야기로 움직인다"

한국미디어창업뉴스의 취재기자로 활동하며 다양한 미디어 현장을 발로 뛰며 취재하고 기록하는 일을 해왔다. 깊이 있는 시선과 섬세한 문장으로 사회와 사람을 연결하는 이야기를 담아내는 데 주력하고 있으며, 디지털 시대의 변화 속에서 언론이 나아가야 할 방향을 끊임없이 고민하고 있다.

현재 국제미디어예술협회 경기남부지부장을 맡아 지역 미디어 예술 활성화에 힘쓰고 있으며, 푸드카빙아티스트로서 창의적인 예술 활동도 병행하고 있다. 2024년에는 미디어창업뉴스 최우수베스트기자상을 수상하며 전문성과 열정을 인정받았다. 또한 그림동화작가로도 활동하고 있으며, 2025년에는 세 권의 그림동화가 동시에 출간될 예정이다.

『홍보하지 말고 언론으로 보도하라』를 비롯해 다양한 미디어 관련 프로젝트에 참여하며 저술 활동을 이어가고 있으며, 앞으로도 독자와 시대를 잇는 생생한 기록과 감동을 전하기 위해 끊임없이 도전할 계획이다.

- 푸드카빙아티스트
- 한국미디어창업뉴스 취재기자
- 국제미디어예술협회 경기남부지부장
- 2024 미디어창업뉴스 최우수베스트기자상

"언론의 자유는 민주주의의 산소다."

월터 크롱카이트

1. 읽히는 칼럼의 비밀: 매력적인 구조와 스타일

(1) 독자가 끝까지 읽는 칼럼의 구조 이해하기

칼럼을 쓰는 사람이라면 누구나 독자가 끝까지 읽어주길 바란다. 하지만 실제로는 첫 문단에서 관심을 잃거나, 중간에 이탈하는 경우가 적지 않다. 읽히는 칼럼과 그렇지 않은 칼럼의 차이는 단순한 주제 선정이나 문장의 화려함에 있는 것이 아니다. 가장 중요한 것은 독자의 몰입을 끌어내는 구조와 스타일에 있다. 아무리 훌륭한 메시지를 담고 있어도, 전달 방식이 매력적이지 않으면 독자는 금세 흥미를 잃고 페이지를 닫는다. 따라서 칼럼을 쓰는 사람이라면 무엇보다 글의 구조를 체계적으로 설계하고, 자신만의 일관된 문체를 정립해야 한다.

먼저 독자가 끝까지 읽게 만드는 칼럼 구조를 살펴보자. 효과적인 칼럼은 서론, 본론, 결론이라는 고전적 3단 구성을 기반으로 하되, 각 파트를 짧고 명확하게 구분하는 특징이 있다. 서론에서는 독자의 관심을 단숨에 사로잡을 수 있는 문제 제기나 인상적인 질문을 던진다. 이때 불필요한 장황한 설명은 최대한 줄이고, 핵심 주제를 단 한두 문장으로 명쾌하게 드러내는 것이 중요하다. 본론에서는 서론에서 제기한 문제를 풀어가는 방식으로 전개한다. 구체적인 사례, 통계 자료, 개인적 경험 등을 적절히 배치하여 독자가 자연스럽게 논리의 흐름을 따라가도록 유도해야 한다. 마지막 결론에서는 핵심 메시지를 다시 강조하고, 독자에게 생각할 거리를 던지거나 실천을 독려하는 식으로 마무리한다.

칼럼 구조에서 특히 주목해야 할 점은 '초반 5줄의 힘'이다. 첫 5줄에서 독자의 시선을 사로잡지 못하면, 그 이후 내용은 아무리 훌륭해도 읽히지 않는다. 따라서 서두에서는 독자의 호기심을 자극하는 인상적 문장을 배치하거나, 문제 상황을 직설적으로 던지는 전략이 효과적이다. 예를 들어 "왜 우리는 매번 다이어트에 실패하는가?"처럼 질문형으로 시작하거나, "10명 중 8명이 겪는 실패 이유"처럼 구체적인 통계를 제시하는 것도 좋은 방법이다.

초반 5줄을 매력적으로 구성하는 데 성공하면, 독자는 자연스럽게 다음 문단으로 시선을 옮기게 된다.

다음은 칼럼에 적합한 나만의 문체를 찾는 과정이다. 칼럼의 문체는 곧 작가의 개성을 드러내는 핵심 요소다. 독자는 정보 그 자체뿐만 아니라, 그 정보를 전하는 글쓴이의 목소리와 태도에 매력을 느낀다. 따라서 칼럼니스트는 자신만의 고유한 문체를 정립하는 것이 매우 중요하다. 여기서 문체란 단순히 말투나 어휘 선택의 문제가 아니라, 글의 전체적인 분위기와 리듬, 그리고 독자에게 주는 감정적 울림까지를 포함하는 개념이다. 예를 들어 어떤 칼럼은 날카롭고 직설적인 문체를 지향하고, 어떤 칼럼은 부드럽고 따뜻한 문체를 추구할 수 있다. 중요한 것은 독자에게 일관된 인상을 남기고, 글쓴이의 신뢰도를 쌓아가는 것이다.

문체를 정립하는 첫 번째 방법은 자신의 말투를 그대로 글로 옮기는 것이다. 억지로 문어체를 흉내 내거나, 화려한 수사를 남용할 필요는 없다. 오히려 평소 생각하고 말하는 방식을 자연스럽게 녹여내야 글에 생명력이 깃든다. 두 번째 방법은 자신이 존경하거나 좋아하는 칼럼니스트의 글을 분석해 보는 것이다. 그들의 문장에서 어떤 문장 구조를 사용하는지, 어떤 어휘를 선호하는지, 리듬과 호흡은 어떠한지를 세밀하게 관찰하고 나만의 스타일로 변형해보는 연습이 필요하다. 마지막으로, 다양한 시도를 통해 자신에게 가장 편하고 자연스러운 문체를 찾아야 한다. 처음에는 다소 어색할 수 있지만, 글을 쓸수록 문체는 점차 다듬어지고 자신만의 색깔이 드러나게 된다.

칼럼을 매력적으로 만드는 구조와 스타일은 단기간에 완성되지 않는다. 하지만 글을 쓸 때마다 '독자가 이 문장을 끝까지 읽을까?', '이 문장이 내 목소리를 제대로 전달하는가?'를 끊임없이 점검한다면, 점차 읽히는 칼럼으로 진화할 수 있다. 독자의 시간을 빼앗는 글이 아니라, 독자의 시간을 투자할 가치가 있는 글을 목표로 삼아야 한다. 그러기 위해서는 구조는 간결하고 논리적으로, 문체는 자연스럽고 진정성 있게 다듬는 노력이 필요하다.

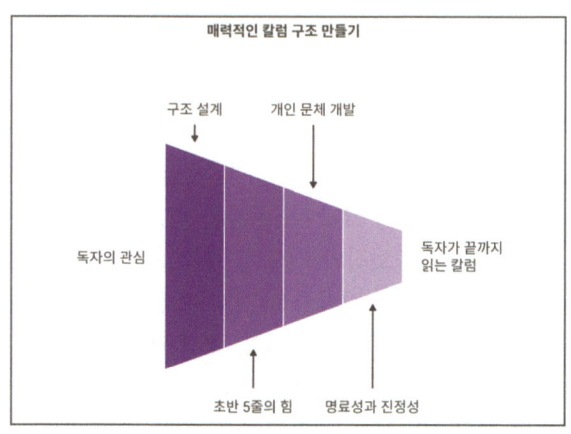

(2) 칼럼에 적합한 나만의 문체 찾기

칼럼에서 문체는 단순한 표현 방식을 넘어, 글쓴이의 정체성과 직결된다. 독자는 칼럼을 읽을 때 정보뿐 아니라, 글쓴이의 말투, 태도, 세계관까지 함께 경험한다. 때문에 칼럼니스트에게 가장 중요한 과제 중 하나는 자신만의 고유한 문체를 찾아내는 일이다. 문체는 독자와의 신뢰를 쌓고, 글을 차별화하는 힘이 된다. 특정 주제나 메시지를 다루더라도, 문체가 독특하면 글은 살아 있는 인상을 남긴다. 반대로 문체가 일관되지 않거나 인위적이면, 독자는 금세 글에서 이탈하고 만다.

나만의 문체를 찾기 위해서는 먼저 본능적인 자기 언어를 인식해야 한다. 억지로 학술적인 문장을 흉내 내거나, 화려한 수사를 사용하려 애쓸 필요는 없다. 일상 대화에서 사용하는 자연스러운 표현을 관찰하고, 그것을 글로 풀어내는 연습이 필요하다. 예를 들어, 평소에 직설적이고 간결하게 말하는 사람이라면 글에서도 군더더기 없는 문장을 구사하는 것이 좋다. 반면 부드럽고 서정적인 표현을 즐겨 사용하는 사람이라면, 글에서도 감성적 리듬을 살리는 방향이 자연스럽다. 문체는 억지로 만들어내는 것이 아니라, 자신 안에 이미 존재하는 언어 습관을 정제하는 과정이다.

또한 다양한 글을 읽고, 분석하는 훈련도 필요하다. 자신이 좋아하는 칼럼니스트의 글을 단순히 감상하는 것을 넘어, 왜 그 글이 매력적인지 기술적으로 분석해야 한다. 문장의 길이, 어휘 선택, 단락의 전환 방식, 리듬과 호흡 등을 세밀하게 관찰한다. 그리고 이러한 특징들을 흉내 내기보다는 참고 삼아 자신만의 방식으로 재구성하는 것이 중요하다. 문체는 타인을 모방해서 얻는 것이 아니라, 타인의 글을 거울 삼아 자신을 더 깊이 들여다볼 때 완성된다.

문체를 정립하는 과정에서는 다양한 시도를 두려워하지 말아야 한다. 초반에는 조금 어색하거나 통일성이 부족할 수 있다. 때로는 건조한 문체를 시도해보고, 때로는 감성적인 문체를 실험하는 것도 괜찮다. 중요한 것은 매번 글을 쓸 때마다 "이 글은 내 목소리를 제대로 담고 있는가"를 스스로 점검하는 습관을 들이는 것이다. 이러한 과정을 거치면서 점차 자신에게 가장 자연스럽고 강력한 문체가 무엇인지 선명해진다.

칼럼에 적합한 문체는 명료성과 진정성을 동시에 갖추어야 한다. 명료성은 독자가 글을 쉽게 이해하고 논리의 흐름을 따라갈 수 있게 만든다. 진정성은 글쓴이의 생각과 감정을 솔직하고 자연스럽게 전달하여 독자와 감정적 교감을 형성하게 한다. 두 요소는 결코 대립하지 않는다. 오히려 명료한 문장 안에 진정성이 스며 있을 때, 칼럼은 가장 강력한 설득력을 가지게 된다.

나만의 문체를 갖추게 되면, 독자는 글의 첫 문장만 읽어도 '이 사람의 글이다'라는 인상을 받게 된다. 이는 브랜드를 구축하는 것과 같다. 오랜 시간과 꾸준한 연습이 필요하지만, 문체가 완성되었을 때 칼럼니스트는 독자에게 신뢰와 친밀감을 동시에 얻을 수 있다. 결국 칼럼을 읽게 하고, 오래 기억되게 하는 힘은 주제나 테크닉보다도, 글쓴이 고유의 목소리에 달려 있다. 문체는 단순한 기술이 아니라, 세상과 소통하는 나만의 방식이다. 그렇기에 문체를 찾는 여정은 글쓰기를 넘어, 자신을 찾아가는 여정이기도 하다.

2. 지금 바로 써야 할 주제 선정의 기술

(1) 독자가 가장 궁금해하는 시의성 있는 주제 찾기

칼럼은 주제를 선택하는 순간 성패가 결정된다. 어떤 주제를 다루느냐에 따라 독자가 글을 클릭할지, 끝까지 읽을지가 달라진다. 아무리 좋은 글이라도 독자의 관심과 멀어지면 읽히지 않는다. 특히 칼럼은 뉴스처럼 즉각적인 정보 전달이 아니라, 독자의 생각과 감정을 움직이는 글이다. 그렇기 때문에 지금 이 순간, 사람들이 가장 궁금해하는 주제를 선택하는 것이 무엇보다 중요하다.

시의성 있는 주제를 찾으려면 먼저 독자의 일상을 들여다봐야 한다. 사람들이 요즘 어떤 문제로 고민하는지, 무엇을 알고 싶어 하는지를 민감하게 포착해야 한다. 이는 검색어 트렌드, 소셜미디어 이슈, 뉴스 헤드라인을 꾸준히 살피는 것에서 출발한다. 매일 변하는 세상의 흐름 속에서 독자가 마음을 두고 있는 지점을 찾아내야 한다. 단순히 큰 사건이나 사회적 이슈뿐 아니라, 일상의 작은 변화에서도 주제를 발견할 수 있다.

또한, 독자의 감정 곡선을 살피는 것도 중요하다. 사람들은 이성적인 정보보다 감정적으로 공감하는 주제에 더 쉽게 끌린다. 불안, 기대, 분노, 위로 같은 감정을 건드리는 주제는 자연스럽게 관심을 끈다. 예를 들어, 한동안 계속된 경제 불황 속에서는 '지출을 줄이면서도 행복을 지키는 방법' 같은 실용적이면서 위로를 주는 주제가 강한 반응을 얻는다. 독자의 정서에 맞닿는 주제를 찾아야 한다.

시의성은 단순히 '지금 일어난 일'을 다루는 것이 아니다. 지금 이 시기에 사람들이 알고 싶어 하거나, 공감하고 싶어 하는 것을 정확히 짚어야 한다. 어떤 이슈가 터졌을 때 그것을 단순히 요약하는 것이 아니라, 그 이슈가 사람들의 삶에 어떤 영향을 미치는지, 어떤 고민을 던지는지 연결해야 한다. 독자는 사실보다 해석과 공감을 원한다.

실제로 한 칼럼니스트는 코로나19 초기, '마스크 착용'이라는 주제 자체보다 '마스크가 만들어낸 거리감'을 주제로 삼았다. 단순한 정보 전달을 넘어, 마스크가 사람들 사이의 관계와 감정에 어떤 변화를 주었는지를 다루었다. 이 글은 많은 독자의 공감을 얻으며 널리 공유되었다. 시의성 있는 주제는 항상 사람들의 삶과 연결되어야 빛을 발한다.

칼럼 주제를 고민할 때는 항상 질문을 던져야 한다. "지금 독자가 가장 궁금해하는 것은 무엇인가?", "이 주제가 독자의 일상과 어떻게 연결되는가?" 이 질문에 명확히 답할 수 있어야 한다. 세상에 대한 관심과 독자에 대한 애정이 없으면 좋은 주제를 잡을 수 없다. 결국 칼럼 주제 선정의 핵심은, 독자의 마음속 질문을 먼저 발견하고 그에 답하는 글을 쓰는 데 있다.

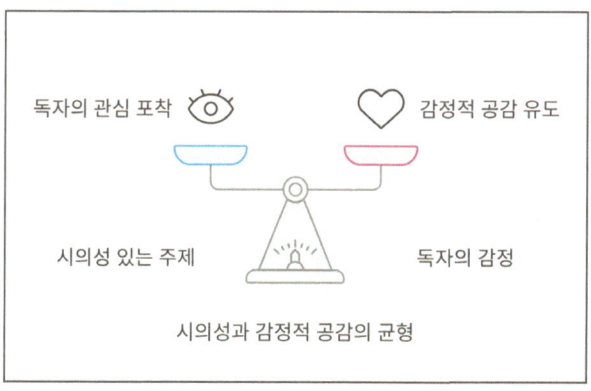

(2) 시대 흐름을 빠르게 읽고 주제를 선정하는 법

칼럼은 시대를 읽는 사람만이 쓸 수 있다. 글을 잘 쓰는 것보다 중요한 것은 흐름을 읽는 감각이다. 변하는 세상을 민감하게 포착하고, 그 변화 속에서 어떤 이야기를 해야 할지를 고민하는 것이 칼럼니스트의 첫 번째 임무다. 시대를 읽지 못하면 칼럼은 과거에 머물고, 독자의 마음을 움직일 수 없다.

시대 흐름을 빠르게 읽기 위해서는 무엇보다 꾸준한 관찰이 필요하다. 뉴스를 보는 것은 기본이다. 하지만 표면적인 뉴스 요약에 그치지 않고, 사건 이면에 숨은 흐름과 변화를 읽어야 한다. 정치, 경제, 사회, 문화 등 다양한 분야를 넘나들며 작은 조짐을 놓치지 않고 살펴야 한다. 때로는 한 줄짜리 트윗, 가게 앞 전단지, 거리의 작은 변화에서도 시대의 징후가 시작된다. 중요한 것은 '지금' 일어나는 일 너머를 보는 눈을 기르는 것이다.

또한 시대를 읽을 때는 독자의 체감 온도를 고려해야 한다. 같은 사건이라도 세대별, 지역별, 계층별로 받아들이는 감정이 다를 수 있다. 칼럼은 자신만의 해석을 담되, 독자가 서 있는 자리에서 세상을 바라보아야 한다. 공감을 얻으려면 이 거리감을 줄여야 한다. 사건과 숫자만 나열하는 것이 아니라, 사람들의 감정과 경험을 함께 읽어내야 한다.

시대 흐름을 주제로 녹이는 방법도 중요하다. 단순히 '요즘 이런 일이 있다'고 나열하는 것은 칼럼이 아니다. 흐름을 읽고, 그 안에서 자신만의 질문을 던져야 한다. 그리고 그 질문을 통해 독자에게 새로운 시각을 제시해야 한다. 예를 들어, AI 기술이 화두가 된 지금, 단순한 기술 소개보다 "AI 시대에 인간은 무엇을 지켜야 하는가" 같은 근본적 질문을 던지는 글이 독자와 깊게 연결된다.

한 칼럼니스트는 MZ세대의 소비 트렌드를 다루면서 단순한 소비 패턴을 나열하지 않았다. 대신 "이제 소비는 자기 확장의 도구가 되었다"는 시선을 제시했다. 이처럼 시대를 읽고, 흐름 속에서 스스로 질문하고 해석하는 능력이 강한 칼럼을 만든다.

칼럼니스트는 예언자가 아니라, 흐름을 감지하는 사람이다. 지금 세상이 어디로 가고 있는지, 사람들은 무엇에 흔들리고 있는지를 읽을 줄 알아야 한다. 시대를 빠르게 읽고, 그 안에서 진짜 이야기를 찾아내는 것. 그것이 독자에게 살아 있는 글을 전하는 시작이다.

3. 설득력을 높이는 논리적 글쓰기

(1) 칼럼의 논리를 탄탄하게 만드는 방법

칼럼은 독자의 생각을 움직이는 글이다. 단순히 감성에만 호소해서는 오래 기억되지 않는다. 감성과 논리가 균형을 이루어야 설득력이 생긴다. 논리가 약한 칼럼은 읽는 동안 독자가 고개를 갸웃하게 만들고, 결국 신뢰를 잃는다. 탄탄한 논리는 칼럼의 뼈대다. 이 뼈대가 튼튼할 때 글 전체가 무너지지 않고 힘 있게 독자의 마음을 관통할 수 있다.

칼럼의 논리를 탄탄하게 만들기 위해 가장 먼저 필요한 것은 주장의 명확성이다. 글을 시작하기 전에 무엇을 말할 것인지, 어떤 결론을 향해 나아갈 것인지 스스로에게 분명히 답해야 한다. 주제가 흐릿하면 글 전체가 흔들린다. 따라서 글을 쓰기 전에 주제를 한 문장으로 요약하는 연습을 해야 한다. "이 칼럼을 통해 독자에게 어떤 생각이나 행동을 유도할 것인가"를 분명히 정리하고 출발해야 한다.

다음으로 필요한 것은 논리적 전개다. 칼럼은 이야기하듯 써도 결국 하나의 주장을 점진적으로 쌓아가는 글이다. 주장과 근거, 사례, 반박 예상, 재확인의 구조를 자연스럽게 구성해야 한다. 중간에 논리의 비약이 생기지 않도록 흐름을 세심하게 점검해야 한다. 주장과 주장 사이에는 반드시 '왜 그런가'에 대한 설명이 따라야 한다. 독자가 질문을 던질 틈을 주지 않도록 연결고리를 촘촘히 만들어야 한다.

또한 하나의 글 안에서는 일관성을 유지해야 한다. 초반에는 긍정적으로 평가하다가 결론 부분에서 부정적으로 바뀌는 식의 논리적 모순은 치명적이다. 입장을 명확히 정하고, 글 전반에 걸쳐 같은 톤과 논조를 유지해야 독자가 신뢰를 느낀다. 글을 다 쓴 후에는 처음 주장과 마지막 결론이 자연스럽게 이어지는지 반드시 점검해야 한다.

한 칼럼에서는 "기술이 인간을 위협할 것인가"라는 주제를 다루었다. 이 글은 기술 발전에 대한 두려움을 이야기하는 것으로 시작했지만, 본문에서는 기술이 인간성을 어떻게 확장하는지 다양한 사례를 들어 설명했다. 결론에서는 인간이 기술을 어떻게 다뤄야 할지를 제안하는 방식으로 끝맺었다. 주장과 근거, 그리고 결론이 긴밀하게 연결되어 있었기에 독자는 글의 흐름을 따라가면서 자연스럽게 설득당했다.

칼럼을 설득력 있게 쓰기 위해서는 독자의 생각보다 한 발 앞서 있어야 한다. 독자가 궁금해할 만한 부분을 먼저 짚어주고, 반론이 예상되는 지점에는 미리 답을 준비해야 한다. 이를 통해 글은 흔들림 없이 독자의 의문을 이끌고, 자연스럽게 동의를 이끌어낼 수 있다.

논리는 칼럼을 움직이는 힘이다. 단단한 논리는 독자가 글을 신뢰하게 만들고, 끝까지 몰입하게 한다. 감성을 얹을 수 있는 것도 논리가 튼튼할 때 가능하다. 결국 설득력 있는 칼럼을 쓰고 싶다면, 생각을 조리 있게 다듬고, 독자의 질문에 끊임없이 답하면서 글을 밀고 나가야 한다.

칼럼의 논리를 탄탄하게 만드는 과정은 개인적 설득을 넘어, 사회적 변화

를 이끄는 힘으로 확장될 수 있다. 실제로 영향력 있는 칼럼 사례를 분석해 보면, 효과적인 논리 구축이 어떻게 독자의 사고와 행동을 변화시키고, 나아가 사회적 논의를 촉진하는지를 명확히 확인할 수 있다.

리오레더 오동욱 대표는 가죽 공예의 새로운 기준을 제시하는 선두 주자로 이름을 알리고 있다. 그는 장인정신을 살려 후학을 양성하는 데에도 꾸준히 관심을 두고 있으며, 최근에는 칼럼니스트로도 활동하며 가죽공예의 대중화에 힘쓰고 있다. 공예라는 전문 영역에서 대중과 소통하려는 그의 노력은, 단순한 기술 홍보를 넘어 가죽공예의 문화적 가치를 알리는 데 집중되어 있다. 오동욱 대표의 사례는 전문성과 대중성, 그리고 진정성이 결합된 칼럼 활동이 어떻게 사회적 인식 변화를 이끌어낼 수 있는지를 보여준다.

대표적인 영향력 사례로는, 환경운동가이자 칼럼니스트인 레이첼 카슨의 『침묵의 봄』을 들 수 있다. 그녀는 살충제 사용의 위험성을 과학적 데이터에 기반해 설득력 있게 경고했으며, 대중의 환경 의식을 일깨우는 데 큰 역할을 했다. 이 칼럼은 단순한 문제 제기에 그치지 않고 전 세계적인 환경운동의 출발점이 되었다.

또 다른 사례로 경제 칼럼니스트 토머스 프리드먼은 복잡한 글로벌 경제와 정치 이슈를 명확하고 간결하게 풀어냈다. 그는 객관적 데이터와 체계적 분석을 통해 독자들이 국제 정세를 쉽게 이해하고 자신의 의견을 형성할 수 있도록 이끌었다. 탄탄한 논리와 설득력 있는 글쓰기가 독자의 사고를 넓히는 데 어떤 힘을 발휘하는지 보여주는 좋은 예이다.

정서적 공감대를 활용해 영향력을 확대한 칼럼니스트도 있다. 작가이자 방송인인 오프라 윈프리는 개인적 경험과 진솔한 이야기로 독자의 감정을 자연스럽게 끌어냈다. 그녀의 글은 논리적 흐름 위에 섬세한 감정선을 더해, 독자의 신뢰와 지지를 얻었다. 단단한 논리와 섬세한 감성이 함께할 때 글의 설득력은 배가된다.

마지막으로 뉴욕 타임즈 칼럼니스트 폴 크루그먼은 일관된 경제학적 관점과 분석을 통해 독자들에게 높은 신뢰를 얻었다. 그의 이름만으로도 글의 품질과 권위를 인정받는 것은, 오랜 시간 전문성과 일관성을 지켜온 결과이다. 칼럼니스트가 신뢰받는 브랜드로 자리 잡기 위해서는 꾸준한 전문성 유지가 필수적임을 보여준다.

칼럼의 논리를 탄탄하게 만든다는 것은 단순히 주장과 근거를 나열하는 것을 넘어선다. 시의적절한 주제를 선정하고, 명확한 논리와 구체적 근거로 독자의 이성에 호소하며, 정서적 연결로 마음을 흔들고, 일관된 브랜드 신뢰를 구축하는 모든 과정이 맞물려야 한다. 논리적 완성도는 결국 독자의 마음을 움직이고, 세상을 변화시키는 힘이 된다.

(2) 효과적으로 근거를 제시하는 3가지 전략

칼럼의 설득력은 근거에서 나온다. 아무리 뛰어난 주장이라도, 이를 뒷받침하는 근거가 부족하면 독자의 신뢰를 얻을 수 없다. 근거 없는 칼럼은 공허하게 들릴 뿐이다. 그래서 좋은 칼럼을 쓰기 위해서는 효과적으로 근거를 제시하는 방법을 반드시 익혀야 한다. 근거는 단순한 정보 나열이 아니라, 주장을 강화하고 독자의 신뢰를 끌어오는 도구다.

첫 번째 전략은 사실에 기반한 데이터 제시다. 객관적 수치나 공식 통계는 강력한 신뢰를 준다. 예를 들어, "요즘 청년 세대가 주거 문제로 어려움을 겪고 있다"는 주장만 하는 것보다, "2024년 청년층 주거비 부담률은 35%를 넘어섰다"는 데이터를 함께 제시하면 설득력이 훨씬 강해진다. 단, 데이터를 사용할 때는 출처를 명확히 밝혀야 하고, 지나친 숫자 나열은 오히려 독자의 집중력을 떨어뜨릴 수 있다는 점을 유의해야 한다.

두 번째 전략은 구체적인 사례를 활용하는 것이다. 사례는 독자가 상황을 생생하게 상상할 수 있게 도와준다. 실생활에서 벌어진 일, 주변의 경험담, 유명 인물의 사례 등은 주장에 생명력을 불어넣는다. 특히 칼럼에서는 현실성 있는 사례를 들어야 독자의 공감을 얻을 수 있다. 단순히 사실을 설명하는 것을 넘어, 그 사례가 글의 주장을 어떻게 뒷받침하는지를 명확히 연결해야 한다.

세 번째 전략은 인용과 비교를 통한 설득이다. 전문가의 발언을 인용하거나, 비슷한 상황과 비교하는 방식은 독자가 글에 신뢰를 느끼게 한다. 예를 들어, "세계보건기구는 정신 건강이 미래의 핵심 건강 문제라고 경고했다"는 식의 인용은 주장의 무게를 더해준다. 또한 다른 나라나 과거와 현재를 비교하는 것도 효과적이다. 비교는 독자에게 상대적 관점을 제공하고, 문제의 심각성이나 변화를 체감하게 만든다.

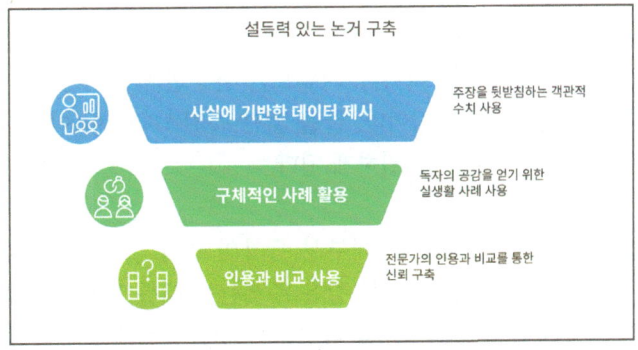

한 칼럼에서는 기후 변화 문제를 다루며 이 세 가지 전략을 모두 활용했다. 객관적 수치로 온난화의 진행 속도를 보여주고, 해수면 상승으로 삶의 터전을 잃은 섬나라 사람들의 사례를 제시했다. 이어 과거와 현재의 기후 패턴을 비교해 오늘날 변화의 급격함을 강조했다. 이처럼 다양한 근거를 적절히 조합하면 칼럼은 훨씬 설득력 있고 풍성해진다.

칼럼의 설득력은 근거의 질과 연결된다. 근거는 주장에 살을 붙이는 동시에, 독자의 신뢰를 이끌어내는 핵심 장치다. 글을 쓸 때마다 "이 주장을 뒷받침할 강력한 근거가 있는가?"를 스스로 점검해야 한다. 데이터, 사례, 인용을 적절히 활용하고, 그것이 주장과 자연스럽게 연결되도록 다듬어야 한다. 그렇게 할 때 칼럼은 단순한 의견이 아니라, 독자가 믿고 따라갈 수 있는 길이 된다.

4. 독자와 강력한 공감대를 만드는 법

(1) 독자가 공감하는 키워드 찾기

칼럼은 정보를 전달하는 글이 아니다. 독자의 마음을 흔들고, 생각을 움직이는 글이다. 그래서 칼럼이 끝까지 읽히려면 독자와 강력한 공감대를 형성해야 한다. 공감을 얻기 위해 가장 먼저 해야 할 일은, 독자가 민감하게 반응하는 키워드를 찾아내는 것이다. 키워드는 단순한 단어가 아니라, 독자의 감정과 경험을 건드리는 지점이다. 글을 읽는 순간 "바로 이 이야기야"라는 느낌을 주어야 독자는 글에 몰입하게 된다.

공감을 이끌어내는 키워드는 대부분 독자의 삶과 밀접하게 연결되어 있다. 가족, 일상, 꿈, 실패, 성장, 고독 같은 주제는 시대를 불문하고 강력한 힘을 가진다. 하지만 단순히 키워드를 나열하는 것만으로는 충분하지 않다. 독자의 현재 감정과 시대적 맥락을 함께 읽어야 한다. 같은 '꿈'이라는 주제라도, 불안이 지배하는 시대에는 '지키는 꿈', 도전이 강조되는 시대에는 '새로운 꿈'처럼 접근법이 달라진다.

실제로 효과를 거둔 칼럼 사례를 살펴보자. 첫 번째 사례는 '퇴근 후 30분, 나를 지키는 시간'이라는 제목의 칼럼이다. 이 글은 '자기 시간'이라는 키워드를 중심으로 전개되었다. 바쁜 일상에 치인 독자들은 '나를 위한 시간'이라는 단어에 깊은 공감을 느꼈다. 글은 하루 중 30분이라도 자신만의 시간을 가지는 것이 얼마나 중요한지를 이야기했고, 많은 독자가 "내 이야기 같다"는 반응을 보이며 글을 공유했다.

두 번째 사례는 '실패는 끝이 아니다'를 주제로 한 칼럼이다. 여기서 키워드는 '실패'였다. 이 칼럼은 성공담이 아닌, 실패를 통해 배운 경험을 솔직하게 풀어냈다. '실패해도 괜찮다'는 메시지는 위로가 필요한 독자들의 마음을 움직였다. 특히 진부한 성공 스토리가 아닌, 현실적인 실패담을 담아냈기에 공감의 강도가 훨씬 깊었다. 독자들은 댓글을 통해 "나도 같은 경험을 했다"며 적극적으로 자신의 이야기를 나누었다.

세 번째 사례는 '엄마의 빈자리'라는 칼럼이다. 이 글은 '가족'이라는 키워드를 중심으로 감정선을 풀어냈다. 성장 과정에서 겪은 어머니와의 갈등과 화해, 그리고 빈자리가 남긴 여운을 담담하게 풀어냈다. 이 칼럼은 세대를 불문하고 독자들의 깊은 공감을 끌어냈다. 가족이라는 주제는 누구에게나 상처이자 위로였고, 글은 그 보편적인 감정을 진정성 있게 건드렸다.

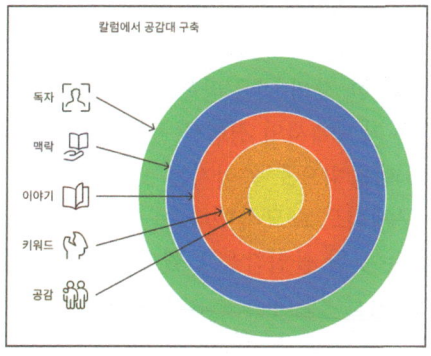

칼럼에서 공감 키워드를 찾으려면 끊임없이 독자의 삶과 감정을 관찰해야 한다. 독자가 지금 무엇을 가장 절실히 느끼는지를 읽어야 한다. 그리고 그 키워드를 억지로 꾸미지 않고, 진심 어린 이야기로 풀어내야 한다. 겉만 번지르르한 글은 공감을 얻을 수 없다. 진짜 공감은 진짜 이야기에만 깃든다.

칼럼은 독자에게 답을 주는 글이 아니라, 함께 질문하고 함께 아파하고 함께 웃는 글이어야 한다. 독자가 마음속에 품고 있던 감정에 이름을 붙여주는 순간, 칼럼은 단순한 글을 넘어 독자에게 오래 남는 이야기가 된다.

(2) 글에 감성을 더해 공감을 극대화하는 방법

칼럼은 논리만으로 완성되지 않는다. 아무리 탄탄한 주장이라도 감성이 담기지 않으면 독자의 마음을 움직일 수 없다. 감성은 글을 살아 숨 쉬게 하고, 독자가 자신의 경험과 감정을 겹쳐볼 수 있게 만든다. 감성은 과장이나 장식이 아니다. 솔직하고 절제된 감정이 깃들 때 비로소 진정한 공감이 일어난다.

글에 감성을 더하기 위해 가장 중요한 것은 구체성이다. 막연한 감정 표현은 오히려 독자를 멀어지게 만든다. "슬펐다"는 말보다 "텅 빈 집 안에 퍼지는 시계 소리가 유난히 크게 들렸다"는 묘사가 더 깊게 다가온다. 구체적이고 생생한 장면을 통해 감정을 전해야 한다. 감성은 직접 말로 설명하는 것이 아니라, 독자가 스스로 느끼게 만들어야 한다.

첫 번째 사례는 '커피 한 잔의 여유'라는 칼럼이다. 이 글은 바쁜 일상 속에서 우연히 들른 작은 카페에서의 경험을 풀어냈다. 단순히 '휴식이 필요하다'고 말하는 대신, 카페 창밖으로 쏟아지는 햇살, 잔잔히 흐르는 음악, 따뜻한 커피잔의 온기를 구체적으로 묘사했다. 독자들은 글을 읽으며 마치 자신이 그 카페에 앉아 있는 듯한 몰입감을 느꼈다. 글은 감성을 자극했고, 덕분에 자연스러운 공감을 이끌어냈다.

두 번째 사례는 '아버지의 오래된 손목시계'를 주제로 한 칼럼이다. 글쓴이는 아버지의 낡은 시계를 손에 쥐었을 때 느낀 복합적인 감정을 풀어냈다. 단순히 '그리웠다'고 표현하는 대신, 시계 뒷면에 새겨진 흐릿한 글자, 삐걱거리는 시계줄의 감촉 등을 섬세하게 그렸다. 세월을 견딘 물건 하나가 가족이라는 관계의 무게를 상징하는 장면은 많은 독자들의 마음을 울렸다.

세 번째 사례는 '첫 비 오는 날'에 관한 칼럼이다. 이 글은 장마철의 우중충함을 단순히 설명하는 대신, 빗방울이 우산을 두드리는 소리, 젖은 흙냄새, 축축한 공기를 세밀하게 포착했다. 그리고 그런 날에는 오래된 기억이 불쑥 떠오른다는 감정을 자연스럽게 연결했다. 비에 얽힌 개인적 감정과 보편적 감정을 조화롭게 엮어낸 덕분에 많은 독자들이 "나도 그랬다"며 공감을 표현했다.

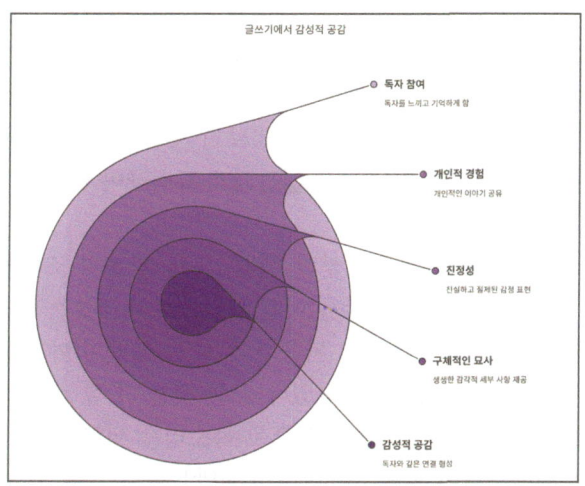

감성을 글에 녹일 때 주의할 점은 억지로 감정을 끌어내려 하지 않는 것이다. 눈물을 강요하거나 과도한 감상에 빠지면 오히려 독자의 거부감을 부른다. 차분하고 절제된 감정 묘사 속에 진정성이 깃들어야 한다. 감성은 독자를 흔드는 도구가 아니라, 함께 머무르게 하는 온기여야 한다.

공감을 극대화하는 글은 독자에게 무언가를 설명하려 들지 않는다. 함께 느끼고, 함께 기억하고, 함께 숨 쉬게 만든다. 그래서 좋은 칼럼은 감성을 통해 독자와 조용히 손을 맞잡는다. 감성은 논리로는 다다를 수 없는 깊은 공감을 가능하게 한다. 글을 쓰는 이가 먼저 자기 마음을 진심으로 열어야 독자의 마음도 문을 연다.

5. 영향력 있는 칼럼니스트가 되는 브랜딩 전략

(1) 칼럼니스트의 정체성과 브랜드 만들기

칼럼니스트에게 정체성은 단순한 개인적 취향이 아니다. 독자에게 어떤 이미지를 남기고, 어떤 목소리로 세상과 소통할 것인가를 결정하는 핵심이다. 수많은 칼럼이 쏟아지는 시대에, 읽히는 글을 넘어 기억되는 칼럼니스트가 되려면 자기만의 정체성과 브랜드를 명확히 세워야 한다. 글은 매번 새롭게 쓰지만, 글을 쓰는 사람의 색깔은 일관되게 드러나야 한다.

칼럼니스트의 정체성은 주제 선택, 관점, 문체, 감성의 조합에서 만들어진다. 무엇에 관심을 갖는지, 세상을 어떤 시선으로 바라보는지가 쌓이고 쌓여 고유한 인상을 만든다. 따라서 처음부터 '나는 어떤 이야기를 하고 싶은 사람인가'를 스스로 정의할 필요가 있다. 모든 것을 다 잘 쓰려 하기보다, 자신이 가장 열정을 느끼는 영역을 중심으로 목소리를 세워야 한다. 깊이 있는 전문성과 꾸준한 관찰이 정체성을 탄탄하게 만든다.

브랜드를 만들기 위해서는 일관성이 필요하다. 매번 다른 어조, 다른 주제로 글을 쓰면 독자는 혼란을 느낀다. 물론 다양한 주제를 다룰 수 있지만, 그 안에서도 나만의 시선과 톤은 유지되어야 한다. 독자는 글을 통해 칼럼니스트와 관계를 맺는다. 관계란 신뢰를 기반으로 한다. 내가 어떤 생각을 가진 사람인지, 어떤 세계관을 지향하는지를 글을 통해 지속적으로 보여줘야 한다.

　성공한 칼럼니스트들은 강한 정체성을 바탕으로 브랜드를 만들었다. 한 칼럼니스트는 매번 소소한 일상 속 인간관계를 따뜻한 시선으로 풀어내며 독자에게 깊은 신뢰를 얻었다. 또 다른 칼럼니스트는 사회 문제를 날카롭게 파헤치면서도 인간에 대한 애정을 잃지 않는 균형감으로 독자를 사로잡았다. 글의 스타일과 주제는 다르지만, 둘 모두 자기만의 색을 잃지 않았다.

　정체성을 구축할 때 주의할 점은 억지로 '특별함'을 만들려고 하지 않는 것이다. 독특함을 의식적으로 꾸며내면 글은 부자연스럽고 가식적으로 느껴진다. 오히려 자신의 진짜 관심과 감정을 솔직하게 담는 것이 가장 강력한 브랜드가 된다. 독자는 꾸며낸 개성이 아니라, 진정성을 가진 목소리에 끌린다.

　칼럼니스트로서 자신의 정체성을 만들고 싶다면, 매 글마다 자문해봐야 한다. "이 글은 나다운가?", "이 생각은 내 마음에서 나온 것인가?" 작은 일관성과 진정성의 축적이 결국 단단한 브랜드를 만든다. 글은 결국 사람을 드러낸다. 나만의 이야기를, 나만의 언어로 꾸준히 쌓아나갈 때, 세상은 그 이름을 기억하게 된다.

(2) 독자와 꾸준히 소통하는 브랜드 관리 비법

　브랜딩은 시작보다 관리가 더 어렵다. 단번에 구축된 이미지는 쉽게 흔들리고, 관리되지 않은 브랜드는 금세 독자의 관심에서 멀어진다. 칼럼니스트로서 강력한 브랜드를 만들고 유지하려면, 독자와의 꾸준한 소통이 필수적이다. 소통은 단순한 댓글 답변이나 인사 이상의 의미를 가진다. 그것은 독자의 관심과 신뢰를 지속적으로 키워가는 과정이다.

　첫 번째 원칙은 일관성 있는 메시지 전달이다. 칼럼 하나하나가 독자에게 던지는 메시지는 결국 브랜드를 형성한다. 글을 쓸 때마다 내가 전하고 싶은 가치, 내가 지키고 싶은 시선이 흔들리지 않아야 한다. 매번 다른 목소리를 내거나, 순간적인 유행에 휘둘리면 독자는 혼란을 느낀다. 소통은 메시지를 일관되게 유지하는 것에서 시작한다.

두 번째 원칙은 적극적인 독자 반응 관리다. 칼럼이 발행된 뒤 독자의 댓글, 이메일, SNS 반응을 세심하게 살펴야 한다. 독자가 어떤 부분에 공감했는지, 어떤 부분에서 의문을 가졌는지를 읽어야 한다. 모든 피드백에 직접 답변할 필요는 없지만, 중요한 흐름은 읽고 다음 글에 반영해야 한다. 독자의 목소리를 무시하지 않고, 글을 통해 대화하듯 반응하는 태도는 깊은 신뢰를 만든다.

세 번째는 꾸준함이다. 긴 공백 없이 꾸준히 글을 쓰는 것은 신뢰의 기본이다. 글이 올라오는 리듬이 일정할수록 독자는 기다림과 기대를 동시에 품는다. 바쁜 일정 속에서도 정기적인 발행을 지키는 것은 칼럼니스트로서 스스로를 존중하고, 독자를 존중하는 일이다. 일관된 시간에, 일관된 품질로 글을 만나는 경험은 독자에게 강력한 인상을 남긴다.

한 칼럼니스트는 매주 목요일 아침, 한 편의 칼럼을 꾸준히 발행했다. 글은 길지 않았지만, 매번 독자에게 질문을 던지고 대답을 기다리는 구조로 구성했다. 덕분에 독자들은 댓글과 메일을 통해 자연스럽게 자신의 이야기를 보내왔고, 칼럼니스트는 그 흐름을 반영하며 글을 키워갔다. 이런 관계는 단순한 독자-작가 관계를 넘어 작은 커뮤니티로 성장했다.

브랜드는 일회성이 아니다. 매번 글을 쓸 때마다, 매번 독자와 마주할 때마다, 브랜드는 다시 세워지고 다시 다듬어진다. 독자와 꾸준히 소통하며 신뢰를 쌓고, 자신만의 언어와 리듬을 지켜가는 것. 그것이 결국 영향력 있는 칼럼니스트로 성장하는 가장 확실한 방법이다.

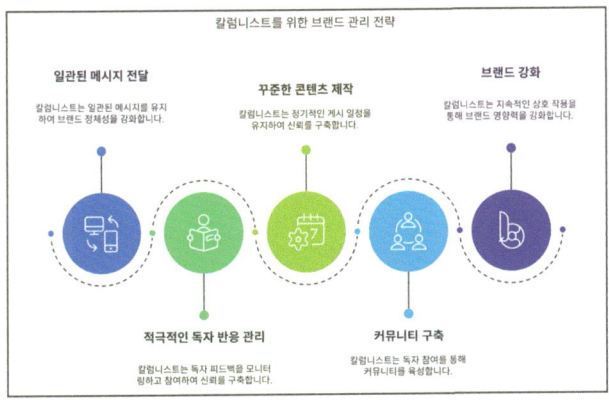

6. 실제로 독자를 움직인 영향력 있는 칼럼 사례 분석

(1) 칼럼 하나로 사회를 움직인 사례

칼럼은 때로 개인의 감상을 넘어 사회를 움직이는 힘을 가진다. 단순한 비평이나 관찰이 아니라, 독자의 마음을 움직이고 세상을 변화시키는 원동력이 될 수 있다. 한 편의 칼럼이 변화를 이끌어낸 사례들은 글이 단순한 언어를 넘어 행동을 촉발할 수 있다는 사실을 보여준다.

대표적인 사례로, 한 사회 칼럼니스트가 쓴 '학교 앞 안전을 다시 생각한다'는 칼럼을 들 수 있다. 이 글은 매일 등하굣길을 오가는 아이들이 겪는 교통 위험을 고발하는 내용이었다.

단순한 문제 제기를 넘어, 통계와 구체적 사고 사례, 현장의 목소리를 담아 독자의 공감을 이끌어냈다. 이 칼럼은 즉각적인 사회적 반향을 일으켰고, 이후 일부 지자체에서는 어린이 보호구역을 재정비하고, 학교 주변 교통 안전 대책을 강화하는 조치를 취했다. 글 한 편이 현실을 변화시키는 힘이 되었다.

또 다른 사례는 한 경제 칼럼니스트가 쓴 '보이지 않는 노동의 가치'라는 글이다. 이 칼럼은 가사노동과 돌봄 노동처럼 공식 경제 통계에 잡히지 않는 노동의 가치를 조명했다. 글은 무형의 노동이 어떻게 사회를 지탱하는지를 섬세하게 설명하고, 그것이 경제적 가치로 환산되어야 한다는 문제를 제기했다.

이후 이 칼럼은 다양한 매체에서 재인용되었고, 정치권과 시민단체에서도 관련 법안 발의와 캠페인 활동이 이어졌다. 사라지고 잊혔던 노동을 다시 조명하는 흐름을 만드는 데 칼럼이 중요한 역할을 했다.

문화 분야에서도 칼럼이 사회를 흔든 사례가 있다. 한 문화 칼럼니스트는 '도서정가제 개정안, 독자의 권리를 지켜야 한다'는 글을 발표했다. 이 칼럼은 출판 업계 내부 논리가 아니라, 독자의 선택권과 책 읽는 자유를 중심으로 문제를 풀어냈다. 독자의 입장에서 바라본 논리는 기존의 논쟁 흐름을 바꾸었고, 많은 시민들이 청원과 토론에 참여하게 만들었다. 칼럼은 결국 제도 논의의 방향을 일정 부분 바꾸는 데 기여했다.

어떤 유형의 칼럼이 사회적 변화를 효과적으로 촉진하는가?

사회적 칼럼

사회적 반향과 정책 변화를 촉진

경제적 칼럼

경제적 가치와 법안 발의를 조명

칼럼 하나가 사회를 움직인다는 것은 과장이 아니다. 중요한 것은 글이 세상을 어떻게 바라보는지, 독자의 마음을 어떻게 흔드는지에 있다. 강한 주장만으로는 부족하다. 구체적 사실과 생생한 사례, 그리고 독자의 입장에서 고민한 진정성이 만났을 때, 글은 움직이는 힘이 된다.

사회는 하루아침에 변하지 않는다. 그러나 한 편의 칼럼이 던진 작은 파문은, 때로는 오래도록 퍼져 나가며 세상을 바꾼다. 칼럼니스트는 그 파문의 시작이 되어야 한다.

(2) 꾸준히 사랑받는 칼럼의 성공 비결 분석

칼럼은 단발성 반짝임으로는 독자의 마음을 오래 붙잡을 수 없다. 진짜 영향력은 한두 편의 인기 글이 아니라, 오랜 시간 동안 꾸준히 사랑받는 글에서 나온다. 꾸준히 사랑받는 칼럼에는 몇 가지 공통된 성공 비결이 있다. 단순한 글솜씨 이상의 힘이 글 안에 흐르고 있다.

첫 번째 비결은 변하지 않는 진정성이다. 독자는 시간이 지나도 진심을 기억한다. 인기 주제나 유행을 좇아 표면을 스치는 글은 잠시 주목을 받을 수 있어도 오래 남지 않는다. 꾸준히 사랑받는 칼럼은 언제나 글쓴이의 진짜 고민과 시선을 담고 있다. 독자는 글을 읽으며 그 진정성을 느끼고, 다시 찾아오게 된다.

두 번째 비결은 일관성 있는 시선이다. 다양한 주제를 다루더라도, 그 안에 흐르는 시선과 가치관은 일관되어야 한다. 독자는 단순히 주제에 끌리는 것이 아니라, 글쓴이의 세계관에 매력을 느낀다. 매 글마다 자신의 생각과 감정을 정직하게 담아내는 칼럼니스트는 시간이 갈수록 독자와 깊은 신뢰를 쌓는다. 일관성은 신뢰를 만들고, 신뢰는 사랑으로 이어진다.

세 번째 비결은 변화를 두려워하지 않는 유연성이다. 세상은 끊임없이 변하고, 독자의 관심도 달라진다. 그러나 꾸준히 사랑받는 칼럼은 시대 흐름을 민감하게 읽으면서도, 본질적인 메시지를 잃지 않는다. 겉모습은 바뀌어도 중심은 흔들리지 않는다. 독자는 변화를 읽을 줄 아는 유연한 글에 매력을 느낀다. 너무 과거에 머무르거나, 지나치게 미래만 바라보는 글은 독자의 현재와 어긋나기 쉽다.

한 칼럼니스트는 10년 넘게 매주 칼럼을 연재하며 독자들의 변함없는 사랑을 받았다. 그의 글은 시대별로 주제와 스타일이 조금씩 달라졌지만, 언제나 인간에 대한 깊은 애정과 성찰을 놓치지 않았다. 때로는 사회 문제를, 때로는 일상 속 작은 순간을 다루면서도, 늘 사람을 중심에 두었다. 그 일관성과 유연성이 시간이 지나도 변치 않는 사랑을 이끌어냈다.

칼럼은 한 편의 작품이 아니라, 긴 호흡으로 쓰는 삶의 기록이다. 독자의 마음속에 오래 머무르는 글을 쓰고 싶다면, 한 순간의 관심을 넘어서는 진정성과 일관성을 품어야 한다. 그리고 세상의 변화를 두려워하지 않고, 항상 새롭게 질문을 던지는 용기를 가져야 한다. 그렇게 쌓아 올린 글은 시간이 흘러도 여전히 살아 있는 목소리가 된다.

PART 4

생각을 키우는 논술 글쓰기와 주니어 기자단 완벽 가이드

CONTENTS

주니어 기자단, 제대로 기획하고 운영하는 법·····················115

글쓰기의 기본, 논술적 사고력 키우기·····················117

주니어 기자를 위한 취재와 인터뷰 스킬·····················120

읽히는 기사 작성과 꼼꼼한 피드백 전략·····················123

똑똑한 주니어 기자로 키우는 미디어 리터러시 교육·············126

실제로 효과 본 우수 기자단 육성 사례 분석·····················129

임혜경

"글쓰기로 나를 알리고 세상과 연결하다"

  출판, 미디어, 교육, 환경을 아우르며 글쓰기를 통해 자신의 브랜드를 만들어가는 동화작가입니다. 다섯 아들을 키운 엄마로서의 삶과 글쓰기 실천을 바탕으로, 빛나온 출판사 대표로서 동화와 환경 콘텐츠를 기획·발행하고 있으며, 한국미디어창업뉴스 취재기자로서 사회적 메시지를 담은 글을 전하고 있습니다.

  또한 (사)국제미디어예술협회 이사 겸 선임연구원, 한국기후변화연구소 사무처장으로 활동히며 기후위기와 지속가능성에 대한 사회적 관심을 높이기 위해 꾸준히 미디어 글쓰기와 콘텐츠 활동을 이어가고 있습니다.

- 빛나온 출판사 대표
- 한국미디어창업뉴스 취재기자
- 한국기후변화연구소 사무처장
- (사)국제미디어예술협회 이사 겸 선임연구원

출간저서 『나무와 친구가 되었어요』, 『달빛 베이커리의 유령가족』

"한 나라의 수준은
그 나라 언론의 수준을 넘지 못한다."

알베르 카뮈

1. 주니어 기자단, 제대로 기획하고 운영하는 법

(1) 효과적인 기자단 프로그램 설계 전략

주니어 기자단 프로그램을 잘 만들려면 먼저 프로그램의 목적을 분명히 해야 한다. 기자단은 아이들이 글쓰기 능력을 키우고, 자신의 생각을 조리 있게 표현하며, 다양한 사람들과 소통하는 방법을 배우는 데 목적이 있다. 또한 사회를 바라보는 눈을 넓히고, 실제 경험을 통해 자신감을 키우는 데도 도움이 된다.

프로그램을 시작할 때는 어떤 주제로 기사를 쓸지, 어떤 사람을 인터뷰할지 미리 정해 두는 것이 좋다. 주제는 아이들이 관심을 가질 만한 것으로 선정해야 한다. 흥미로운 주제가 있을 때 아이들은 더욱 적극적으로 참여하고, 스스로 탐구하는 태도를 갖게 된다. 예를 들어 학교 행사, 친구와의 갈등 해결, 지역 사회 이야기 같은 소재는 아이들의 일상과도 연결되어 있어 흥미를 끌 수 있다.

활동은 순서를 정해 단계별로 진행하는 것이 효과적이다. 먼저 기사 쓰기의 기초를 배우고, 짧은 글을 써 보게 한 뒤, 인터뷰와 취재 활동으로 확장하는 방식이 좋다. 처음에는 가까운 사람을 인터뷰해 보게 하고, 점차 외부 인사나 지역 인물을 취재하게 하면 아이들의 자신감이 점점 커진다. 각 단계는 아이들의 수준에 맞춰 조정하며, 하나씩 익혀 나가도록 해야 한다.

프로그램을 운영할 때는 아이들이 꾸준히 흥미를 가질 수 있도록 동기를 부여하는 것이 중요하다. 자신의 기사가 실제로 교내 신문이나 지역 소식지에 실리는 경험은 큰 자부심으로 이어진다. 또한, 노력한 만큼 인정받는 경험은 아이들에게 성취감을 주고, 다음 활동에도 긍정적인 영향을 준다. 좋은 기사를 쓴 아이에게는 작은 상장이나 칭찬을 아끼지 않아야 한다.

이처럼 주제 선정부터 활동 구성, 동기 부여까지 세심하게 설계된 기자단 프로그램은 아이들이 스스로 생각하고 표현하는 힘을 기르는 데 큰 역할을 한다. 단순한 글쓰기 수업이 아닌, 살아 있는 배움의 현장이 될 수 있도록 구성하는 것이 중요하다.

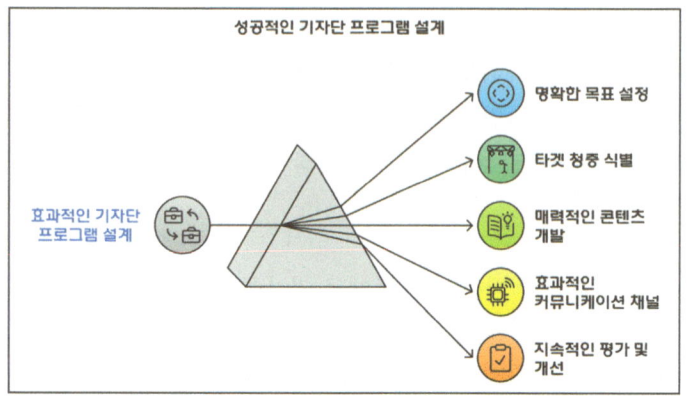

(2) 기자단 운영의 필수 체크리스트

주니어 기자단을 운영하려면 준비해야 할 것이 많다. 효과적인 활동을 위해서는 시작 전부터 체계적인 계획이 필요하다. 먼저, 기자단의 전체 활동 기간과 주요 일정을 정해야 한다. 활동은 너무 짧으면 성과를 내기 어렵고, 너무 길면 아이들이 지루해할 수 있다. 보통은 한 학기 또는 방학 기간처럼 일정한 기간을 정해 집중적으로 운영하는 것이 좋다.

다음은 참가 대상과 인원을 정하는 일이다. 몇 학년을 대상으로 할지, 적정 인원은 몇 명인지 미리 정하면 운영이 훨씬 수월하다. 처음에는 10명 안팎의 소규모로 시작하는 것이 바람직하다. 인원이 너무 많으면 개별 피드백이 어려워지고, 아이들의 참여도도 낮아질 수 있기 때문이다.

기자단 활동 장소와 시간도 미리 정해 두는 것이 좋다. 학교 교실, 도서관, 청소년센터처럼 정기적으로 모일 수 있는 공간을 확보하는 것이 중요하다. 활동은 주 1회 또는 격주로 진행하며, 방과 후나 주말을 활용하는 경우가 많다.

일정이 불규칙하면 아이들의 집중력과 참여율이 떨어질 수 있으므로, 정해진 시간에 꾸준히 모이는 것이 좋다.

준비물도 미리 챙겨야 한다. 기본적인 노트와 필기구 외에도 기사 작성을 위한 노트북이나 태블릿은 반드시 필요하다. 대부분의 기사 작성과 수정, 제출은 디지털 기기를 통해 이루어지기 때문이다. 또, 취재와 인터뷰를 위한 녹음기나 스마트폰, 사진 촬영 장비도 함께 준비하면 활동의 질이 높아진다. 기사 작성을 도와줄 수 있는 템플릿, 체크리스트, 피드백 기록지를 정리할 수 있는 바인더나 파일도 유용하게 쓰인다.

마지막으로, 기자단을 지도할 담당자의 역할도 중요하다. 지도자는 아이들이 스스로 생각하고 표현할 수 있도록 돕는 조력자다. 활동 중 어려움이 생기면 친절하게 도와주고, 잘한 점은 아낌없이 칭찬하며, 부족한 점은 따뜻하게 조언해야 한다. 특히 기사 작성 후에는 피드백 시간을 충분히 갖고, 아이들이 자신의 글을 돌아볼 수 있도록 도와주는 것이 좋다.

이처럼 기자단 운영을 위한 필수 항목을 미리 체크하고 준비하면, 활동은 훨씬 원활하게 진행된다. 준비가 잘된 프로그램은 아이들의 참여도와 만족도를 높이고, 기자단 활동을 더욱 뜻깊은 경험으로 만들어 줄 것이다.

2. 글쓰기의 기본, 논술적 사고력 키우기

(1) 논리적 사고력을 길러주는 글쓰기 지도법

논술 글쓰기는 단순히 문장을 잘 쓰는 것이 아니라, 자신의 생각을 논리적으로 정리하고 표현하는 힘을 기르는 데 중심이 있다. 아이들이 논리적인 사고력을 키우려면, 먼저 생각을 글로 옮기는 과정을 자연스럽게 익히는 것이 중요하다. 글쓰기 지도는 어렵고 복잡하게 시작하기보다, 아이들이 쉽게 접근할 수 있는 주제에서 출발하는 것이 효과적이다.

처음에는 아이 스스로 '왜 그렇게 생각하는지' 이유를 말해보는 연습부터 시작하면 좋다. 예를 들어 '내가 좋아하는 계절은?' 같은 주제를 주고, 그 이유를 두세 가지로 정리해보게 한다. 이렇게 생각을 단계적으로 말하고 글로 쓰게 되면, 자연스럽게 논리의 구조를 익히게 된다. 주제에 대한 자신의 의견, 그에 대한 이유, 예시나 경험을 순서대로 쓰는 방식으로 지도하면, 글에 힘이 생기고 설득력이 높아진다.

논리적 글쓰기를 지도할 때는 '틀리지 않게 쓰는 것'보다 '생각의 흐름이 자연스럽게 이어지는지'를 중심으로 봐야 한다. 아이들이 자신의 생각을 자유롭게 펼칠 수 있도록 격려하고, 글에 담긴 구조를 함께 찾아보며 이야기해주는 것이 좋다. 문장이 조금 서툴러도, 중심 생각과 뒷받침 문장이 연결되어 있으면 그것 자체로 좋은 글이다.

또한 다양한 글감을 통해 사고의 폭을 넓혀주는 것도 필요하다. 신문 기사나 짧은 동화, 그림 한 장을 보여주고, 거기서 느낀 점을 말하고 써보게 하는 활동은 논술적 사고력 향상에 도움이 된다. 특히 주장을 펼치는 글을 쓸 때는 반대 의견도 함께 생각해보게 하면 논리적인 균형 감각을 익히는 데 효과적이다.

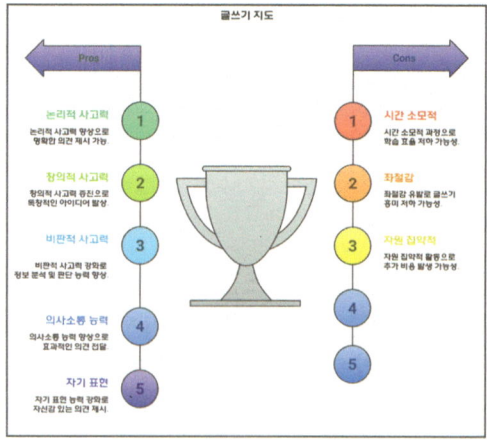

무엇보다 중요한 것은 아이가 '글쓰기를 통해 내 생각을 정리하고 표현하는 것이 재미있다'는 경험을 갖게 해주는 것이다. 논리적 글쓰기는 하루아침에 길러지지 않지만, 작은 주제부터 차근차근 연습하면 누구나 자기 생각을 명확히 전달할 수 있게 된다. 이러한 훈련은 학교 공부를 넘어, 세상을 이해하고 타인과 소통하는 데에도 큰 힘이 된다.

(2) 창의력과 비판적 사고를 키우는 방법

글쓰기는 단순히 문장을 만드는 일이 아니다. 자기 생각을 새롭게 펼치고, 다른 생각과 비교하며 바르게 판단하는 힘을 기르는 활동이다. 주니어 기자단 활동에서 창의력과 비판적 사고는 매우 중요한 요소이며, 이를 키우기 위해서는 아이들의 생각을 존중하며 확장시켜 주는 글쓰기 지도가 필요하다.

먼저 창의력을 키우기 위해서는 정해진 답이 없는 열린 질문을 자주 던져야 한다. 예를 들어 "만약 내가 시장이라면 어떤 정책을 만들까?", "학교를 더 즐겁게 만들려면 무엇을 바꾸면 좋을까?" 같은 질문은 아이들이 자유롭게 상상하고 자신의 의견을 펼칠 수 있는 기회를 제공한다. 다양한 관점에서 생각해보게 하며, 틀에 얽매이지 않은 글을 쓸 수 있도록 돕는 것이 중요하다.

비판적 사고를 키우기 위해서는 정보에 대한 분석과 판단을 연습해야 한다. 단순히 글을 잘 쓰는 것이 아니라, 다른 사람의 주장이나 기사 내용을 읽고 그 안에 숨은 의도나 사실 여부를 파악하는 연습이 필요하다. 예를 들어, 한 뉴스 기사에 대해 "이 글은 누구의 입장에서 쓰였을까?", "다른 의견은 어떤 것이 있을까?"를 함께 생각해보게 하면, 글을 깊이 있게 이해하고 비판적으로 받아들이는 힘이 자란다.

토론도 창의력과 비판적 사고를 함께 키우는 데 효과적인 방법이다. 같은 주제를 놓고 친구들과 찬반 의견을 나누어보는 활동은, 자신의 생각을 조리 있게 설명하고 상대의 의견을 존중하면서도 논리적으로 반박하는 훈련이 된다. 이런 활동을 통해 아이들은 다양한 관점을 경험하고, 생각의 폭이 자연스럽게 넓어진다.

무엇보다 중요한 것은 아이가 '생각하는 과정 자체'를 즐길 수 있도록 돕는 것이다. 틀린 생각을 지적하기보다는, "이렇게도 생각할 수 있구나" 하고 인정해주는 자세가 필요하다. 창의력과 비판적 사고는 글쓰기뿐만 아니라 삶을 살아가는 데 꼭 필요한 힘이 된다. 작은 글쓰기 연습을 통해 아이들은 더 깊고 넓게 생각하는 법을 자연스럽게 익히게 된다.

3. 주니어 기자를 위한 취재와 인터뷰 스킬

(1) 취재 준비부터 현장 인터뷰까지 실전 기술

기자는 정확한 정보를 바탕으로 글을 써야 한다. 주니어 기자도 마찬가지다. 글을 잘 쓰기 위해서는 먼저 '취재'를 잘해야 하며, 그 안에는 철저한 준비와 현장 인터뷰가 포함된다. 아무런 준비 없이 취재에 나가면 핵심 정보를 놓치기 쉽다. 따라서 인터뷰 전에는 반드시 사전 조사를 하고, 필요한 질문을 미리 정리해 두는 것이 중요하다.

취재를 준비할 때는 먼저 인터뷰할 사람에 대해 알아보아야 한다. 어떤 일을 하는 사람인지, 어떤 활동을 해왔는지를 미리 조사하면, 더 알찬 질문을 만들 수 있다. 조사한 내용을 바탕으로 궁금한 점이나 꼭 듣고 싶은 이야기를 질문으로 정리해보자. 질문은 너무 많기보다 중요한 5~7개 정도로 구성하는 것이 좋다. 이때는 "왜", "어떻게" 같은 의문사가 들어간 열린 질문을 사용하면 좋은 답변을 얻을 수 있다.

현장에서 인터뷰를 할 때는 예의 바른 태도가 가장 중요하다. 인사를 정중하게 하고, 질문하기 전에는 인터뷰 목적을 간단히 설명하는 것이 좋다. 상대가 편안하게 이야기할 수 있도록 밝은 표정과 진지한 태도를 유지해야 한다.

질문을 할 때는 말을 자르지 않고 끝까지 듣고, 중간에 고개를 끄덕이며 반응을 보여주는 것도 도움이 된다.

메모를 하거나 녹음기를 사용하는 것도 필요하다. 이야기한 내용을 정확하게 기록해야 기사를 쓸 때 실수가 생기지 않는다. 다만, 녹음을 할 때는 반드시 인터뷰이의 동의를 먼저 받아야 한다. 짧은 인터뷰일지라도 끝난 뒤에는 꼭 감사 인사를 전하고, 나중에 기사로 쓸 때 어떤 내용이 실릴 예정인지 간단히 알려주는 것이 바람직하다.

현장 취재는 경험이 쌓일수록 자연스럽게 익숙해진다. 처음에는 긴장될 수 있지만, 준비가 잘 되어 있으면 자신감을 갖고 질문할 수 있다. 기자의 기본은 '잘 듣는 것'이라는 점을 기억하자. 상대의 말을 주의 깊게 듣고, 그 안에서 중요한 정보를 찾아내는 것이 좋은 기사로 이어지는 첫걸음이다.

(2) 좋은 질문으로 생생한 이야기를 끌어내는 노하우

인터뷰는 단순히 질문하고 대답을 듣는 활동이 아니다. 좋은 인터뷰는 질문을 통해 상대의 생각과 경험을 깊이 있게 끌어내는 과정이다. 그래서 기자에게는 '질문을 잘 만드는 능력'이 매우 중요하다. 주니어 기자들도 올바른 질문을 통해 인터뷰이의 생생한 이야기를 얻을 수 있다.

먼저, 인터뷰를 시작하기 전에 질문의 목적을 분명히 해야 한다. "이 질문을 통해 무엇을 알고 싶은가?"를 스스로 생각해보면, 불필요한 질문은 줄이고 꼭 필요한 질문만 정리할 수 있다. 예를 들어, 학교 축제에 대해 기사로 쓸 예정이라면 "축제를 준비하면서 가장 기억에 남는 일은 무엇이었나요?"처럼 구체적이고 개인적인 이야기를 들을 수 있는 질문이 효과적이다.

좋은 질문은 짧고 명확하며, 답변할 여지를 열어두는 열린 질문이다. "네" 또는 "아니요"로 끝나는 질문은 대화가 쉽게 끝나버린다. 대신 "왜 그렇게 생각하셨나요?", "그때 기분이 어땠나요?"처럼 상대의 감정이나 생각을 묻는 질문은 깊이 있는 이야기를 이끌어낸다. 아이들이 처음 질문을 만들 때는 "무엇, 왜, 어떻게"로 시작하는 질문을 연습하게 하면 좋다.

인터뷰 중에는 질문을 순서대로만 하기보다, 상대의 말을 듣고 자연스럽게 다음 질문을 만들어 가는 유연함도 필요하다. 예를 들어, 인터뷰이가 "처음에는 무척 긴장됐어요"라고 말하면, "어떤 점이 가장 긴장되었나요?"라고 이어 묻는 것이 좋다. 이렇게 하면 사전에 준비하지 않았던 더 깊은 이야기까지 들을 수 있다.

또한, 상대가 쉽게 이야기할 수 있도록 편안한 분위기를 만드는 것도 중요하다. 칭찬을 곁들여 질문하거나, 인터뷰이가 말한 내용을 간단히 반복하며 공감하는 태도는 더 많은 이야기를 끌어내는 데 도움이 된다. "그 이야기가 정말 흥미롭네요. 그다음엔 어떻게 되었나요?"처럼 자연스럽게 질문을 이어가면 대화가 끊기지 않는다.

좋은 질문은 단지 정보를 얻기 위한 수단이 아니라, 인터뷰이와의 소통을 통해 이야기를 함께 만들어가는 과정이다. 주니어 기자가 올바른 질문을 던질 수 있다면, 누구든지 기자단 활동을 통해 생생하고 감동적인 기사를 쓸 수 있게 된다.

4. 읽히는 기사 작성과 꼼꼼한 피드백 전략

(1) 기사 구성법과 주의해야 할 표현들

기사를 잘 쓰기 위해서는 정해진 구성과 표현의 원칙을 따르는 것이 중요하다. 주니어 기자라고 해도 기사의 기본 구조를 이해하고, 독자에게 쉽게 전달되는 글을 쓰는 연습을 해야 한다. 기사 작성은 단순한 글쓰기와는 다르기 때문에, 명확한 목적과 구조를 갖추는 것이 필요하다.

기사는 보통 '역피라미드 구조'로 쓰인다. 가장 중요한 내용을 글의 맨 앞에 배치하고, 점점 덜 중요한 정보로 내려가는 형식이다. 기사의 첫 문장은 독자의 관심을 끌 수 있어야 한다. 누가, 언제, 어디서, 무엇을 했는지 핵심 정보를 간결하게 담는 것이 좋다. 예를 들어 "3학년 2반 학생들이 학교 텃밭에서 상추를 수확했다"처럼, 짧지만 내용이 분명한 문장으로 시작한다.

그다음에는 그 일이 왜 일어났는지, 어떻게 진행되었는지 자세한 설명을 덧붙인다. 인터뷰 내용이나 현장 상황을 함께 넣으면 생동감이 더해진다. 마지막에는 기자의 느낀 점이나 앞으로의 계획 등을 간단히 정리해 마무리한다. 글의 흐름이 자연스럽고, 내용 간에 연결이 잘 되어야 독자가 끝까지 읽게 된다.

기사에서 주의해야 할 표현도 있다. 첫째, 추측하거나 과장하는 표현은 피해야 한다. 예를 들어 "아마 모두가 좋아했을 것이다"보다는 "학생들은 활동에 만족했다는 반응을 보였다"처럼 사실에 근거한 표현을 사용하는 것이 바람직하다. 둘째, 감정적인 단어나 개인적인 생각을 너무 많이 넣지 않아야 한다. 기사는 정보를 전달하는 글이기 때문에, 객관적인 시선을 유지하는 것이 중요하다.

또한 문장은 짧고 간결하게 쓰는 것이 좋다. 너무 긴 문장은 읽는 사람이 이해하기 어렵고, 핵심이 흐려질 수 있다. 낱말을 정확하게 사용하고, 띄어쓰기와 맞춤법도 꼼꼼히 확인해야 한다. 사소한 실수도 글의 신뢰도를 떨어뜨릴 수 있으므로, 기사 작성 후에는 반드시 한 번 더 읽어보고 수정하는 습관을 들이도록 하자.

읽히는 기사는 내용이 알차고 표현이 정확한 글이다. 글을 쓰는 연습을 계속하면서, 좋은 기사를 쓰기 위한 구성과 표현 방식을 익히는 것이 중요하다. 이렇게 쌓인 경험은 글쓰기 실력을 높이는 데 큰 밑거름이 된다.

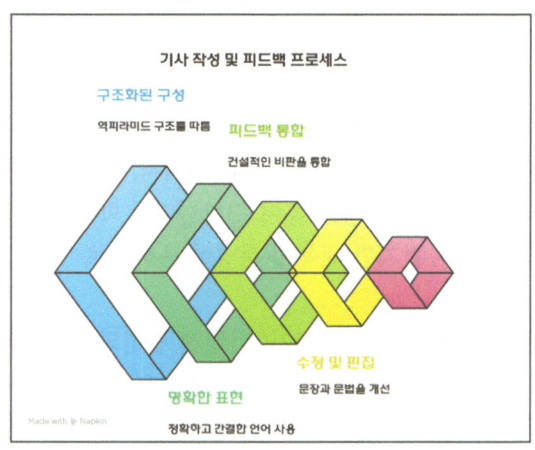

(2) 효과적인 기사 피드백과 수정 방법

좋은 기사는 한 번에 완성되지 않는다. 처음 쓴 글을 그대로 제출하기보다, 내용을 다시 읽고 고치는 과정을 거쳐야 더 나은 결과물이 나온다. 그래서 기사 작성 후에는 꼭 피드백을 받고, 스스로 글을 수정하는 연습이 필요하다. 이러한 과정을 통해 글쓰기 실력도 빠르게 향상된다.

피드백은 단순히 틀린 부분을 지적하는 것이 아니라, 더 좋은 글이 되도록 도와주는 과정이다. 지도자나 친구가 기사를 읽고 "이 부분은 더 자세히 설명해보면 어때?", "이 문장은 순서를 바꾸면 더 자연스러울 것 같아"처럼 구체적인 의견을 주면, 그 조언을 바탕으로 글을 다시 고쳐본다. 좋은 피드백은 글의 흐름과 표현을 한층 더 매끄럽게 만들어준다.

스스로 피드백하는 습관도 중요하다. 글을 다 쓴 뒤, 아래와 같은 질문을 스스로 던져보자. "이 글의 핵심 내용은 분명하게 전달됐을까?", "사실과 의견을 구분해서 썼을까?", "문장은 너무 길거나 복잡하지 않은가?" 이런 질문을 통해 글을 객관적으로 바라보면, 고쳐야 할 부분이 자연스럽게 보인다.

수정할 때는 내용뿐 아니라 표현도 함께 살펴야 한다. 문장이 반복되거나 어색한 단어가 없는지 확인하고, 불필요한 말은 줄이는 것이 좋다. 예를 들어 같은 말을 여러 번 반복했다면 간결하게 정리하고, 감정이 지나치게 들어간 표현은 객관적인 문장으로 바꿔보자. 또한 맞춤법과 띄어쓰기, 조사 사용 등을 꼼꼼히 확인하는 것도 중요한 과정이다.

피드백을 받을 때는 열린 마음으로 받아들이는 태도가 필요하다. 글을 고친다는 것은 실패가 아니라 더 좋은 글을 만들기 위한 과정이라는 점을 이해해야 한다. 때로는 글 전체를 다시 고쳐야 할 수도 있지만, 그만큼 글쓰기 실력이 더 깊어진다. 자신이 쓴 글을 아끼되, 더 나은 방향으로 발전시키려는 자세가 중요하다.

이처럼 피드백과 수정을 반복하며 글을 다듬는 과정은 기사 작성의 마지막이자 가장 중요한 단계다. 스스로 점검하고 타인의 조언을 반영하며 글을 완성하는 훈련은, 주니어 기자로서 한 단계 성장할 수 있는 중요한 밑거름이 된다.

5. 똑똑한 주니어 기자로 키우는 미디어 리터러시 교육

(1) 올바른 미디어 활용법 지도하기

요즘 아이들은 다양한 미디어를 매일 접하며 자란다. 스마트폰, 유튜브, 뉴스 기사, 블로그 등 여러 정보를 손쉽게 얻을 수 있는 시대에 살고 있다. 하지만 정보가 넘쳐나는 만큼, 그 내용을 올바르게 판단하고 바르게 활용하는 능력도 함께 길러야 한다. 주니어 기자를 키우기 위해서는 미디어를 단순히 소비하는 것이 아니라, 비판적으로 바라보고 적극적으로 활용하는 태도를 지도해야 한다.

먼저 아이들에게 뉴스와 광고, 개인의 의견을 구분하는 법을 가르쳐야 한다. 뉴스는 사실을 바탕으로 한 정보이고, 광고는 상품이나 서비스를 알리기 위한 목적을 가진다. 블로그나 SNS에 올라오는 글은 개인의 의견일 수 있으므로, 모든 내용을 그대로 믿기보다 출처와 내용을 확인하는 습관이 필요하다. 이러한 훈련은 아이가 정보를 수동적으로 받아들이는 것이 아니라, 주체적으로 판단하는 힘을 기르는 데 도움이 된다.

또한 정보의 출처를 확인하는 연습도 중요하다. 인터넷에서 본 글이 어디에서 나왔는지, 믿을 만한 기관이나 전문가가 말한 내용인지 함께 살펴보도록 지도해야 한다. 예를 들어 같은 주제라도 뉴스 기사, 유튜브 영상, 친구의 이야기에는 각기 다른 시선이 담겨 있다. 아이가 다양한 시각을 비교하고 스스로 판단하는 능력을 기를 수 있도록 돕는 것이 필요하다.

미디어를 활용할 때 지켜야 할 예절도 함께 알려주어야 한다. 다른 사람의 글이나 사진을 허락 없이 사용하지 않는 것, 악성 댓글이나 공격적인 표현을 삼가는 것, 인터넷에서 본 내용을 함부로 퍼뜨리지 않는 것 등 기본적인 디지털 예절을 익히게 해야 한다. 이는 단지 기자로서의 태도뿐 아니라, 올바른 시민으로 성장하는 데에도 중요한 부분이다.

주니어 기자는 단지 글을 쓰는 아이가 아니라, 세상을 관찰하고 해석하는 훈련을 받는 사람이다. 다양한 미디어를 접할수록 판단력과 분별력을 갖추는 일이 더욱 중요해진다. 미디어를 제대로 활용하고 올바르게 해석할 줄 아는 아이는, 앞으로 더 넓은 세상과 소통할 수 있는 능력을 갖추게 될 것이다.

(2) 가짜 뉴스와 허위 정보를 구별하는 방법

인터넷과 스마트폰을 통해 우리는 수많은 정보를 쉽게 접할 수 있다. 하지만 그중에는 사실이 아닌 정보도 많기 때문에, 아이들이 이를 제대로 구별할 수 있도록 가르치는 것이 중요하다. 주니어 기자라면 특히 '사실'과 '거짓'을 구별하는 능력, 즉 미디어 판단력이 꼭 필요하다.

가짜 뉴스는 사실처럼 보이지만, 실제로는 잘못된 정보나 거짓으로 만들어진 내용을 말한다. 이런 뉴스는 사람들을 속이거나 오해하게 만들고, 때로는 불안감이나 갈등을 일으키기도 한다. 따라서 기사를 읽거나 영상을 볼 때는 그 내용이 정확한지, 믿을 수 있는 출처인지 먼저 확인해보아야 한다.

첫 번째 방법은 출처를 확인하는 것이다. 공공기관, 신뢰받는 언론사, 전문가의 이름이 들어간 정보인지 살펴보자. 출처가 없거나 낯선 사이트라면, 그 내용을 그대로 믿지 말고 다른 자료와 비교해보는 것이 좋다. 똑같은 내용을 여러 매체에서 다루고 있다면, 사실일 가능성이 높다.

두 번째는 내용을 비판적으로 읽는 습관을 들이는 것이다. 지나치게 자극적인 제목이나 감정을 흔드는 표현이 많다면, 의심해볼 필요가 있다. 예를 들어 "지금 당장 하지 않으면 큰일 난다!"는 식의 과장된 표현은 사실보다는 감정에 의존한 정보일 수 있다. 아이들이 이런 문장을 접했을 때 "정말 그럴까?", "다른 의견도 있을까?" 하고 한 번 더 생각해보도록 지도해야 한다.

세 번째는 이미지나 영상도 사실인지 확인하는 습관을 가지는 것이다. 인터넷에는 편집되거나 조작된 사진도 많다. 어떤 사진이 진짜 상황인지 판단하기 어려울 때는, 비슷한 사진을 검색하거나 기사 본문과 이미지가 어울리는지 비교해보는 것이 좋다. 영상도 마찬가지로 자른 부분이 없는지, 내용이 왜곡되었는지 살펴보아야 한다.

마지막으로, 친구나 가족이 보낸 정보라도 무조건 믿지 않고, 스스로 확인해보는 자세가 필요하다. 가짜 뉴스는 쉽게 퍼지지만, 바로잡기는 어렵기 때문이다. 정보를 다른 사람에게 전달하기 전에 한 번 더 확인해보는 습관은 책임 있는 기자의 기본이기도 하다.

이처럼 주니어 기자가 가짜 뉴스와 허위 정보를 구별하는 능력을 갖추면, 정보의 홍수 속에서도 중심을 잡고 세상을 올바르게 바라보는 힘을 기를 수 있다. 이는 좋은 기자로 성장하는 데 꼭 필요한 중요한 과정이다.

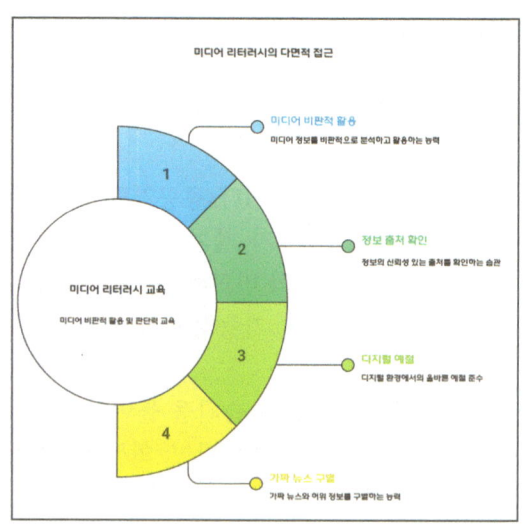

6. 실제로 효과 본 우수 기자단 육성 사례 분석

(1) 실제 현장에서 성과를 낸 주니어 기자단 운영 사례

– 한국미디어창업뉴스 주니어기자단 1·2기 활동 중심

주니어 기자단은 단순히 글쓰기 기술을 배우는 수업이 아니다. 글을 통해 자기 생각을 표현하고, 사회와 연결되는 경험을 하며, 진짜 기자로 성장하는 길을 체험하는 배움의 장이다. 한국미디어창업뉴스가 주최하고 재노스쿨이 주관한 주니어기자단 정규 1기와 2기는 그 가능성을 실질적으로 보여준 사례다.

1기는 25년 1월 이틀간 겨울방학을 활용하여 개강하였고, 초등학교 4학년부터 중학교 3학년까지의 학생들을 대상으로 운영되었다. 프로그램은 미디어의 기본 이해부터 기사 작성, 인터뷰 훈련, 생성형 AI 활용법, 기사 편집과 발표까지 짧은 시간 안에 핵심을 담아낸 실전 중심의 구성으로 진행되었다. 각자 주제를 정해 기획하고, 인터뷰를 준비한 뒤, 기사로 완성해 언론사에 실명으로 게재한 경험은 아이들에게 커다란 자긍심이 되었다.

2기는 25년 2월 이틀간 주말을 활용하여 개설되어, 초등 2학년부터 중3까지 대상이 넓어진 가운데 한층 심화된 구성으로 운영되었다. 특히 인터뷰 기사 작성이 주요 과정에 포함되었는데, 학생들은 현장에서 직접 질문하고, 내용을 정리해 생생한 기사로 완성해냈다. 기사에 등장하는 인물은 실제 인터뷰 대상이었고, 내용은 한국미디어창업뉴스에 실명으로 게시되며 '진짜 기자'가 된 경험을 쌓았다.

아이들은 처음엔 "글쓰기가 어렵다"고 망설였지만, 수업이 진행될수록 스스로 주제를 정하고 문장을 구성하며 자신감을 키워나갔다. 한 학생은 "내 기사가 뉴스에 나왔다는 것이 너무 신기하고 자랑스러웠다"고 말했고, 또 다른 학생은 "사람의 이야기를 듣고 글로 전하는 일이 이렇게 재미있는 줄 몰랐다"며 인터뷰 기사 작성에 큰 흥미를 보였다.

이 프로그램의 핵심은 이론이 아닌 실제 경험 중심의 학습이다. 생성형 AI를 활용한 기사 쓰기, 실명 기사 게재, 현장 인터뷰 실습 등은 정규 교육과정에서는 경험하기 어려운 실제 언론 체험이었다. 또한 학부모들은 아이들이 주도적으로 활동한 결과물을 통해, 글쓰기 능력뿐 아니라 책임감, 발표력, 사고력까지 함께 성장했음을 직접 확인할 수 있었다.

이러한 성과는 단기간에도 아이들이 얼마나 많이 성장할 수 있는지를 보여준다. 교육을 설계할 때 구체적인 목표, 단계적 실습, 실질적 성과가 있을 때, 기자단 활동은 단순 체험이 아닌 진짜 '자기 성장을 이끄는 교육'이 된다. 이처럼 체계적으로 운영된 주니어기자단 프로그램은, 미래형 인재를 키우는 새로운 교육 모델로 주목받기에 충분하다.

〈실제 기사 작성 사례 – 주니어기자단 1기 박민석 기자〉

- **기사 제목:** 지구를 살리는 작은 습관, 우리가 할 수 있는 일은?
- **기자명:** 박민석 기자 (pminseok1004@gmail.com)
- **게재 매체:** 한국미디어창업뉴스
- **발행일:** 2024년 1월 (정규 1기 수료 후 실명 게재)
- **기사 요약:** 이 기사는 환경 보호를 주제로 한 기사로, 주니어기자단 활동 중 작성되었다. 기자는 일상에서 실천할 수 있는 환경 보호 습관으로 ▲다회용품 사용 ▲분리배출 ▲음식물 쓰레기 줄이기 ▲에너지 절약 ▲자연과 함께하는 생활 등 다섯 가지 실천 방안을 제시했다. 단순 나열이 아닌, 각 항목마다 실제 사례와 이유를 들어 설명해 독자의 이해를 도왔고, 마지막에는 "작은 습관이 지구를 지키는 힘이 된다"는 메시지로 마무리하였다.

- **기자단 실습 내용 요약:**
  - 주제 선정: 생활 속 환경 보호
  - 자료 조사: 환경부 자료 및 기존 기사 참고
  - 기사 구조: 제목 – 도입 – 소제목별 본문 – 마무리

·피드백: 기사 초안에 대한 강사 피드백 반영
·결과물: 실제 언론사 실명 게재 및 기사 링크 생성

한국미디어창업뉴스 1기에 참여한 박민석 주니어기자는 참가소감을 다음과 같이 밝혔다.

"처음 기자단 활동을 시작할 때는 기사 쓰기가 낯설고 어렵게 느껴졌습니다. 그러나 주제를 선정하고 자료를 조사하면서 글쓰기에 대한 흥미가 점차 생겼습니다. 기사 초안을 작성하고 피드백을 받으며 고쳐 나가는 과정에서 많은 것을 배웠습니다. 특히 제 이름으로 작성한 기사가 실제 뉴스에 게재되었을 때 큰 기쁨과 자부심을 느꼈습니다. 이번 경험을 통해 글쓰기의 재미를 알게 되었고, 앞으로도 다양한 주제로 도전해 보고 싶습니다."

〈실제 기사 작성 사례 – 주니어기자단 1기 고서원 기자〉

- 기사 제목: 로봇과 인공지능, 우리의 친구가 될 수 있을까요?
- 기자명: 고서원 기자 (goseowon1234@gmail.com)
- 게재 매체: 한국미디어창업뉴스
- 발행일: 2024년 1월 (정규 1기 수료 후 실명 게재)
- 기사 요약: 이 기사는 로봇과 인공지능이 우리의 친구가 될 수 있을지를 주제로 다루었습니다. 기자는 일상 속에서 로봇과 인공지능이 우리 생활에 얼마나 가까워졌는지 사례를 통해 설명하고, 기술의 편리함과 함께 고민해야 할 점들도 함께 짚어보았습니다. 단순한 기술 소개가 아니라, 어린이의 시선

으로 로봇과 인공지능에 대해 스스로 질문을 던지고, 생각을 정리하는 과정을 담아 독자의 공감을 이끌었습니다. 마지막에는 "로봇과 인공지능은 친구가 될 수도 있지만, 올바르게 사용하는 우리의 자세가 더 중요하다"는 메시지로 글을 마무리하였습니다.

▪기자단 실습 내용 요약:
·주제 선정: 로봇과 인공지능이 인간과 친구가 될 수 있는지
·자료 조사: 로봇 및 인공지능 관련 기사, 도서 참고
·기사 구조: 제목 – 도입 – 본문 – 마무리
·피드백: 기사 초안에 대한 강사 피드백 반영
·결과물: 실제 언론사 실명 게재 및 기사 링크 생성

한국미디어창업뉴스 1기에 참여한 고서원 주니어기자는 참가 소감을 다음과 같이 언급했다.

"주니어 기자단 1호로 등록되어 활동하게 되어 매우 뜻깊었습니다. 초등학교 4학년 겨울방학 동안 기자단 활동에 꾸준히 참여하며 글쓰기 실력을 키울 수 있었습니다. 제가 쓴 기사가 실제 언론사에 게재되고, 우수 사례로 선정되어 재노스쿨 평생교육원 유튜브 채널에도 소개되는 특별한 경험을 했습니다. 글을 통해 제 생각을 세상에 전할 수 있다는 사실이 무척 소중하게 느껴졌으며, 앞으로도 더 많은 이야기를 글로 표현하고 싶습니다."

(2) 독자들에게 사랑받는 주니어 기자의 성장 스토리

주니어 기자단 활동은 단순한 글쓰기 수업이 아니다. 아이들이 마음속 생각을 글로 표현하고, 세상과 소통하는 법을 배워가는 살아 있는 배움의 현장이다. 특히 주니어 기자단 1기에 참여한 박민석, 고서원, 윤제은 기자의 이야기는, 각기 다른 나이와 성격을 가진 아이들이 어떻게 글을 통해 성장할 수 있는지를 생생하게 보여준다.

박민석 기자는 '환경 보호'를 주제로 기사를 썼다. '일상에서 실천할 수 있는 작은 습관'이라는 제목으로, 다회용품 사용, 분리배출, 에너지 절약 같은 실천 방법을 친근한 언어로 소개했다. 이 기사는 한국미디어창업뉴스 공식 홈페이지에 실명으로 게재되었고, 어른 독자들에게도 깊은 인상을 남겼다. "이런 내용은 어른이 배워야 한다"는 댓글이 달릴 만큼 진정성이 전해졌다. 처음에는 글쓰기가 두렵다고 느꼈던 박민석 기자는, 주제를 정하고 자료를 모으며 차근차근 완성해 나갔다. "기사가 뉴스에 올라왔다는 사실이 너무 신기하고 자랑스러웠어요." 그의 소감처럼, 기자단 활동은 글쓰기 자신감을 키워주는 중요한 전환점이 되었다.

고서원 기자는 초등학교 4학년 겨울방학 동안 기자단 활동에 참여했다. 처음에는 한 문장을 쓰는 데도 많은 시간이 걸렸지만, 주제 선정과 문장 연결, 인터뷰 질문 구성 과정을 거치면서 글쓰기에 대한 흥미를 키워갔다. 자신이 좋아하는 주제를 인터뷰하고, 기사를 완성하는 경험을 통해 고서원 기자는 스스로 이야기를 만들어내는 기쁨을 배웠다. 작성한 기사는 실제 언론사에 실명으로 게재되었고, 우수 사례로 선정되어 유튜브 채널에도 소개되었다. 작은 글 한 편이 누군가에게 전달될 수 있다는 사실이 그에게 새로운 세상을 열어주었다.

윤제은 기자는 중학교 3학년으로, 논리적 글쓰기에 익숙했지만 정보 중심의 기사 작성은 처음이었다. 기자단 활동을 통해 그는 문장의 흐름을 조율하고, 독자의 눈높이를 고려하는 방법을 배웠다. "독자에게 더 잘 전해지려면 내가 어떻게 써야 하는지를 고민하게 됐어요."라는 그의 말처럼, 주니어 기자단은 글쓰기 기술을 넘어 사고력, 공감력, 책임감을 함께 키우는 과정이 되었다.

이처럼 주니어 기자단 활동은 아이들이 단순히 글을 쓰는 것에 머물지 않고, 세상을 향해 자기 생각을 전하는 힘을 기르는 과정이다.

자신이 쓴 글이 누군가에게 닿고, 공감을 얻고, 세상을 조금이라도 변화시킬 수 있다는 경험은 무엇과도 바꿀 수 없는 소중한 성장의 순간이 된다. 만약 지금 글을 쓰고 싶은 마음이 있다면, 주니어 기자단에 도전해보자. 누구나 시작할 수 있고, 누구나 세상에 이야기를 전할 수 있다. 당신의 한 문장이 누군가의 마음을 움직이는 순간, 당신은 이미 멋진 기자가 되어 있을 것이다.

<주니어 기자단 수료 후 기대할 수 있는 변화>

주니어 기자단 활동은 단순한 글쓰기 수업이 아니다. 수료를 마치고 나면, 아이들은 스스로도 느낄 만큼 분명한 변화를 경험하게 된다.

무엇보다 먼저, 자신의 생각을 글로 정리하고 표현하는 힘이 생긴다. 학교 과제나 발표에서도 스스로 논리를 세우고 글을 완성하는 데 자신감을 갖게 된다. 생각을 머릿속에만 담아두는 것이 아니라, 누구나 이해할 수 있도록 풀어내는 능력은 글쓰기뿐만 아니라 삶의 모든 분야에서 빛을 발한다.

두 번째로, 세상을 보는 눈이 달라진다. 기자단 활동을 통해 아이들은 일상에서 그냥 지나쳤던 것들을 새로운 시선으로 바라보게 된다. 작은 사건에도 질문을 던지고, 다른 사람의 이야기에 귀를 기울이는 습관이 생긴다. 이 과정은 사고력과 공감 능력을 함께 키워준다.

세 번째로, 소통하는 힘이 커진다. 인터뷰를 하고, 기사를 쓰는 경험을 통해 자연스럽게 상대를 존중하며 질문하는 방법, 다른 생각을 이해하는 태도를 배우게 된다. 이는 친구 관계뿐만 아니라 앞으로의 사회생활에도 중요한 자산이 된다.

또한, 자기 주도적으로 성장하는 습관을 얻게 된다. 기자단 활동은 누가 시켜서 하는 공부가 아니다. 스스로 주제를 찾고, 조사하고, 질문을 준비하고, 글을 완성하는 과정을 거치며 아이들은 자연스럽게 자기 주도성을 키워 나간다.

마지막으로, 작은 성공 경험이 큰 자신감으로 이어진다. 자신의 이름으로 작성한 기사가 세상에 공개되고, 독자들의 반응을 직접 느끼는 순간, 아이들은 '나도 할 수 있다'는 믿음을 갖게 된다. 이 믿음은 앞으로 어떤 도전 앞에서도 쉽게 흔들리지 않는 소중한 힘이 된다.

주니어 기자단 수료는 끝이 아니다. 아이들이 글을 통해 세상과 소통하는 첫걸음이며, 앞으로 펼쳐질 더 큰 세상을 향해 나아가는 시작점이다. 지금 당신 안에 작은 호기심과 용기가 있다면, 주저하지 말고 그 첫걸음을 내딛어 보자.

PART 5

소상공인을 위한
맞춤형 홍보 전략의 모든 것

CONTENTS

작은 가게를 위한 홍보 전략의 비밀······················140

적은 예산으로 최고의 효과 내기······················142

스토리텔링으로 마음을 움직이는 보도자료 작성법···················145

지역 미디어를 내 편으로 만드는 법······················148

SNS를 활용해 가게 알리기······················151

실제로 효과를 본 소상공인 홍보 기획 사례···················154

손미화

"창작과 비즈니스의 흐름을 설계하는 콘텐츠 전략가"

동화 한 권의 감동부터, 브랜드 하나의 성장까지 예술성과 실전 경험을 바탕으로, 창작과 창업의 경계를 잇는 융합 콘텐츠 전략가입니다. 음악을 이야기로 풀어낸 그림동화 시리즈를 집필하고, 출판 기획, 콘텐츠 유통, 이커머스 운영까지 아우르며 감성과 시장을 연결하는 실질적인 창작 시스템을 구축해왔습니다. 1인 지식창업 시대를 살아가는 창작자들에게 복잡한 시작과 흐름을 정리해, 자신만의 콘텐츠 여정을 현실적인 단계로 전환하는 데 집중하고 있습니다.

또한 한국미디어창업뉴스 객원기자, (사) 국제미디어예술협회 부산총괄지부장으로 예술과 기술이 만나는 창작 환경을 꾸준히 탐구하고 있습니다. AI 창작 도구, 브랜드 콘텐츠, 창업형 교육까지 단순한 실행을 넘어, 자신의 이야기를 브랜드로 실현해가는 창작자의 여정을 함께 설계합니다.

- (사)국제미디어예술협회 부산총괄지부장 겸 선임연구원
- 유앤미디지털비즈임팩트 협회장
- 한국미디어창업뉴스 객원기자
- 케이에스유앤미 대표
- 미아트북스 대표

출간저서로는 《타미와 요술피리》, 《레미랑 소리 그리기》, 《음악대장 아롱이 첫 연주회를 부탁해》 등 클래식과 상상을 결합한 음악 기반 창작동화를 출간했으며, 현재는 출판사 '미아트북스' 대표로 활동 중입니다.

"언론이 자유로울 때,
국민도 자유로워진다."

윌리엄 랜들프 히스트

1. 작은 가게를 위한 홍보 전략의 비밀

(1) 소상공인 홍보만의 강점과 효과

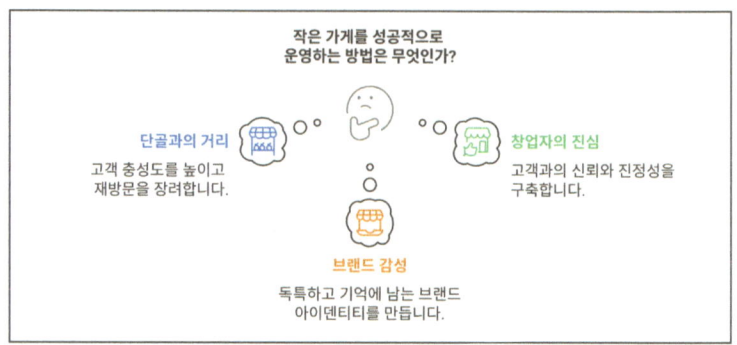

소상공인은 대형 브랜드와 달리 막대한 광고 예산이나 전문 마케팅 조직을 갖추기 어렵다. 그러나 이러한 조건이 반드시 약점으로 작용하는 것은 아니다. 오히려 소상공인만이 가지고 있는 특성과 강점은 차별화된 홍보 전략을 가능하게 한다.

가장 두드러진 강점은 고객과의 물리적·심리적 거리감이 가깝다는 점이다. 단골 고객과의 밀접한 관계, 매일 마주하는 일상의 접점은 브랜드에 대한 신뢰를 자연스럽게 형성한다. 고객은 그 가게의 제품뿐 아니라 사람, 분위기, 이야기와도 연결되며, 이러한 연결은 재방문과 자발적인 홍보로 이어진다.

또한 소상공인은 브랜드 스토리텔링의 원천을 풍부하게 보유하고 있다. 창업 계기, 지역과의 인연, 사장의 철학, 단골과의 에피소드 등은 모두 진정성 있는 콘텐츠로 활용될 수 있다. 이처럼 사람의 이야기와 감정이 담긴 브랜드는 소비자에게 깊은 인상을 남기고, 경쟁에서 차별화된 이미지를 형성할 수 있다.

소규모이기 때문에 가능한 기민한 실행력도 주목할 만하다. 새로운 아이디어를 즉시 적용하고 고객 반응을 빠르게 확인할 수 있는 구조는 대기업이 흉내 낼 수 없는 장점이다. 홍보에 있어서도 실험적 접근이 용이하며, 고객과의 피드백 루프를 통해 자연스럽게 콘텐츠가 생성되고 발전된다.

이처럼 고객과 가까운 관계, 브랜드 고유의 스토리, 빠른 실행력은 소상공인만의 독보적인 자산이다. 이를 기반으로 한 홍보 전략은 대규모 광고보다 더 진정성 있고 지속적인 신뢰를 형성할 수 있다. 규모보다 중요한 것은 방향이며, 예산보다 강력한 것은 이야기다.

(2) 우리 가게를 돋보이게 하는 차별화 전략

차별화는 경쟁이 치열한 시장 환경에서 생존을 위한 전략이 아니라, 지속 가능한 성장을 위한 핵심 전략이다. 특히 소상공인의 경우, 지역 내 유사 업종이 다수 존재하기 때문에 차별화의 요소를 명확히 설정하고 이를 고객 경험 전반에 일관되게 반영하는 것이 중요하다.

가장 먼저 살펴야 할 것은, 고객이 우리 가게를 어떻게 인식하고 있는가에 대한 객관적인 관찰이다. 고객의 후기를 분석하고, 자주 언급되는 키워드와 표현을 통해 '우리가 어떤 이미지로 기억되는지'를 파악해야 한다. 이를 통해 경쟁 가게와 차별화된 포인트를 발굴할 수 있다.

브랜드 정체성을 시각화하는 것도 효과적인 전략이다. 가게 간판, 인테리어, 메뉴판 디자인, 포장지 문구 등 브랜드를 구성하는 시각 요소들은 고객에게 기억을 남기는 첫 번째 접점이다. 여기에 브랜드의 말투와 분위기, 직원 응대 방식까지 포함된다면 차별화된 고객 경험은 더욱 강화된다.

경쟁자와의 비교에서 이기는 것이 아니라, 고객의 머릿속에 '하나뿐인 가게'로 자리 잡는 것이 목적이다. 이를 위해서는 감성적 스토리텔링과 일관된 메시지 관리가 필요하다. 예를 들어, 친환경을 추구하는 가게라면 그 철학을 인테리어, 메뉴 구성, 홍보 문구, 고객 응대 방식 전반에 통합해야 한다. 그래야만 고객이 브랜드의 진정성을 느낄 수 있다.

차별화는 단순한 마케팅 수사가 아니다. 고객의 기억 속에서 독립된 브랜드로 자리 잡기 위한 실질적 전략이다. 고객이 '왜 다시 이곳을 선택하는가'에 대한 명확한 이유를 제공하는 것, 그것이 차별화의 본질이다.

2. 적은 예산으로 최고의 효과 내기

(1) 비용 대비 효과가 뛰어난 홍보 전략 3가지

소상공인의 마케팅은 언제나 예산이라는 현실적인 한계 안에서 이루어진다. 그러나 예산이 적다고 해서 반드시 홍보의 효과까지 낮아지는 것은 아니다. 오히려 제한된 자원을 효율적으로 활용하는 전략은, 대형 브랜드보다 더 민첩하고 진정성 있게 고객에게 다가갈 수 있는 기회를 만들어준다. 중요한 것은 예산이 아니라 방향이다. 효과적인 시작점은 검색 기반 노출을 극대화하는 것이다. 오늘날 소비자의 행동은 대부분 '검색'에서 출발한다. '내 주변 맛집', '동네 네일샵'처럼 지역 기반 검색이 일상화되면서, 네이버 플레이스나 카카오맵, 구글 비즈니스 프로필에 제대로 등록되어 있는지 여부는 매우 중요해졌다.

이 플랫폼들은 무료임에도 불구하고, 최신 사진과 성실한 리뷰 응답만으로도 검색 상위에 노출되는 구조를 갖고 있다. 검색 결과에서 한 줄 소개가 매력적이고, 평점이 일정 수준 이상이면 그것만으로 방문 결정을 이끌어내는 사례도 적지 않다. 고객의 일상 속에 자연스럽게 스며드는 방법도 있다. 당근마켓, 맘카페, 네이버 동네생활과 같은 지역 커뮤니티는 별도의 광고비 없이도 브랜드를 노출시킬 수 있는 강력한 채널이다.

이때 중요한 것은 단순한 상품 소개가 아니라, 일상과 감정을 담은 콘텐츠를 만드는 것이다. "오늘 손님에게 이런 편지를 받았습니다", "신메뉴를 준비하며 생긴 재미있는 에피소드"처럼, 사람의 이야기가 담긴 글은 공유되고 회자된다. 브랜드는 그렇게 '정보'가 아닌 '이야기'로 전해질 때 더 오래 기억된다. 여기에 디지털 콘텐츠의 확산 가능성까지 더해진다면, 그 시너지는 배가된다. 스마트폰 하나로 촬영한 짧은 영상, 직원이 직접 등장하는 소개 영상, 가게만의 감성이 묻어나는 일러스트 카드 등은 인스타그램, 유튜브 쇼츠, 페이스북 등 다양한 채널에서 무료로 노출시킬 수 있다.

핵심은 완벽한 편집이 아니라, '진짜'의 느낌이다. 즉흥적이고 솔직한 순간은 오히려 소비자에게 신선하게 다가가고, 이는 자발적인 공유로 이어지기도 한다. 이러한 전략들은 거창하지 않지만, 효과만큼은 분명하게 나타난다. 고정비를 거의 들이지 않고도 노출과 반응을 이끌어내는 방법은 분명 존재한다. 중요한 것은 정교한 시스템보다, 고객의 시선에서 콘텐츠를 생각하고 실행하는 태도다. 예산이 작더라도 전략은 크고 정밀할 수 있다. 이 원칙만 기억한다면, 누구나 '지금 이 자리'에서 효과적인 홍보를 시작할 수 있다.

(2) 실제로 매출을 끌어올린 알뜰 홍보 사례

[사례] 도시 골목에서 입소문 난 작은 떡집 '달담소'의 이야기
부산의 한 골목 안에 자리한 수제 떡집 '달담소'는 매장을 별도로 홍보하지 않고도 월 평균 매출을 2배 이상 끌어올린 경험을 가진 브랜드다. 특별한 비결은 없었다. 다만 '지역성과 진심'을 중심으로 한 저비용 홍보 전략이 결정적

인 역할을 했다.

달담소는 상권이 좋은 위치에 있지도 않았고, 초기에는 SNS 팔로워도 거의 없었다. 하지만 이 가게는 오픈 첫 주부터 동네 주민과의 소통에 집중했다. 가게 앞에 손글씨로 적힌 '오늘의 떡' 메뉴판을 매일 바꿔 걸었고, 구매 고객에게는 작게 포장한 한 조각의 미니 떡을 '감사 선물'로 함께 전달했다. 이 작은 정성은 빠르게 입소문을 타기 시작했다. SNS에서 '떡을 사면 덤으로 마음까지 따뜻해진다'는 후기가 공유되면서, 자연스럽게 지역 커뮤니티 내에서 브랜드가 회자되기 시작한 것이다.

이후 달담소는 당근마켓 지역 게시판을 활용해 '오늘은 찹쌀떡 대신 밤절편이 나왔어요'라는 식의 가벼운 소식을 자주 올렸다. 홍보 목적이라기보다, 동네 친구에게 보내는 메시지처럼 글을 작성한 것이 오히려 더 큰 반응을 얻었다. 게시물마다 "이거 보고 바로 갔어요!", "오늘 품절이더라고요" 같은 댓글이 달리며, 단골 손님들이 이 게시판을 마치 '실시간 메뉴판'처럼 활용하게 되었다.

특히 눈에 띄는 전략은 리뷰에 대한 응답 방식이었다. 고객이 남긴 후기에는 매번 짧은 감사 인사와 함께, 그날의 에피소드나 떡에 담긴 의미를 덧붙였다. 예를 들어 "오늘 아이와 함께 오신 고객님, 고사떡을 챙겨가신 모습이 인상 깊었습니다. 아이도 복 많이 받기를 바랄게요" 같은 댓글은 고객에게 단순한 응답 이상의 감동을 전했다. 이런 정성 어린 소통은 단골 고객의 충성도를 높이는 데 큰 역할을 했다.

달담소는 별도로 광고비를 들이지 않았다. 대신, 가게에서의 경험을 고객이 자발적으로 나누게 만드는 환경을 조성했다. 인스타그램에는 '#달담소떡스타그램'이라는 해시태그가 확산되었고, 손님들은 고운 색감의 떡과 포장, 손글씨 메시지를 사진에 담아 자발적으로 홍보하게 되었다. 브랜드는 제품만 파는 곳이 아니라, 감성과 일상의 위로를 담은 '작은 공간'으로 기억되었다.

이러한 전략의 결과, 달담소는 매달 재방문율이 꾸준히 증가했고, 명절이나 기념일 시즌에는 예약이 조기 마감될 만큼 안정적인 수요를 확보하게 되었다. 초기엔 하루 30개도 팔기 어려웠던 떡이, 현재는 하루 150개 이상 판매되며 지역 주민뿐 아니라 타지 손님의 방문도 늘고 있다. 특별한 광고 없이 이뤄낸 성과는, 무엇보다 고객과의 '작은 대화'에서 시작되었다.

달담소의 사례는 소상공인에게 중요한 메시지를 던져준다. 진심이 담긴 작은 노력이 결국 큰 반응을 만든다는 점이다. 마케팅 예산이 부족하다고 고민하기보다는, 고객 한 사람 한 사람과의 관계 안에서 브랜드의 가치를 쌓아가는 방식이 오히려 더 강력한 홍보 전략이 될 수 있다는 것을 보여준다.

3. 스토리텔링으로 마음을 움직이는 보도자료 작성법

(1) 독자의 관심을 끄는 우리 가게만의 이야기 찾기

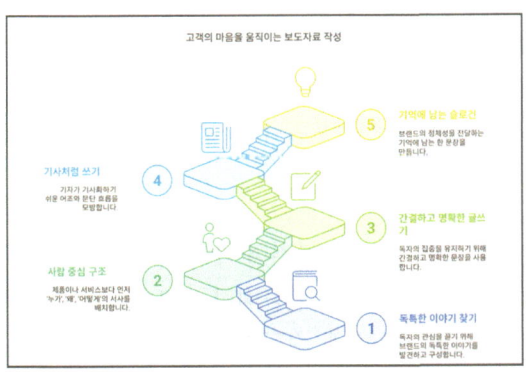

많은 소상공인이 보도자료를 작성할 때 흔히 빠지는 오류가 있다. 바로 가게의 상품이나 서비스만을 소개하는 데 집중한다는 점이다. 물론 제품의 우수성이나 가격 경쟁력도 중요하지만, 그것만으로는 수많은 정보 속에서 독자의 시선을 끌기 어렵다. 지금 시대의 보도자료가 전달해야 할 것은 정보가 아니라 '이야기'다. 독자는 정보를 소비하는 것이 아니라, 의미와 감정을 공감하고 싶어 한다.

따라서 소상공인의 보도자료는 단순한 상품 소개문이 아닌, 브랜드의 철학과 스토리를 담아야 한다. '이 가게가 왜 시작되었는가', '어떤 계기로 지금의 메뉴가 탄생했는가', '단골 손님과의 어떤 인연이 있었는가'와 같은 질문에서 출발하는 것이 중요하다. 이러한 이야기들은 제품이나 서비스의 스펙보다 훨씬 더 강한 설득력을 가진다.

예를 들어, 단순히 '유기농 재료로 만든 빵을 판매한다'는 메시지는 평범하게 들릴 수 있다. 하지만 '아토피가 심한 아들을 위해 시작한 제빵'이라는 배경이 더해지면, 독자는 브랜드를 새로운 시선으로 바라보게 된다. 이처럼 브랜드의 출발점과 배경에는 독자의 마음을 움직일 수 있는 핵심 서사가 숨어 있다. 문제는 그 이야기를 '발굴'하고, '구성'하는 능력이다.

가게의 이야기를 찾기 위한 가장 효과적인 방법은, 일상에서 단골 고객이 자주 묻는 질문과 반응을 관찰하는 것이다. "이거 사장님이 직접 만든 거예요?", "이 메뉴는 어떻게 만들게 된 거예요?" 같은 질문은 스토리텔링의 시작점이 될 수 있다. 또한, 고객이 자주 언급하는 가게의 이미지, 예를 들어 '정이 느껴지는 곳', '손편지를 주는 가게', '한 달에 한 번 미니 콘서트를 여는 빵집'은 브랜드 고유의 메시지로 발전할 수 있다.

스토리텔링은 복잡한 글쓰기 기술이 아니다. 브랜드의 진짜 얼굴을 꺼내어 보여주는 작업이다. 특히 지역 언론이나 커뮤니티 매체는 이런 이야기 중심의 콘텐츠를 선호하기 때문에, 수동적인 정보 나열보다는 스토리가 있는 기획 기사로 접근하는 것이 훨씬 더 높은 노출 기회를 가져온다.

브랜드의 본질은 숫자가 아니라 '사람'이다. 결국 독자의 관심을 끄는 이야기는, 사장님의 목소리와 가게의 일상이 녹아 있는 진솔한 서사에서 시작된다.

이야기가 담긴 보도자료는 단순한 뉴스가 아니라, 사람과 브랜드를 연결하는 공감의 매개가 된다.

(2) 고객의 마음을 움직이는 보도자료 쓰는 방법

보도자료는 단순히 언론에 정보를 전달하는 문서가 아니다. 잘 만든 보도자료는 브랜드의 메시지를 세상에 전달하고, 소비자의 마음에 감동을 남기는 강력한 도구가 된다. 특히 소상공인에게 보도자료는 광고비 없이 브랜드를 알릴 수 있는 전략적 수단이다. 그렇다면 어떤 보도자료가 고객의 마음을 움직일 수 있을까?

가장 중요한 원칙은 사람이 중심이 되는 이야기 구조다. 상품 설명이나 매장 정보보다 먼저, '누가', '왜', '어떻게'의 서사를 배치해야 한다. 보도자료를 읽는 독자는 제품의 기능이나 스펙보다 그 이면에 담긴 사람의 의지와 철학에 더 큰 관심을 보인다.

예를 들어 "장인의 손맛이 깃든 떡집"이라는 표현보다 "어머니의 손맛을 기억하고 싶어 20년 만에 시작한 떡집"이라는 문장은 훨씬 더 강한 공감과 인상을 남긴다.

또한 문장은 가능한 한 간결하고 명확하게 작성되어야 한다. 장황한 수사는 오히려 전달력을 떨어뜨리고, 독자의 집중을 방해한다. 핵심 메시지를 서두에 배치하고, 그 이유와 배경을 차례로 설명하는 구조가 효과적이다. 언론이 선호하는 문체 역시 군더더기 없는 '팩트 중심의 진정성 있는 서술'이기 때문에, 이를 고려한 구성 전략이 필요하다.

보도자료에서 자주 간과되는 요소 중 하나는 '기사처럼 보이게 쓰는 능력'이다. 기자가 실제로 쓸 만한 어조와 문단 흐름을 모방하면, 보도 가능성은 자연스럽게 높아진다. 예컨대, "A카페는 최근 폐지를 활용한 친환경 커피 필터를 도입해 주목받고 있다. 이 아이디어는 단골 고객과의 대화 중 탄생한 것으로, 지역 주민 사이에서 좋은 반응을 얻고 있다"는 문장은 기자가 그대로 기사화하기 쉬운 구조를 갖고 있다.

보도자료의 말미에는 정리된 한 문장으로 브랜드의 정체성을 전달하는 것이 효과적이다. "작지만 따뜻한 연결을 만드는 가게", "골목을 밝혀주는 커피 한 잔의 이야기"처럼, 메시지가 이미지로 기억될 수 있도록 설계하는 것이 좋다. 이는 보도자료가 단순한 보도 요청서를 넘어 브랜드 슬로건의 역할까지 수행하도록 만들어준다.

무엇보다 중요한 것은, 보도자료가 독자에게 말을 거는 문서라는 점이다. 형식은 갖추되, 온도는 잃지 않아야 한다. 브랜드의 진심이 담긴 한 줄의 문장이 고객의 기억에 남고, 결국 가게의 문을 열게 만드는 힘이 된다.

4. 지역 미디어를 내 편으로 만드는 법

(1) 지역 미디어가 좋아하는 홍보 소재는 무엇인가?

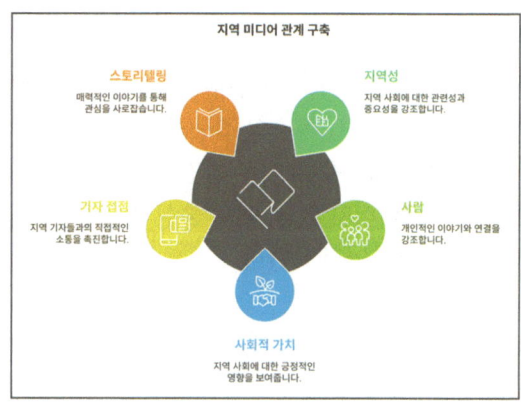

지역 언론은 소상공인에게 가장 현실적인 언론 홍보의 출발점이 될 수 있

다. 전국 단위의 언론보다 접근성이 높고, 무엇보다 지역 내 신뢰 네트워크와 직접 연결되는 채널이라는 점에서 전략적 가치가 크다. 다만, 지역 미디어의 특성과 선호도를 이해하지 못한 채 보도자료를 보내는 것은 기사화로 이어지기 어렵다. 그렇다면 지역 기자들은 어떤 이야기에 반응하는가?

가장 핵심적인 요소는 '지역성'이다. 같은 이야기도 '이 지역에 왜 중요한가'라는 맥락을 부여하면 전혀 다른 반응을 얻을 수 있다. 예를 들어 "수제 디저트를 판매하는 신규 매장"이라는 설명보다 "폐점이 이어지던 골목길에서 다시 활기를 일으킨 청년 창업 카페"라는 서사가 훨씬 더 기사화되기 쉽다. 지역 언론은 브랜드 자체보다, 지역에 어떤 영향을 주는가에 더 큰 관심을 갖는다.

또 하나 중요한 키워드는 '사람'이다. 정보보다 이야기를 찾는 것이 기자의 본능이다. 은퇴 후 제2의 인생을 시작한 창업자, 장애인을 고용한 가게, 이웃과 반찬을 나누는 식당처럼, 삶의 의미와 맞닿은 브랜드 이야기는 강한 공감을 유도한다. 단순한 홍보 문구보다, "왜 이 일을 시작했는가", "무엇을 위해 이 일을 계속하는가"라는 내면의 동기가 담긴 메시지가 독자에게 훨씬 오래 기억된다.

사회적 가치와 연결된 콘텐츠 역시 지역 미디어의 주요 관심사다. 자투리 재료를 활용한 친환경 메뉴, 지역 학교와 함께한 나눔 행사, 독거 어르신을 위한 도시락 지원 프로그램 같은 사례는 단순한 기업 활동을 넘어 지역 공동체와의 연결성을 보여준다. 최근에는 ESG 관점에서 작은 가게가 실천하는 지속가능성 사례에 대한 언론의 관심도 높아지고 있다.

지역 언론사 기자들과의 인터뷰를 살펴보면, 이들이 가장 좋아하는 주제는 "공유하고 싶은 이야기", "다음 세대에게 긍정적인 영향을 줄 수 있는 사례"로 나타났다. 결국 이는 단순한 정보 제공이 아니라, 공감과 긍지를 함께 전달할 수 있는 이야기가 중요하다는 뜻이다.

지역 미디어는 단순한 홍보 수단이 아니다. 지역성과 사람, 의미가 담긴 콘텐츠를 통해 브랜드의 가치를 함께 키워나가는 파트너로 바라봐야 한다. 이야기를 전할 수 있는 사람에게, 마음을 움직일 수 있는 이야기를 준비하는 것. 그것이 바로 지역 언론을 내 편으로 만드는 첫걸음이다.

(2) 지역 신문, 방송과 협력하여 홍보 효과 높이기

지역 미디어는 단순한 정보 전달 채널을 넘어, 브랜드와 지역사회를 연결하는 가교 역할을 한다. 그러나 대부분의 소상공인은 언론사와 어떻게 협력하고 관계를 맺어야 할지 막연해한다. 실제로는 거창한 캠페인이나 비용이 필요한 것이 아니라, 작고 지속적인 연결 지점을 만들어가는 것이 핵심이다.

가장 먼저 필요한 것은 기자와의 '접점'을 발견하는 일이다. 지역 기자들은 지역 내 변화를 보여줄 수 있는 사람과 장소, 이야기를 항상 찾고 있다. 그들은 매일같이 마감에 쫓기며 기사 아이템을 찾기 때문에, 현장에서 진정성 있는 이야기를 먼저 제안해주는 이들을 반갑게 여긴다. 이때 중요한 것은, 보도자료를 '홍보'로 접근하기보다 지역사회의 변화나 감동을 나누는 제안서로 만드는 시각이다.

보도자료를 보낼 때는 단순히 이메일 한 통으로 끝내지 않는 것이 좋다. 기자가 가장 바쁠 시간대를 피해 간단한 전화 인사를 곁들이거나, 지역의 행사나 캠페인 현장에서 인연을 만들 수 있다면 더없이 좋다. 한 번의 성실한 응답, 한 통의 친절한 후속 연락이 관계의 시작이 된다. 실제로 지역 기자들은 "가끔 소상공인 사장님이 직접 전화해서 설명해주는 기사가 훨씬 더 기억에 남는다"고 말한다.

지역 방송과 협업하는 방식도 다양하다. 일례로, 지역 뉴스의 '생활 속 이야기'나 '작은 영웅' 코너는 소상공인의 이야기를 소개하기에 적합한 지면이다. 이를 위해선 브랜드가 평소에도 스토리화 가능한 활동을 만들어두는 습관이 필요하다. 예를 들어, 매달 지역 아이들을 위한 무료 클래스를 연다거나, 골목 상점들과 협력해 작은 플리마켓을 운영한다면, 이는 단순한 서비스 활동을 넘어 '지역 스토리'로 확장될 수 있다.

무엇보다 중요한 것은 일회성 노출에 머무르지 않는 관계 유지 노력이다. 기사가 보도된 후에는 감사 인사를 전하고, 해당 내용을 SNS나 블로그에 공유하며 기자와 언론사에 긍정적인 반응을 다시 환원하는 것이 관계의 지속성을 높인다. 언론이 '우리의 홍보 도구'가 아니라, 함께 지역을 밝히는 동반자임을 기억해야 한다.

지방지나 지역 방송은 규모에 비해 영향력이 작아 보일 수 있다. 그러나 해당 지역 주민에게는 여전히 가장 신뢰받는 채널이며, 입소문의 원천으로 작용한다. 그들과의 협력은 단발성 홍보가 아니라, 브랜드의 정체성을 지역에 뿌리내리게 하는 중요한 전략이 된다.

5. SNS를 활용해 가게 알리기

(1) SNS를 효과적으로 활용한 홍보법

SNS는 이제 소상공인의 선택이 아닌 필수가 되었다. 매장을 알리는 데 드는 비용은 거의 없지만, 콘텐츠 하나로 수백 명에게 브랜드를 노출시킬 수 있는 채널이기 때문이다. 특히 스마트폰 사용이 보편화된 지금, 고객은 매장을 방문하기 전 SNS를 통해 분위기와 리뷰, 메뉴, 최근 소식 등을 확인하는 경우가 많다. 그렇다면 소상공인은 어떤 방식으로 SNS를 활용해야 효과적인 홍보가 가능할까?

가장 먼저 고려할 것은 '누가 이 계정을 보고 있는가'에 대한 이해다. 팔로워가 많은 것이 반드시 매출로 이어지지는 않는다. 중요한 것은 실제 고객이 될 가능성이 있는 지역 기반 사용자들과의 연결이다. 따라서 무작정 팔로워

수를 늘리기보다는, 지역 해시태그(#동래맛집, #수영동카페 등)와 위치 태그를 적극 활용해 검색 유입을 높이는 것이 실질적인 도움이 된다.

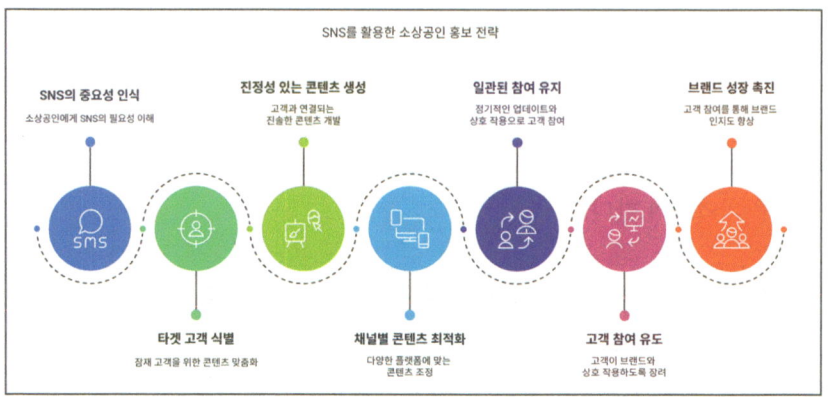

또한, 고객의 시선에서 콘텐츠를 기획해야 한다. 상업적 문구나 고해상도 이미지보다, 직접 찍은 듯한 현실적인 사진과 사장님의 목소리가 담긴 진솔한 글이 더 큰 반응을 얻는 경우가 많다. 예를 들어, "오늘따라 유난히 힘이 들었지만, 단골 손님이 남긴 메모에 하루치 피로가 사라졌습니다" 같은 짧은 에피소드는 홍보 목적이 없더라도 높은 공감과 공유를 유도할 수 있다.

이러한 콘텐츠는 브랜드의 인간적인 면모를 드러내며, 단순한 상점이 아닌 '사람과 사람이 연결되는 공간'으로 인식되도록 돕는다.

SNS 채널별 특성에 맞는 콘텐츠 포맷도 중요하다. 인스타그램은 정적인 이미지와 감성적 텍스트에 강하고, 릴스와 쇼츠는 짧고 빠른 호흡의 영상 콘텐츠에 효과적이다. 고객의 반응을 실시간으로 확인할 수 있기 때문에, 하나의 콘텐츠를 시도한 뒤 반응을 분석하고, 더 나은 방향으로 수정해가는 것도 충분히 가능하다. 소통과 실험이 용이한 SNS만의 장점을 충분히 활용해야 한다.

실제로 많은 소상공인이 SNS 운영에 익숙하지 않다는 이유로 계정을 방치하거나, 운영을 미루는 경우가 많다. 그러나 일주일에 한두 번이라도 매장의 소식, 고객의 반응, 메뉴 개발 과정 등 일상적인 콘텐츠를 공유하는 것만으로도 충분히 꾸준한 관계 형성이 가능하다. SNS는 속도보다 지속성과 진정성이 더 중요한 채널이기 때문이다.

브랜드가 고객에게 말을 걸고, 그 이야기에 공감한 고객이 다시 브랜드를 소개하는 흐름. 이것이 바로 소상공인의 SNS 홍보가 지향해야 할 방향이다. 매력적인 사진 한 장보다, 진심이 담긴 한 문장이 더 오래 기억되는 이유도 여기에 있다.

(2) SNS와 가게 홍보를 성공적으로 연결한 사례

SNS를 활용한 홍보는 단기간의 이벤트가 아니라, 브랜드의 일상을 공유하는 장기 전략이다. 진심이 담긴 콘텐츠가 고객에게 전달되고, 그 반응이 다시 브랜드의 성장을 이끌어내는 선순환 구조가 형성될 때, SNS는 단순한 홍보 채널이 아니라 관계 형성의 도구로 자리 잡는다. 실제로 이 같은 흐름을 꾸준히 이어온 소상공인의 사례는 그 효과를 명확히 보여준다.

서울 마포구의 한 작은 책방 겸 카페 '산책하는 책'은 초기에는 SNS 팔로워 수가 500명을 넘지 않았다. 하지만 운영자는 일주일에 두세 번씩, 그날 매장에서 있었던 일이나 손님이 읽고 간 책에 대한 짧은 단상, 계절이 바뀌는 풍경 사진 등을 꾸준히 업로드했다. 특별한 필터나 문구 없이, 매장과 사장님의 일상을 나누는 감성적인 콘텐츠는 점차 독자들의 공감을 얻기 시작했다.

특히 반응이 컸던 콘텐츠는 고객과 나눈 짧은 대화를 기록한 게시물이었다. "카운터에 앉아 책을 읽고 있던 아이에게 '어떤 책 좋아해요?' 하고 물었더니, '조용한 책이요'라고 대답했다. 그래서 오늘은 우리 가게도 조용히 웃는다."라는 글은 수많은 사람들의 리그램과 댓글을 불러일으켰고, 해당 계정은 이후 지역 커뮤니티 안에서 '힐링 가게'로 알려지게 되었다.

이후 '산책하는 책'은 SNS를 통해 고객의 참여를 유도하는 방식으로 브랜딩을 확장했다. 책방에서 나눠주는 엽서에 직접 손글씨로 메시지를 남기면, 그중 일부를 계정에 소개하고 다음 방문 때 음료 쿠폰을 제공하는 소소한 이벤트를 운영했다. 이 과정에서 고객은 브랜드의 일부가 되었고, SNS는 일방향 홍보가 아닌 양방향 대화의 공간으로 진화했다.

매장 방문자의 절반 이상이 SNS를 보고 찾아온다는 점은, 온라인 콘텐츠가 오프라인 매출로 직결된 대표적인 사례로 평가할 수 있다. 고객들은 "계정에서 받은 인상이 궁금해서" 또는 "직접 분위기를 느껴보고 싶어서" 매장을 방문했고, 실제로 매장 내 후기 게시판에는 'SNS에서 본 그 테이블에 앉았다', '이 장면을 보러 왔다'는 메시지가 가득했다.

이처럼 SNS는 잘만 활용하면 고객의 마음에 브랜드를 심는 통로가 된다. 핵심은 '잘 만든 콘텐츠'가 아니라, 브랜드의 감성과 철학을 꾸준히 공유하는 태도에 있다. 그리고 그 태도가 진정성을 갖게 될 때, SNS는 작은 가게의 이야기를 수천 명의 고객에게 전해주는 커다란 창이 되어준다.

6. 실제로 효과를 본 소상공인 홍보 기획 사례

(1) 작은 가게가 SNS로 유명해지려면?

[작은 가게 기획 사례] 수제 디저트 카페 '해피롤링': 감성 콘텐츠로 전국구 입소문을 만들다

작은 골목에 자리한 가게도 SNS를 통해 전국적인 인지도를 갖게 되는 일이 가능해진 시대다. 특히 감정과 공감이 중심이 되는 콘텐츠는 광고 없이도 소비자와의 연결을 만들어내며, 브랜드 자체가 하나의 이야기로 소비되도록 돕는다. 수제 디저트 카페 '해피롤링'의 사례는 그 흐름을 잘 보여준다.

해피롤링은 부산 남천동의 주택가에 위치한 4평 남짓한 롤케이크 전문점이다. 특별한 외관도 없고, 간판 역시 손글씨로 작게 쓰여 있었지만, 인스타그램을 통해 올린 일기 형식의 짧은 글과 사진이 계기가 되어 빠르게 입소문을 타기 시작했다. 해피롤링의 SNS 운영자는 매일 메뉴 소개 대신, 매장 안에서 일어난 짧은 상황이나 손님과의 대화를 적었다.

예를 들어, 한 게시물에는 "비 오는 날 우산 없이 들어온 손님에게 '잠깐 피하고 가세요'라고 말했는데, 그 손님이 먹던 케이크를 남기고 쪽지를 남기고 갔어요. '이 공간, 마음까지 쉬었다 갑니다.'"라는 글과 함께 감성적인 매장 사진이 올라왔다. 이 콘텐츠는 단숨에 수천 개의 좋아요와 공유를 불러오며 SNS 상에서 회자되었고, '마음을 쉬어가는 디저트 가게'라는 이미지로 해피롤링을 기억하게 만들었다.

해피롤링이 선택한 톤앤매너는 따뜻하고 담백한 진심형 소통이다. 상품을 자랑하기보다, 가게를 운영하는 사람의 시선과 감정, 고민이 담긴 글로 고객에게 말을 건다. 고객이 남긴 댓글에도 '좋은 하루 보내셨나요?', '다음엔 따뜻한 커피랑 함께하세요' 같은 말로 응답하며, 일상적인 대화의 연속처럼 관계를 형성해왔다. 단골 고객들은 이곳을 단순한 디저트 가게가 아닌 '감정적 위로를 주는 공간'으로 느꼈고, 이런 정서적 연결은 브랜드의 충성도와 연결되었다.

온라인 채널만의 접근 방식도 돋보였다. 해피롤링은 매일 아침 인스타그램 스토리에 '오늘 준비된 메뉴'를 수기 이미지로 공유했고, 손님들의 반응을 정리해 다음날 메뉴 구성에 반영했다. 때로는 '이 케이크, 이름 지어주세요'라는 스토리를 올려 고객 투표를 받았고, 선정된 이름은 메뉴판에 그대로 반영되었다. 이 과정을 통해 고객이 콘텐츠의 소비자이자 참여자로 자리매김하게 된 것이다.

그 결과, 단 한 번의 유료 광고 없이도 해피롤링은 SNS에서 '힐링 디저트' 키워드로 검색 상위에 오르게 되었고, 서울·대구 등지에서도 이 가게를 찾기 위해 일부러 여행 계획을 세우는 고객이 생겨났다. 실제로 매장 운영 초기 하루 평균 20건이었던 주문은, SNS에서 특정 게시물이 확산된 시점을 기점으로 5배 이상 늘었으며, 주말에는 사전 예약을 하지 않으면 구매가 어려울 정도로 고객이 몰리게 되었다.

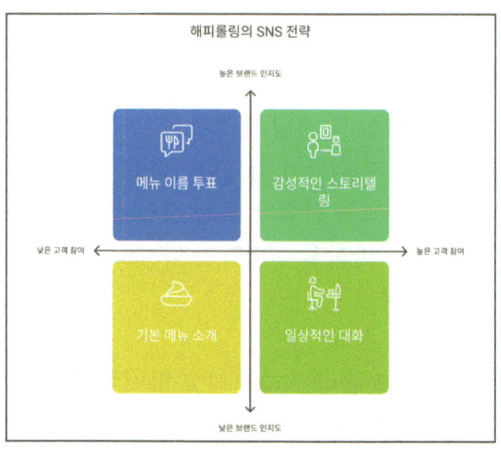

해피롤링의 사례는 SNS가 단지 정보를 전하는 수단이 아니라, 브랜드 정체성을 살아 움직이게 만드는 무대임을 보여준다. 무엇보다 중요한 점은, 이 브랜드가 단 한 번도 '팔겠다'는 의도를 전면에 내세우지 않았다는 것이다. 대신, '이 공간은 당신에게 어떤 위로를 줄 수 있을까'를 끊임없이 질문하며, 그것을 콘텐츠로 전환해온 결과, 고객은 그 답을 스스로 경험하고 공유하게 되었다.

이처럼 작은 가게라도 진정성 있는 이야기와 따뜻한 콘텐츠가 있다면, 사람들의 마음속에 오랫동안 남는 브랜드가 될 수 있다. 해피롤링은 단순한 디저트를 파는 곳이 아니라, SNS를 통해 감성을 전파하고 관계를 만들어가는 하나의 커뮤니티로 성장해가고 있다.

(2) 지역과 함께 성장한 성공 사례 분석

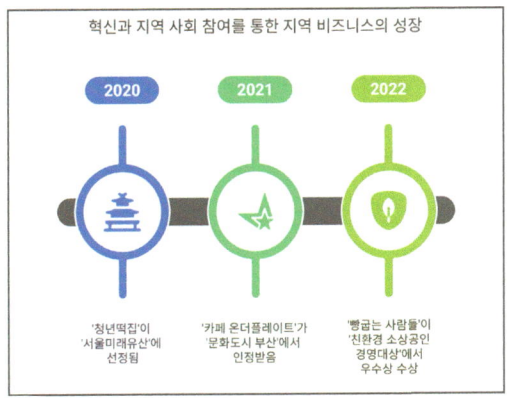

[사례 1] '청년떡집' - 전통 떡의 현대적 재해석으로 SNS에서 주목받다

서울 성수동에 위치한 '청년떡집'은 전통 떡을 현대적으로 재해석하여 젊은 층의 관심을 끌며 SNS에서 큰 인기를 얻었다. 이들은 인스타그램과 유튜브를 통해 제품의 제작 과정과 스토리를 공유하며, 고객과의 소통을 강화하였다. 특히, '떡케이크'와 같은 새로운 제품을 선보이며 전통 음식에 대한 인식을 변화시켰다. 이러한 노력은 다양한 언론 매체에 소개되었으며, 2020년 서울시 주최 '서울미래유산'에 선정되기도 하였다.

[사례 2] '카페 온더플레이트' - 지역 커뮤니티와의 협업으로 브랜드 가치 상승

부산 해운대에 위치한 '카페 온더플레이트'는 지역 예술가들과의 협업을 통해 독특한 분위기를 조성하였다. 이들은 지역 작가들의 작품을 전시하고, 정기적인 문화 행사를 개최하여 지역 주민들과의 유대감을 강화하였다. 이러한 활동은 지역 언론에 소개되었으며, 2021년 부산시 주최 '문화도시 부산' 프로젝트의 우수 사례로 선정되었다.

[사례 3] '빵굽는 사람들' - 친환경 경영으로 소비자 신뢰 확보

경기도 수원에 위치한 '빵굽는 사람들'은 친환경 재료를 사용하고, 플라스틱 사용을 최소화하는 등 지속 가능한 경영을 실천하였다. 이러한 노력은 소비자들의 신뢰를 얻었으며, SNS를 통해 입소문이 퍼졌다. 또한, 2022년 경기도 주최 '친환경 소상공인 경영대상'에서 우수상을 수상하며 그 가치를 인정받았다.

(3) 특별한 스토리텔링으로 고객의 마음을 사로잡기

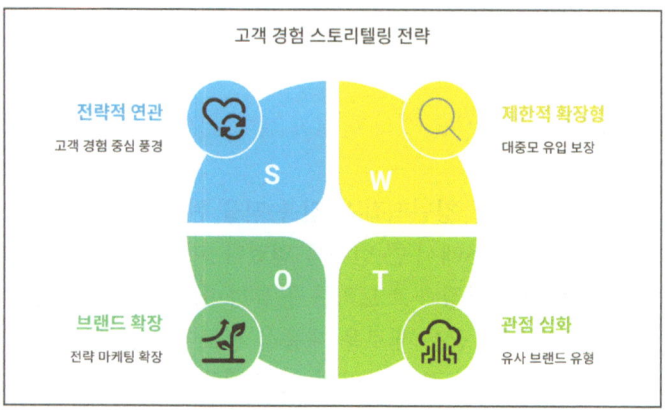

[스토리텔링 사례] 꽃가게 '기억한송이': 이야기로 남는 브랜드를 만든 사장님의 한 문장

누구나 꽃은 예쁘다고 말한다. 그러나 예쁜 것을 넘어, 기억되는 꽃집은 드물다. 서울 성수동에 자리한 작은 꽃가게 '기억한송이'는 '꽃을 사는 이유'에 질문을 던지며, 스토리텔링 중심의 브랜딩 전략으로 주목받았다. 단순한 상품 판매가 아닌, '기억을 전하는 메시지'를 중심에 둔 이 가게는 고객의 감정을 정확히 포착해내는 능력으로 차별화에 성공한 사례다.

'기억한송이'는 매장에서 판매되는 꽃 하나하나에 '이름'과 '사연'을 붙였

다. 빨간 장미는 "다시 말해줘서 고마워", 라넌큘러스는 "처음 봤을 때의 떨림"이라는 라벨이 달려 있었고, 매장 한편에는 '고객이 남긴 말'로 구성된 작은 메모 전시대가 놓여 있었다. 단순한 꽃이 누군가의 감정과 연결된 상징으로 변모한 것이다.

사장님은 꽃을 건넬 때마다 "이 꽃은 어떤 마음을 담고 싶으셨어요?"라는 질문을 먼저 건넸다. 고객은 그 질문에 답하는 과정에서 자연스럽게 자신의 이야기를 가게에 남기게 되었고, 매장은 점차 '누군가의 사연이 쌓이는 공간'이 되어갔다. 이 콘텐츠는 SNS에서 '#기억한송이'를 중심으로 빠르게 퍼졌고, 어느 순간부터 고객들이 자신의 고백이나 작별 인사를 이곳에서 남기고 가는 문화가 생겨났다.

특히 화제가 된 콘텐츠는, 한 청년이 '그리움'을 주제로 한 작은 꽃다발을 만들고, '전하지 못할 편지'라는 제목으로 메모를 남긴 사연이었다. 이 장면이 매장 SNS에 사진과 함께 소개되자, 많은 사람들의 댓글이 이어졌고, 한 주 동안 '기억한송이'는 '감성 꽃집', '편지를 대신 전하는 가게'로 다양한 언론과 블로그에 소개되었다.

브랜드의 메시지 전략은 '팔지 않고, 대신 물어보는 방식'으로 정리된다. 상품 설명이나 프로모션 문구 없이, 고객에게 "오늘은 어떤 하루였나요?", "지금, 마음에 담긴 사람이 있나요?"와 같은 질문을 던지는 형식은 차별화된 경험을 만들어냈다. 이 질문은 고객이 브랜드를 소비자가 아닌 '공감자로 인식하게 하는 전환점'이 되었다.

가게의 톤앤매너는 따뜻하고도 조용한 시의 언어를 닮아 있었다. SNS에서는 반말이나 꾸밈없는 문장을 통해 고객과의 심리적 거리감을 줄였고, 오프라인 매장에서는 말없이도 의미가 전해지는 공간 연출로 고객의 감정을 존중하는 분위기를 유지했다. 고객은 상품을 사는 것이 아니라, 하루의 감정을 정리하고 표현할 수 있는 장치로 이 공간을 활용했다.

이 브랜드는 대규모 유입보다 깊은 감정의 연결을 선택했다. 실제로 SNS 팔로워 수는 많지 않았지만, 방문 고객의 60% 이상이 2회 이상 재방문했으며, '다른 사람을 위한 꽃'을 사러 오는 이들도 급증했다. 한정 수량의 꽃다발은 매일 오픈과 동시에 예약이 마감되었고, '전달되지 않은 감정'이라는 주제로 구성한 작은 전시회는 지역 언론에도 소개되며 주목을 받았다.

'기억한송이'는 보여주기 위한 콘텐츠가 아니라, 들어주는 방식의 스토리텔링을 통해 고객의 감정 안에 브랜드를 남겼다. 고객의 마음에 오래 머무는 브랜드는, 이렇게 말을 줄이고 이야기를 듣는 데서 시작된다.

제주를 빛내는 매력적인 지역 홍보와 콘텐츠 마케팅 전략

CONTENTS

제주만의 특별함을 발견하는 홍보 전략·····································165

사람의 마음을 움직이는 스토리텔링 보도자료·························167

제주의 숨겨진 자원을 콘텐츠로 만드는 방법····························170

성공하는 지역 축제와 이벤트 홍보의 비밀································173

온라인 홍보, 채널별 맞춤 전략으로 승부하기···························176

제주를 알린 성공적인 홍보 사례 분석······································179

이은순

"AI 그림동화 작가이자 디지털 콘텐츠 교육 전문가"

　이은순 작가는 AI 기반 그림동화 창작과 디지털 콘텐츠 교육을 선도하는 디지털 크리에이터로서 다수의 AI 그림동화 전자책을 출간했습니다.

　현재 제주를 기반으로 디지털 출판사인 『디엠에스 출판』을 운영하며, 창작과 디지털 미디어 혁신을 위한 다양한 프로젝트를 이끌고 있습니다. 또한 『한국창업미디어뉴스』의 취재기자로 활동하며, 지역과 사회를 잇는 현장 중심의 저널리즘을 실천하고 있습니다. 더불어 (사)국제미디어예술협회의 선임연구원으로서 AI 기반 창작 콘텐츠 연구와 미디어 융복합 교육에 힘쓰고 있으며, SNS 마케팅, 블로그 운영, 영상편집(캡컷) 강의 등 1인 미디어 역량 강화를 위한 실용적인 교육 프로그램을 활발히 진행 중입니다.

　1인 미디어 창업 지도사, SNS 마케팅 전문가, 건강가정사, 사회복지사 등 다양한 자격을 갖추고 있으며, AI와 디지털 도구를 적극 활용해 누구나 쉽게 자신만의 콘텐츠를 만들고 퍼뜨릴 수 있도록 지원하고 있습니다. 이은순 작가는 앞으로도 지역과 세계를 잇는 디지털 창작자로서, 더 많은 이들이 '디지털 자립'과 '창의적 성취'를 이룰 수 있도록 돕는 데 힘쓸 것입니다.

- 디엠에스출판사대표
- 한국미디어창업뉴스 객원기자
- (사)국제미디어예술협회 제주총괄지부장 겸 선임연구원

출간저서로는 『용감한 땡글이와 숲속 비밀』, 『해녀할망의 디지털 보물지도』외 다수

"신문기자는 역사의 최전방에서
초고를 쓰는 사람이다."

필립 그레이엄

1. 제주만의 특별함을 발견하는 홍보 전략

(1) 제주다움을 살리는 소상공인·지역 특화 홍보 포인트

제주를 효과적으로 홍보하기 위해서는 제주만의 특별함을 잘 드러내는 것이 가장 중요하다. 제주는 바다, 돌담, 한라산 같은 멋진 자연환경과 함께, 돌하르방이나 해녀 같은 독특한 문화를 가진 섬이다. 이런 특별한 점을 잘 알리면 다른 지역과 차별화된 매력을 줄 수 있다.

좋은 홍보 전략은 복잡하지 않아야 한다. 제주의 독특한 자연환경과 문화를 이해하기 쉬운 이야기로 만들면 사람들의 관심을 끌 수 있다. 예를 들어, 제주의 소중한 자연 환경을 보호하기 위해 쓰레기를 줍는 행사나 캠페인을 개최하고, 이를 알리는 것이다. 이 과정에서 지역 사람들의 참여 이야기를 진솔하게 담아 전달하면 독자들에게 큰 감동을 줄 수 있다.

소규모 가게나 작은 축제도 제주의 특별한 이야기로 표현할 수 있다. 유명한 장소나 큰 행사만 홍보하는 것이 아니라, 골목길의 작은 카페나 시장의 맛집 등 친근한 장소도 좋은 홍보 대상이 된다. 이처럼 작은 이야기도 잘 전달하면 사람들의 마음을 움직이는 강력한 홍보가 될 수 있다.

또한, 온라인에서 제주의 매력을 알리는 방법도 중요하다. 소셜미디어와 유튜브를 활용하면 제주도의 다양한 모습을 더 생생하게 보여줄 수 있다. 짧고 간단한 영상이나 사진으로 제주만의 아름다움과 매력을 보여준다면 더 많은 사람들이 흥미를 갖고 찾아올 것이다. 이렇게 쉽고 친근한 콘텐츠를 만드는 것이 바로 제주 홍보의 성공 비결이다.

(2) 독자가 기억하는 제주만의 브랜드 스토리 만들기

독자들이 제주를 특별하게 기억하려면 제주만의 브랜드 스토리를 잘 만들어야 한다. 브랜드 스토리란 사람들에게 깊은 인상을 남길 수 있는 특별한 이야기를 말한다. 사람들은 물건이나 장소를 기억할 때 단순한 정보보다는 그 안에 담긴 이야기를 더 오래 기억한다. 그래서 브랜드 스토리는 매우 중요하다.

제주에는 다른 곳과 다른 특별한 이야기들이 많다. 맑은 바다와 푸른 하늘, 특별한 돌담길과 한라산 같은 아름다운 자연은 제주의 멋진 이야기가 될 수 있다. 또 제주에서만 볼 수 있는 해녀 문화나 돌담 길, 오래된 마을의 전통적인 생활 모습도 훌륭한 소재가 된다. 이런 이야기를 잘 활용하면 사람들은 제주를 더 오래도록 기억할 수 있다.

브랜드 스토리를 만들 때는 쉽고 따뜻한 이야기를 선택하는 것이 좋다. 예를 들어, 대를 이어서 맛있는 빵을 만드는 작은 빵집의 이야기는 사람들의 마음을 움직일 수 있다. 또 제주 바다를 지키기 위해 노력하는 환경 보호 캠페인 이야기나 작은 시장에서 친절한 상인들이 전해주는 사람 냄새 나는 이야기들도 매력적인 브랜드 스토리가 될 수 있다.

이야기를 전달할 때는 복잡한 설명 대신 간결하고 친근한 표현을 사용하는 것이 좋다. 사람들에게 친숙한 이야기를 전하면 그들은 자연스럽게 제주라는 브랜드를 더 좋아하고 오랫동안 기억할 것이다. 이렇게 매력적인 이야기를 통해 제주라는 지역을 사람들의 마음속에 특별하게 각인시킬 수 있다.

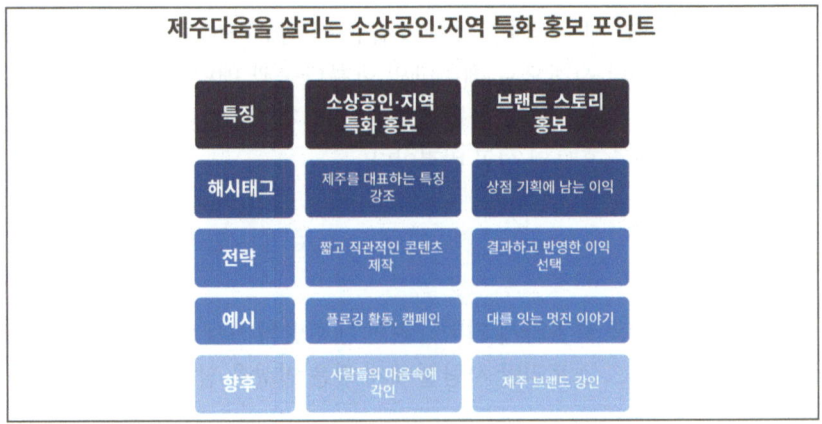

2. 사람의 마음을 움직이는 스토리텔링 보도자료

(1) 제주만의 이야기를 찾아서 보도자료로 만드는 법

사람의 마음을 움직이는 보도자료를 만들기 위해서는 무엇보다 제주의 매력을 잘 담은 특별한 이야기를 찾아야 한다. 제주도는 바다와 한라산, 돌담길처럼 자연이 만들어 낸 아름다운 경관뿐만 아니라 해녀나 돌하르방과 같은 독특한 문화를 지닌 특별한 곳이다. 이런 소재를 발굴하여 흥미로운 이야기를 만들면 사람들은 자연스럽게 제주에 관심을 가지게 된다.

우선 보도자료의 이야기를 정할 때는 제주에서만 느낄 수 있는 특별한 경험이나 감동을 소재로 선택하는 것이 좋다. 예를 들어, 대를 이어 물질을 하며 바다를 지키고 살아가는 제주 해녀 할머니의 삶과 이야기는 사람들의 관심과 호기심을 끄는 훌륭한 소재이다. 이때 단순히 정보를 나열하기보다는 그 할머니가 살아온 인생의 감동적인 순간과 바다를 향한 진심을 진솔하게 풀어내면 독자의 마음을 움직일 수 있다.

또한 제주의 소중한 자연환경을 지키기 위해 노력하는 사람들의 이야기도 좋은 소재가 된다. 지역 학생들이 해안가에서 쓰레기를 주우며 바다 환경을 보호하는 모습을 이야기로 담는다면 독자들은 자연스럽게 제주를 사랑하고 응원하게 될 것이다. 이처럼 작은 실천을 하는 사람들의 이야기는 독자들이 공감할 수 있는 따뜻한 보도자료가 된다.

보도자료를 작성할 때는 독자들이 쉽게 이해할 수 있는 간결한 표현을 사용하는 것이 중요하다. 복잡한 말이나 전문 용어보다는 초등학생도 이해할 수 있는 쉬운 단어와 짧은 문장을 사용해야 독자들이 내용을 빠르게 이해하고 공감할 수 있다. 예를 들어, "깨끗한 바다를 만들기 위해 학생들이 매주 주말 바닷가에서 쓰레기를 줍고 있다"와 같이 구체적이면서도 단순한 문장을 사용하는 것이 좋다.

또한 보도자료의 내용을 생생하게 전달하기 위해 현장감 있는 사진이나 영상을 함께 제공하는 것이 효과적이다. 제주의 아름다운 자연 풍경이나 사람들의 따뜻한 미소가 담긴 사진 한 장은 글로 설명하는 것보다 더 강력한 인상을 줄 수 있다. 이를 통해 독자들은 제주의 매력을 더욱 가까이 느낄 수 있게 된다다.

마지막으로 보도자료를 통해 전달하려는 메시지를 명확하게 정리해야 한다. 제주를 알리고자 하는 목적이 무엇인지 정확히 정한 뒤, 글의 시작과 끝에서 한 번 더 강조하면 독자들의 기억에 더욱 잘 남는다. 예를 들어, "제주 바다를 지키는 작은 노력들이 모여 우리 모두의 미래를 지킨다."와 같은 강력한 메시지로 마무리하면, 독자들은 제주의 이야기를 더 오래 기억할 수 있게 된다다.이렇게 제주의 특별한 이야기를 찾아 간결하고 이해하기 쉬운 문장으로 보도자료를 작성한다면, 많은 사람의 마음을 움직이는 세련되고 전문적인 콘텐츠가 될 것이다다.

(2) 지역 고유 스토리를 기사로 만들어 홍보하는 기술

지역의 특별한 이야기를 효과적으로 기사로 만들어 홍보하려면 그 지역의 특성을 잘 이해하는 것이 가장 중요하다. 제주의 경우, 바다와 한라산, 돌담길 같은 자연환경뿐만 아니라 해녀, 돌하르방 등 지역 고유의 문화적 소재가 풍부하다. 이러한 소재들을 잘 활용하면 사람들의 관심을 쉽게 끌 수 있다.

먼저 지역의 고유한 이야기를 찾으려면 직접 현장에 가서 그 지역 사람들의 이야기를 듣는 것이 좋다. 예를 들어, 제주 해녀의 이야기를 기사로 만들고자 한다면, 실제 해녀 할머니들을 만나 그들의 생생한 경험을 인터뷰하면 좋다. 직접 들은 이야기는 더 진솔하고 따뜻하게 느껴지기 때문에 독자의 마음을 움직일 수 있다.

기사를 작성할 때는 복잡한 표현보다는 이해하기 쉬운 단어와 간결한 문장을 사용하는 것이 효과적이다. 초등학생도 쉽게 이해할 수 있는 글이 사람들에게 더 친숙하게 다가가기 때문이다. 예를 들어, "제주 바다를 지키기 위해 매일 아침 바다에 들어가 쓰레기를 줍는 해녀 할머니가 있다"처럼 명확한 문장을 사용하는 것이 좋다.

또한, 기사에 사람들의 감정을 움직이는 스토리를 담으면 독자의 공감을 끌어낼 수 있다. 오래된 빵집에서 대를 이어 맛있는 빵을 만드는 가족의 이야기나 작은 시장에서 친절한 마음으로 손님을 맞이하는 상인의 이야기 등은 지역의 따뜻한 정서를 잘 전달할 수 있다. 이러한 따뜻한 스토리는 독자들이 기사를 읽고 오래도록 기억하게 만드는 힘이 있다.

기사를 더욱 풍성하게 만들기 위해서는 사진이나 영상을 활용하는 것이 좋다. 제주의 아름다운 자연환경이나 사람들의 진솔한 표정을 담은 사진을 함께 제공하면 독자들에게 더욱 생생하게 전달할 수 있다. 시각 자료는 기사의 내용을 더 실감 나게 느끼게 해준다.

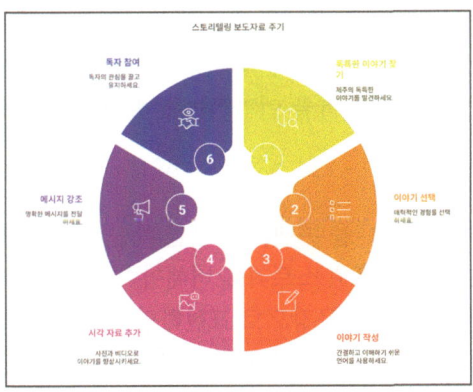

마지막으로 기사를 통해 전달하고 싶은 메시지를 뚜렷하게 정리해야 한다. 기사의 마지막 부분에 지역이 가진 매력이나 그 지역 사람들의 노력을 강조하는 한 문장을 넣으면, 독자들에게 강력한 인상을 남길 수 있다. 예를 들어, "이 작은 이야기가 모여 제주를 더욱 빛나게 합니다"와 같은 문장은 독자들이 제주를 특별하게 기억하도록 도와줄 것이다.

이렇게 지역의 고유한 이야기를 진솔하게 간결하게 기사로 만들면, 더 많은 사람의 관심과 사랑을 받는 세련된 홍보 콘텐츠가 될 수 있다.

3. 제주의 숨겨진 자원을 콘텐츠로 만드는 방법

(1) 관광자원을 효과적으로 콘텐츠로 전환하는 전략

제주는 널리 알려진 관광 명소뿐 아니라 숨겨진 자원들도 풍부한 곳이다. 이런 자원을 잘 찾아내 콘텐츠로 만들면, 제주는 더욱 매력적인 여행지가 될 수 있다.

먼저 숨겨진 자원을 발견하려면 제주의 작은 마을과 골목길을 직접 방문하고 지역 주민들의 이야기를 들어보는 것이 중요하다. 마을에서 오랫동안 살아온 어르신들이 기억하는 특별한 장소나 이야기는 훌륭한 관광자원이 될 수 있다. 예를 들어, 마을 주민들만 알고 있는 조용하고 예쁜 숲길이나 바다 풍경이 아름다운 작은 어촌 마을 이야기는 관광객들에게 새로운 경험을 제공할 수 있다.

이렇게 찾아낸 관광자원을 콘텐츠로 만들 때는 사람들이 쉽게 이해할 수 있는 간결한 설명과 흥미로운 스토리를 더해야 한다. 초등학생도 이해할 수 있을 정도로 쉬운 말과 짧은 문장으로 표현하면 누구나 쉽게 내용을 받아들일 수 있다. 예를 들어 "이 작은 마을의 숲길에는 아주 오래된 신비한 나무가 있어요" 같은 표현은 많은 사람들의 흥미를 이끌기에 좋다.

또한, 숨겨진 자원의 특별한 이야기를 담은 짧은 영상이나 사진을 함께 제공하면 콘텐츠가 더 풍부해진다. 제주의 숨겨진 폭포나 작은 동굴, 또는 지역 주민들이 알려주는 전통적인 생활 모습을 사진이나 영상으로 담으면 보는 사람들이 더욱 생생하게 느낄 수 있다.

무엇보다 콘텐츠를 통해 방문객들이 직접 참여하고 체험할 수 있도록 만들어야 한다. 작은 농장에서 감귤 따기 체험을 하거나, 주민들이 안내하는 역사적인 장소 탐방 프로그램 등을 만들면 사람들은 더 특별한 경험을 할 수 있다. 직접 체험을 통해 얻은 감동은 제주를 더욱 오래 기억하게 해준다.

마지막으로, 콘텐츠에서 제주의 소중한 가치를 강조하는 메시지를 담으면 사람들의 마음을 움직일 수 있다. "작은 마을에서 만난 따뜻한 사람들이 제주를 더 특별하게 만듭니다"처럼 지역의 가치를 잘 나타내는 문장을 넣으면 독자들의 기억 속에 제주가 더욱 오래 남을 것이다.

이처럼 제주의 숨겨진 관광자원을 진솔한 이야기와 쉬운 표현으로 전달하면 많은 사람에게 사랑받는 특별한 콘텐츠가 될 것이다.

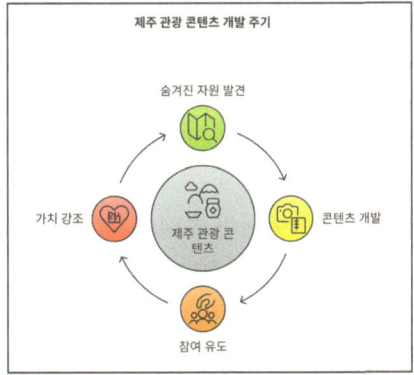

(2) 사람들의 기억에 오래 남는 관광콘텐츠 개발법

사람들이 오래 기억하는 관광 콘텐츠를 만들려면, 콘텐츠 안에 특별한 이야기가 있어야 한다. 제주에는 멋진 자연환경과 독특한 문화처럼 다른 지역과는 다른 특별한 점이 많다. 이런 특별함을 진솔하고 따뜻한 이야기로 표현하면 사람들은 그 이야기를 더 오래 기억하게 된다.

먼저, 제주의 특별한 장소를 콘텐츠로 소개할 때는 그 장소에 담긴 이야기를 함께 전달하는 것이 중요하다. 예를 들어 한라산의 아름다움만을 이야기하는 대신, 한라산과 관련된 전설이나 옛날부터 전해 내려오는 이야기를 함께 소개하면 더 흥미롭다. 이런 스토리는 여행하는 사람들의 마음속에 오래 남게 된다.

두 번째로, 사람들의 감정과 연결되는 콘텐츠를 개발해야 한다. 예를 들어, 제주 바다에서 어려움을 이겨내고 살아가는 해녀들의 진짜 이야기를 콘텐츠로 만들 수 있다. 해녀들이 힘들게 바닷속에서 일하며 느낀 감정이나, 바다에서 있었던 특별한 순간들을 이야기로 전하면 사람들은 더 큰 감동과 공감을 느끼게 된다. 이렇게 감정을 움직이는 콘텐츠는 사람들의 기억 속에 깊게 남는다.

세 번째로, 콘텐츠를 재미있고 쉽게 체험할 수 있게 만드는 것도 중요하다. 제주의 전통 문화를 간단한 체험 프로그램으로 만들면 좋다. 돌하르방 만들기, 작은 돌담 쌓기, 또는 해녀 체험처럼 쉽고 재미있게 즐길 수 있는 프로그램을 개발하면, 직접 경험한 사람들의 기억에 오래 남을 것이다.

또한, 사람들의 참여를 이끌어내는 콘텐츠가 효과적이다. 예를 들어 제주 여행에서 찍은 사진을 SNS에 공유하거나 자신만의 제주 여행 이야기를 남기도록 하는 프로그램을 만들면 사람들은 더 오래 기억한다. 직접 참여한 경험은 더 특별하게 느껴지기 때문이다.

마지막으로, 간단한 메시지를 통해 제주가 가진 소중한 가치를 알리는 것이 중요하다. "제주 자연을 지키는 작은 실천이 더 아름다운 제주를 만든다"처럼, 마음에 울림을 주는 메시지는 사람들의 기억에 더 오래 남는다.

이렇게 제주만의 특별한 이야기를 담고, 사람들의 감정과 연결하며, 쉽고 재미있게 체험할 수 있는 콘텐츠를 개발하면 사람들은 제주를 오랫동안 특별하게 기억할 것이다.

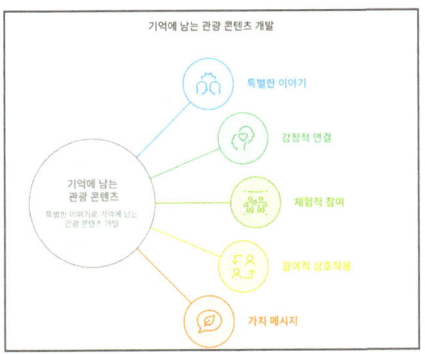

4. 성공하는 지역 축제와 이벤트 홍보의 비밀

(1) 제주 지역 축제의 홍보 효과를 높이는 방법

제주 지역에서 열리는 축제를 더 성공적으로 홍보하려면 무엇보다 제주만의 특별한 이야기를 강조하는 것이 중요하다. 사람들은 제주에서만 경험할 수 있는 특별한 행사에 더 많은 관심을 갖는다. 예를 들어, 해녀 축제라면 해녀들의 실제 이야기나 그들의 진솔한 모습을 보여주는 것이 좋다. 행사에 참여한 사람들의 실제 경험과 느낌을 기사나 영상으로 담으면 더 많은 사람들이 관심을 가질 것이다.

두 번째로, 축제를 홍보할 때 제주의 아름다운 자연환경과 연결시키면 사람들에게 더 매력적으로 다가갈 수 있다. 한라산이나 푸른 바다와 같은 자연 속에서 열리는 축제를 소개하고, 자연을 배경으로 한 축제 사진을 함께 올리면 보는 사람들은 직접 가보고 싶어 한다. 특히 자연과 어울린 축제 분위기를 생생하게 전달하면 사람들의 기억 속에 더 오래 남을 것이다.

세 번째로는 작은 행사나 지역의 특성을 담은 축제도 적극적으로 홍보해야 한다. 사람들은 흔히 크고 유명한 축제에만 관심을 가질 것 같지만, 작은 시장이나 마을의 축제도 특별한 이야기를 담으면 관심을 받을 수 있다. 골목길의 작은 빵집이나 오래된 시장에서 열린 작은 축제를 지역 주민의 따뜻한 이야기와 함께 소개하면 사람들은 오히려 더욱 친근하게 느끼고 찾아온다.

또한, 축제를 알리는 콘텐츠를 쉽게 이해할 수 있고 간결하게 만들어야 합니다. 초등학생도 쉽게 이해할 수 있도록 짧고 간단한 문장을 사용하여 정보를 전달하면 좋다. 예를 들어 "제주의 작은 마을에서 맛있는 빵 축제가 열려요"처럼 쉬운 표현을 쓰면 더 많은 사람들이 관심을 갖고 축제를 방문할 수 있다.

마지막으로, 소셜미디어를 적극적으로 활용하는 것이 필요하다. 인스타그램이나 유튜브와 같은 온라인 공간을 활용하여 짧고 재미있는 영상을 만들면 사람들에게 쉽게 전달된다. 축제 현장을 담은 짧은 영상은 보는 사람들에게 축제의 분위기를 생생하게 느끼게 하며, 그곳에 직접 방문하고 싶게 만드는 효과가 있다.

이런 방법들을 통해 제주 지역의 축제를 홍보하면 사람들은 제주를 더욱 특별하고 소중하게 기억하게 될 것이다.

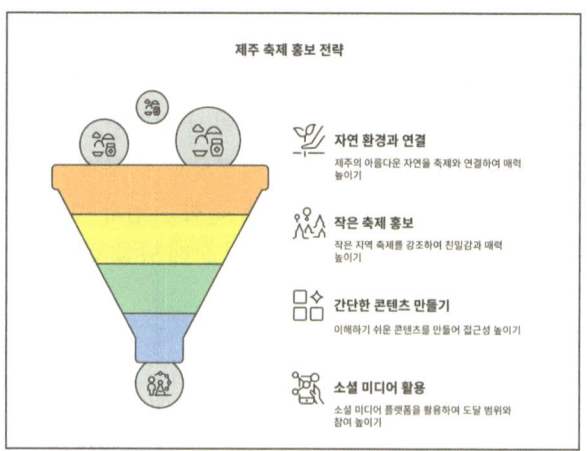

(2) 작은 이벤트도 빛나게 만드는 홍보 전략

제주의 작은 이벤트도 성공적으로 홍보하려면 특별한 이야기와 감동을 담아 전달하는 것이 필요하다. 크고 화려한 행사만 기억에 남는 것이 아니라, 작은 카페의 행사나 시장에서 열리는 소박한 이벤트도 충분히 빛날 수 있다. 이러한 작은 행사가 특별한 이야기를 담으면 사람들의 기억 속에 오래 남는다.

우선 작은 이벤트를 홍보할 때는 진솔한 이야기를 전달하는 것이 중요하다. 예를 들어 작은 카페에서 여는 음악회라면 그 카페 주인의 따뜻한 이야기를 소개하면 좋다. 카페 주인이 왜 음악회를 열게 되었는지, 이 행사를 준비하면서 느낀 감정을 생생하게 전하면 독자들은 행사에 더욱 공감하게 된다.

두 번째는 제주의 고유한 특징과 연결하여 홍보하는 것이다. 제주 돌담길을 배경으로 한 작은 미술 전시회나 해녀 할머니들이 참여하는 작은 바자회 같은 이벤트라면 제주만의 매력이 더욱 잘 드러날 수 있다. 이런 제주의 특별함을 강조하면 사람들은 그 행사에 더 깊이 관심을 갖고, 찾아가고 싶다는 마음을 가지게 된다.

세 번째로는 홍보 콘텐츠를 쉽게 이해할 수 있게 만드는 것이 중요하다. 복잡한 말보다는 짧고 쉬운 표현을 사용해서 누구나 쉽게 이해하도록 만드는 것이 좋다. 예를 들어 "돌담길 옆 작은 카페에서 따뜻한 음악을 만나 보세요"처럼 간단하고 친근한 문장으로 설명하면 사람들의 관심을 끌 수 있다.

또한, 사진이나 영상을 활용해 현장감을 더하는 것이 효과적이다. 실제 행사장의 모습을 담은 사진이나 그곳에서 즐겁게 참여하는 사람들의 표정을 보여주면 보는 사람들이 행사에 가보고 싶다는 생각을 하게 된다. 이렇게 시각적인 자료는 행사의 매력을 생생하게 전달하는 좋은 방법이 된다.

마지막으로 작은 행사에 참여한 사람들의 감동적인 후기를 전달하면 더 많은 사람들에게 신뢰감을 줄 수 있다. 참여한 사람들이 느낀 기분 좋은 경험이나 따뜻한 순간들을 기사나 SNS에 소개하면 사람들은 더욱 친근함을 느끼며 이벤트에 참가하고 싶어 할 것이다.

이러한 홍보 기술들을 잘 활용하면 작은 행사도 제주의 특별한 매력을 담아 사람들의 기억에 오래 남을 수 있다.

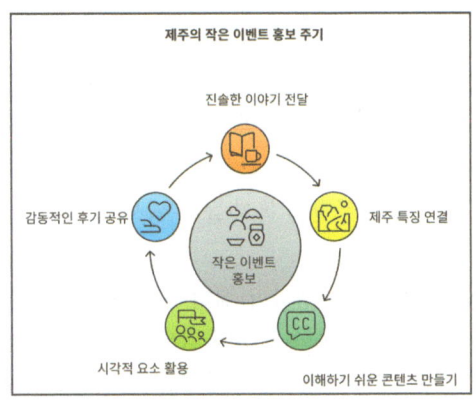

5. 온라인 홍보, 채널별 맞춤 전략으로 승부하기

(1) SNS, 블로그, 유튜브 등 온라인 채널별 전략 가이드

제주 지역의 축제나 이벤트를 더 많은 사람에게 알리려면 온라인 채널을 효과적으로 활용하는 것이 매우 중요하다. 온라인 채널이란 사람들이 많이 사용하는 소셜미디어(SNS), 유튜브, 그리고 블로그 등을 말합니다. 각각의 채널은 특징이 다르기 때문에 각 채널에 어울리는 콘텐츠를 만드는 것이 홍보의 비결이다.

먼저, 소셜미디어는 짧고 재미있는 콘텐츠가 가장 효과적이다. 인스타그램이나 페이스북과 같은 SNS에서는 사진이나 짧은 영상으로 제주만의 아름다운 모습을 보여주는 것이 좋다. 예를 들어 제주에서 열린 작은 마을 축제를 사진 몇 장과 간단한 설명으로 알린다면, 보는 사람들이 쉽게 관심을 가질 수 있다.

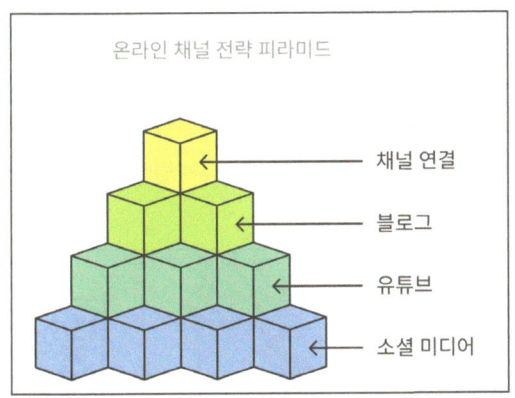

유튜브는 더 생생한 현장의 분위기를 전달할 수 있는 채널이다. 제주의 축제 현장을 담은 짧고 재미있는 영상을 만들어 올리면, 마치 직접 축제에 참여한 것 같은 느낌을 줄 수 있다. 영상을 찍을 때는 축제에 참여한 사람들의 밝은 모습이나 제주만의 특별한 풍경을 자연스럽게 보여주면 좋다. 이렇게 하면 보는 사람들은 그 영상을 오래 기억하게 되고 실제로 축제를 방문하고 싶어질 것이다.

블로그는 좀 더 자세한 정보를 전달할 수 있는 채널이다. 블로그에서는 제주 축제에 대한 자세한 일정과 장소, 행사에서 할 수 있는 체험 활동 등을 쉽게 설명해주면 좋다. 예를 들어 돌담길 옆 카페 축제라면 카페의 위치, 행사 내용, 참여한 사람들의 따뜻한 후기 등을 적으면 사람들이 더 친근하게 느끼고 참여하고 싶어진다.

이렇게 온라인 채널을 활용할 때는 모든 내용을 초등학생도 쉽게 이해할 수 있도록 간단하고 친근하게 써야 한다. 어려운 표현보다는 짧고 간단한 문장을 쓰면 누구나 편하게 내용을 받아들일 수 있다.

마지막으로 각 채널을 연결해서 홍보하면 효과가 더 커진다. SNS로 간단히 관심을 끈 뒤 유튜브 영상으로 축제 현장을 생생하게 보여주고, 자세한 내용은 블로그에서 소개하면 사람들이 더 쉽게 정보를 얻고 기억하게 된다.

이처럼 온라인 채널의 특성을 잘 활용해서 제주 축제를 알리면 더 많은 사람에게 사랑받고 성공적인 축제로 자리 잡게 될 것이다. 최근에 저자가 집필한 제주도를 알리는 동화책 <해녀할망의 디지털 보물지도 (재노북스, 2024)>가 출간되어 인기리에 판매되고 있다.

(2) 제주의 특성을 살린 온라인 홍보 성공 사례

최근 제주의 특성을 잘 활용한 온라인 홍보가 성공적으로 이루어지고 있다. 특히 제주만의 특별한 자연환경과 문화를 담은 콘텐츠가 사람들에게 큰 인기를 얻고 있다. 예를 들어, SNS를 통해 제주의 아름다운 바다와 해녀들의 생생한 일상을 소개한 콘텐츠가 주목을 받고 있다. 제주 해녀 할머니들이 바닷속에서 전복과 소라를 잡는 모습을 짧은 영상으로 제작하여 인스타그램에 올렸는데, 이것이 많은 사람들의 관심을 끌어 실제 제주를 방문하는 사람들이 늘었다.

또 다른 성공적인 사례로는 유튜브를 활용한 홍보가 있다. 제주 돌담길을 따라 걸으며 지역의 숨겨진 가게와 카페를 소개하는 영상이 크게 인기를 끌었다. 이 영상은 제주의 골목길 풍경과 함께 가게 주인들의 따뜻한 이야기를 진솔하게 보여주었다. 이를 본 많은 사람들이 실제로 돌담길을 찾아가 영상에 나온 가게를 방문했고, 작은 마을이 유명한 관광지로 변하는 효과를 얻었다.

　블로그를 통한 온라인 홍보 사례도 주목할 만하다. 제주에서 활동하는 해녀 할머니들의 일상을 담은 글이 큰 인기를 얻었다. 이 블로그 글은 초등학생들도 이해할 수 있을 만큼 쉽고 친근한 언어로 작성되어 많은 사람들의 공감을 이끌었다. 글을 읽은 사람들이 댓글을 통해 해녀들의 삶을 응원하고, 제주를 더 좋아하게 되었다는 반응을 보였다.

　이러한 성공 사례들의 공통점은 모두 제주의 특별한 점을 잘 담았다는 것이다. 자연의 아름다움과 지역 사람들의 진솔한 이야기가 담긴 콘텐츠는 보는 사람들에게 감동과 호기심을 주고 있다. 또한, 쉽게 이해할 수 있는 간결한 문장과 따뜻한 이야기가 담겨 있어 사람들의 기억에 오래 남게 된다.

　앞으로도 제주의 자연환경과 문화를 잘 활용하여 사람들에게 친숙한 이야기를 전달하는 온라인 홍보 전략이 더욱 중요해질 것이다. 이렇게 제주의 특별함을 진솔하게 담아내면 많은 사람들이 제주를 더 사랑하게 되고, 제주 지역의 매력은 사람들의 기억 속에 더욱 오래 남게 될 것이다.

6. 제주를 알린 성공적인 홍보 사례 분석

(1) 제주의 가치를 효과적으로 알린 성공 사례

　제주는 뛰어난 자연환경과 독특한 문화를 가지고 있어 이를 잘 활용한 홍보가 중요하다. 그중에서도 제주의 가치를 효과적으로 알린 성공적인 사례가 있다. 바로 '제주 올레길'이다. 제주 올레길은 제주 바닷가와 마을, 그리고 산길을 따라 걷는 길로, 제주에서만 경험할 수 있는 특별한 자연과 문화를 잘 담아냈다는 평가를 받고 있다.

올레길은 원래 제주 사람들이 오랫동안 사용했던 작은 길을 이어 만든 것이다. 이 길을 소개할 때 단순히 길의 위치나 걷는 방법만 전달하지 않고, 제주 사람들의 삶과 자연환경의 가치를 함께 알 수 있다. 예를 들어 올레길을 걸으면서 마주칠 수 있는 작은 마을 이야기, 오래된 돌담집, 그리고 그곳에서 살아가는 사람들의 진솔한 모습까지 소개한 것이다.

올레길을 알리기 위해 온라인과 SNS도 적극적으로 활용했다. 걷기 좋은 길의 아름다운 사진이나 간단한 영상을 SNS에 꾸준히 올리면서, 많은 사람들의 관심을 끌었다. 특히 자연과 문화를 쉽게 느낄 수 있는 콘텐츠를 짧고 간결한 문장으로 표현하여 누구나 편하게 접할 수 있도록 했다.

이러한 홍보 덕분에 많은 사람이 제주를 찾게 되었고, 올레길은 제주의 대표적인 관광 콘텐츠가 되었다. 또한 올레길을 걷는 사람들이 자신의 SNS에 직접 경험한 이야기를 올리면서 더욱 많은 사람이 올레길과 제주에 관심을 갖게 되었다.

올레길이 성공한 이유는 제주만의 특별한 자연과 문화를 쉽고 친근하게 전달했기 때문이다. 어려운 표현이나 긴 설명 대신, 초등학생들도 이해할 수 있는 쉬운 말과 감동적인 스토리로 사람들의 관심과 공감을 얻었다. 이 사례를 통해 제주의 가치를 효과적으로 알리는 데 있어 진솔하고 쉬운 이야기가 얼마나 큰 힘을 가지고 있는지 알 수 있다. 앞으로도 제주의 특성을 살린 쉽고 따뜻한 콘텐츠를 만드는 것이 성공적인 홍보 전략이 될 것이다.

(2) 관광객과 주민 모두에게 사랑받은 성공 사례 이야기

제주를 알리는 성공적인 홍보 사례 중에는 관광객뿐 아니라 지역 주민들에게도 사랑받는 사례들이 있다. 그중 하나가 바로 제주 서귀포의 작은 시장인 '매일올레시장'입니다. 이 시장은 특별한 먹거리와 함께 사람들의 따뜻한 이야기를 잘 담아내어 성공한 사례로 손꼽힌다.

매일올레시장이 처음부터 유명한 장소는 아니었다. 하지만 시장 상인들은 자신들이 판매하는 신선한 음식뿐 아니라 손님들을 친절하게 맞이하는 모습과 진심을 담은 이야기를 SNS와 블로그를 통해 꾸준히 알려지고 있다. 특히 상인들이 만든 간단한 음식을 소개하거나, 시장에서 일어나는 일상적인 모습들을 생생한 사진과 함께 쉽게 전달했다. 초등학생들도 이해할 수 있을 만큼 간결하고 친숙한 표현을 사용하여 누구나 공감할 수 있게 하였다.

이러한 콘텐츠는 관광객뿐만 아니라 제주 지역 주민들에게도 좋은 반응을 얻었다. 관광객들은 시장에서 판매하는 지역 특산물을 맛보면서 제주의 특별한 정을 느끼고, 주민들은 자신들이 살아가는 시장이 많은 사람에게 사랑받는 모습을 보며 자부심을 느끼게 되었다. 이로 인해 시장은 사람과 사람을 이어주는 따뜻한 장소로 자리 잡고 있다.

시장 상인들 또한 손님들과 직접 소통하면서 친절한 모습을 보여준다. 가게 주인들이 직접 전하는 짧고 따뜻한 이야기들은 시장을 찾는 사람들에게 깊은 인상을 주었고, 이런 모습이 온라인을 통해 알려지면서 더 많은 관광객이 시장을 방문하게 되었다.

결과적으로 매일올레시장은 관광객들에게는 꼭 방문해야 할 명소가 되었고, 지역 주민들에게는 자부심과 애정을 느끼게 하는 특별한 장소가 되었다.

이처럼 사람들의 진솔한 이야기와 쉬운 콘텐츠를 통해 관광객과 주민 모두에게 사랑받는 관광 콘텐츠를 만들어낼 수 있다. 한국미디어창업뉴스 객원기자인 저자는 정기적으로 제주도의 지역행사와 맛집, 여행지, 특산물 등을 알리는 제주도 전문기자로 활동중이다.

신뢰받는 의료 기사 작성의 원칙과 전략

CONTENTS

의료 광고와 언론 보도, 무엇이 다를까······187

독자가 신뢰하는 의료 정보 기사 쓰기······189

의료 광고성 기사 작성 시 반드시 지켜야 할 원칙······191

의료 보도 과정시 발생 가능한 법적 문제와 대책······193

의료 기사 작성을 위한 필수 법률 가이드······195

오호준

"의사의 눈으로 개원과 경영의 길을 밝히는 든든한 동반자"

현직 내과 전문의이자 성공적인 개원 경험을 갖춘 의사 사업가로서, 의사의 깊은 이해와 실제 병원 경영 경험을 바탕으로 동료 의사들의 '든든한 동반자'가 되고자 합니다. 이를 위해 메디라이트 아카데미 대표로서 '병원 개업의 정석' 강의 및 컨설팅을 통해 개원 준비부터 운영까지 필요한 핵심 지식과 노하우를 공유합니다. 단순 경험을 넘어 법규, 판례, 전문가(세무, 노무, 법률 등) 자문을 통합하여, 감독기관 실사, 각종 민원, 직원 관리 등 흔한 어려움에 대한 명확한 해법과 합법적 성장 전략을 제시하며, 의사들이 불안 없이 진료에 집중하고 성공적인 의사 사업가로 발돋움하도록 지원합니다.

또한, 미디어 창업뉴스 객원기자로서 개원 준비부터 성공 경영까지 필요한 실질적 정보(심층 분석, 리더십, 최신 동향 등)를 제공합니다. 이를 통해 개원의들이 문제 해결책을 찾고 통찰력을 얻도록 도우며, 언론을 활용한 효과적인 의료 마케팅 전략 공유로 병원 성장과 브랜딩도 지원합니다.

- 메디라이트 아카데미 대표 : '병원 개업의 정석' 강의 및 컨설팅
- 이기훈내과 진료원장
- 제33기 대한의사협회 의료정책최고위과정 수료
- 한국미디어창업뉴스 객원기자
- 네이처 인사이트 대표

"사실이 신발을 신는 동안,
거짓은 이미 세상을 반 바퀴 돌았다."

마크 트웨인

1. 의료 광고와 언론 보도, 무엇이 다를까

(1) 의료 광고와 언론 보도의 명확한 구분법

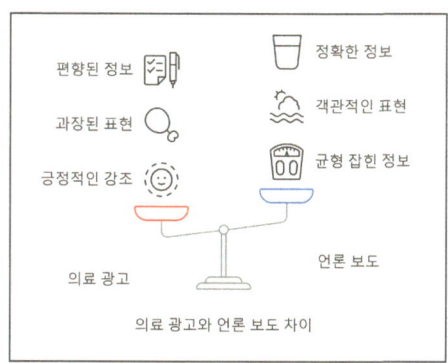

의료 광고와 언론 보도 차이

　의료와 관련된 글을 작성할 때는 광고인지, 기사인지 구분하는 것이 중요하다. 두 가지는 비슷해 보이지만 목적과 내용에서 큰 차이가 있다. 광고는 병원이나 의사가 자신의 서비스를 알리기 위해 만든 글이다. 그래서 광고는 주로 좋은 점만 강조하고 때로는 과장된 표현을 사용하기도 한다. 반면에 언론 보도는 독자에게 정확하고 올바른 정보를 전달하는 것을 가장 중요한 목적으로 삼는다.

　의료 광고는 병원이나 약국에서 제공하는 서비스나 상품을 많은 사람에게 알리고, 사람들에게 병원을 방문하게 만드는 목적을 가진다. 하지만, 의료 광고를 할 때는 법에서 정한 규칙을 꼭 지켜야 한다. 예를 들어 실제로 입증되지 않은 치료 효과를 마치 확실한 것처럼 이야기하거나, 환자들이 오해할 수 있는 표현을 사용하면 법적 문제가 될 수 있다.

　언론 보도는 사실을 정확히 전달하는 데 초점을 맞춘다. 병원이나 의사에 대한 기사일지라도 객관적으로 써야 하며, 좋은 점뿐 아니라 문제점이나 주의할 점도 함께 전해야 한다. 예를 들어 병원에서 새로운 치료법이 나왔을 때, 이 치료법의 효과뿐만 아니라 주의할 점이나 부작용 등도 정확히 알려주어야 한다.

결국 의료 광고와 언론 보도의 가장 큰 차이는 바로 '정확성'과 '객관성'이다. 광고는 병원의 좋은 점을 강조하는 데 목적이 있다면, 언론 보도는 좋은 점과 나쁜 점을 균형 있게 전달하여 독자가 바르게 판단하도록 돕는 것이 목적이다.

(2) 의료 보도의 공정성과 신뢰성 확보하기

의료 보도에서 공정성과 신뢰성은 생명과 같다. 이는 독자들이 의료 정보를 바탕으로 건강과 관련된 중요한 결정을 내리기 때문이다. 공정성은 특정 의료기관이나 개인의 이익에 치우치지 않고, 다양한 관점과 정보를 균형 있게 제시하는 것을 의미한다. 예를 들어, 특정 치료법의 장점만 부각하는 것이 아니라 단점이나 부작용 가능성, 다른 치료법과의 비교 등을 함께 제공해야 한다.

신뢰성은 제공되는 정보의 정확성과 근거의 명확성에서 나온다. 모든 주장은 과학적 근거, 공신력 있는 연구 결과, 전문가의 검증된 의견에 기반해야 한다. 출처가 불분명하거나 검증되지 않은 정보는 독자에게 혼란을 주고, 심각한 경우 건강에 해를 끼칠 수 있다. 기자는 취재 과정에서 사실 관계를 철저히 확인하고, 여러 전문가의 의견을 교차 검증하여 정보의 객관성을 높여야 한다.

의료 보도는 상업적 이해관계로부터 독립적이어야 한다. 광고성 내용을 기사처럼 포장하거나, 특정 병원이나 제품을 암묵적으로 홍보하는 행위는 저널리즘 윤리에 어긋난다. 독자들은 언론이 제공하는 정보를 신뢰하기 때문에, 언론은 그 신뢰에 부응할 책임이 있다. 공정하고 신뢰성 있는 보도는 독자의 알 권리를 충족시키고, 건강한 의료 환경 조성에 기여한다.

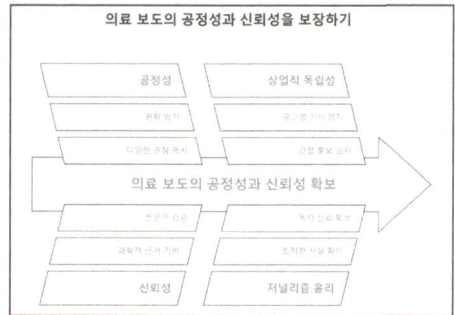

2. 독자가 신뢰하는 의료 정보 기사 쓰기

(1) 정확한 의료 정보를 효과적으로 전달하는 방법

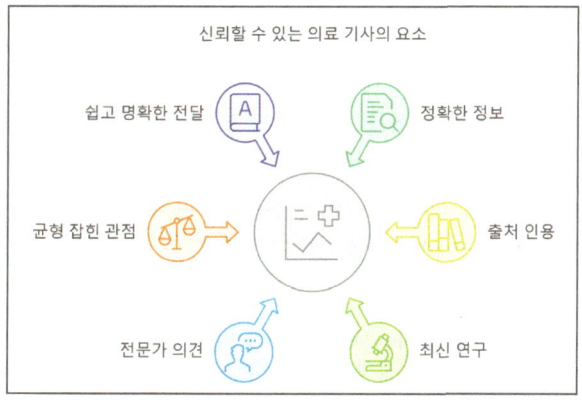

독자가 신뢰하는 의료 정보 기사를 쓰기 위해서는 무엇보다 정확한 정보를 효과적으로 전달하는 것이 중요하다. 정확성은 의료 기사의 기본이다. 정보의 출처를 명확히 밝히고, 최신 연구 결과나 공신력 있는 기관의 발표 자료, 전문가 인터뷰 등을 근거로 내용을 구성해야 한다. 숫자를 인용할 때는 통계의 의미를 정확히 해석하고, 오해의 소지가 없도록 신중하게 사용한다.

효과적인 전달은 독자의 눈높이에 맞춰 정보를 제공하는 것을 의미한다. 아무리 정확한 정보라도 독자가 이해하기 어렵다면 가치가 떨어진다. 복잡한 의학 개념은 쉬운 비유나 구체적인 사례를 들어 설명하고, 어려운 전문 용어는 피하거나 쉬운 말로 풀어 써야 한다. 기사의 핵심 내용을 명확하게 제시하고, 논리적인 흐름에 따라 정보를 구성하여 독자가 쉽게 따라올 수 있도록 돕는다.

또한, 정보의 균형을 맞추는 것이 중요하다. 특정 치료법이나 건강 정보의 긍정적인 측면뿐만 아니라, 잠재적인 위험성, 한계점, 주의사항 등을 함께 제시하여 독자가 종합적인 판단을 내릴 수 있도록 해야 한다. 과장되거나 단정적인 표현은 피하고, 객관적인 사실 전달에 집중하는 것이 신뢰를 얻는 길이다.

(2) 복잡한 의료 용어, 쉽게 풀어 쓰는 전략

의료 분야는 전문 용어가 많아 일반 독자가 이해하기 어려운 경우가 많다. 따라서 복잡한 의료 용어를 쉽게 풀어 쓰는 전략이 필수적이다. 가장 기본적인 방법은 전문 용어 대신 쉬운 우리말이나 일상 용어로 대체하는 것이다. 예를 들어, '고혈압' 대신 '혈압이 높은 상태'로, '심근경색' 대신 '심장 근육 일부가 죽는 병' 등으로 설명할 수 있다.

꼭 전문 용어를 사용해야 한다면, 용어 바로 뒤에 괄호를 이용하여 간결하게 정의를 덧붙이거나, 문맥 속에서 자연스럽게 그 의미를 설명해 주는 것이 좋다. 비유나 예시를 활용하는 것도 효과적이다. 예를 들어, 면역 체계를 '우리 몸을 지키는 군대'로 비유하거나, 특정 질병의 증상을 독자가 경험했을 법한 상황에 빗대어 설명하면 이해도를 높일 수 있다.

도표, 그림, 인포그래픽 등 시각 자료를 활용하는 것도 좋은 전략이다. 복잡한 과정이나 신체 구조 등은 글로만 설명하는 것보다 시각 자료를 함께 제시하면 독자가 훨씬 직관적으로 이해할 수 있다. 궁극적으로는 독자의 입장에서 글을 쓰고, 어려운 내용을 최대한 쉽고 명확하게 전달하려는 노력이 독자의 신뢰를 얻는 핵심이다.

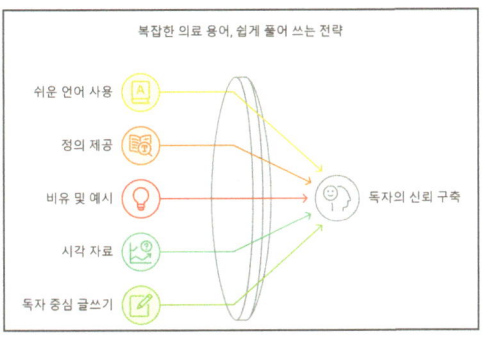

3. 의료 광고성 기사 작성 시 반드시 지켜야 할 원칙

(1) 의료 광고 기사에서 자주 하는 실수와 예방법

의료 광고성 기사는 정보를 전달하면서도 홍보 목적을 가지기에 실수를 저지르기 쉽다. 가장 흔한 실수는 치료 효과나 안전성을 과장하는 것이다. "단 한 번에 완치", "부작용 전혀 없는" 등의 표현은 비현실적이며 의료법 위반 소지가 크다. 객관적인 근거 없이 최상급 표현(최고, 유일 등)을 사용하는 것도 금물이다. 이러한 실수를 예방하려면 모든 주장은 반드시 과학적 근거와 통계 자료로 뒷받침해야 한다.

또 다른 실수는 중요한 정보를 누락하는 것이다. 시술의 장점만 부각하고 부작용, 회복 기간, 비용 등 환자가 알아야 할 필수 정보를 빠뜨리면 안 된다. 예방책은 장점과 함께 단점이나 주의사항도 균형 있게 명시하는 것이다. 환자의 치료 경험담을 일정 요건을 벗어나면서 사용하거나, 후기 작성을 대가로 금품을 제공하는 것 역시 의료법에서 금지하는 환자 유인 행위에 해당할 수 있으므로 주의해야 한다.

기사 형식을 빌려 광고하면서 광고임을 명확히 밝히지 않는 것도 문제다. 독자가 기사로 오인하게 만들면 기만적인 광고가 될 수 있다. 이를 예방하려면 법규에 따라 '광고', '협찬' 등의 문구를 명확히 표시해야 한다. 결국, 법규를 준수하고 객관성과 투명성을 유지하는 것이 실수를 막는 가장 확실한 방법이다.

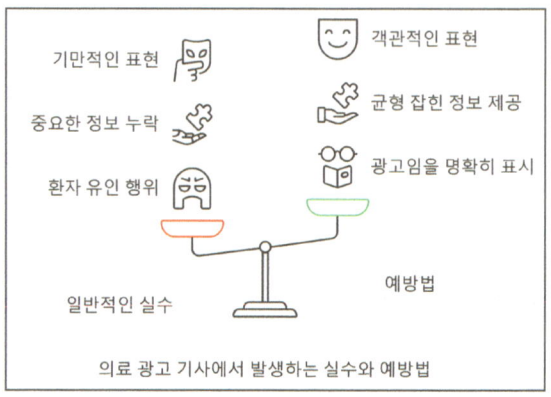

의료 광고 기사에서 발생하는 실수와 예방법

(2) 독자를 현혹하지 않고 정직하게 작성하는 방법

의료 광고성 기사를 작성할 때 독자를 현혹하지 않고 정직하게 정보를 전달하는 것이 무엇보다 중요하다. 정직한 작성의 첫걸음은 사실에 기반하는 것이다. 제공하는 모든 정보는 객관적인 데이터와 검증된 사실에 근거해야 하며, 절대 허위 정보를 포함해서는 안 된다. 치료 효과나 시술 결과를 설명할 때는 과장 없이 현실적인 기대치를 제시하고, 잠재적인 위험이나 한계점도 솔직하게 언급해야 한다.

독자의 불안감이나 희망을 이용하여 비합리적인 결정을 유도하는 감정적인 호소는 피해야 한다. 대신, 정확하고 충분한 정보를 제공하여 독자 스스로 판단하고 합리적인 선택을 할 수 있도록 돕는 데 집중해야 한다. 복잡한 의료 정보를 전달할 때는 앞서 언급했듯이 쉬운 용어와 명확한 설명을 사용하여 오해의 소지를 줄인다.

투명성 역시 정직한 작성의 핵심 요소이다. 만약 기사가 광고나 협찬을 포함하고 있다면, 독자가 이를 명확히 인지할 수 있도록 관련 사실을 숨기지 않고 표시해야 한다. 특정 병원이나 의사의 장점을 설명할 때도 일방적인 칭찬보다는 구체적인 근거와 사례를 제시하는 것이 좋다. 정직하고 투명한 정보 제공은 단기적인 홍보 효과보다 더 중요한 독자와의 장기적인 신뢰 관계를 구축하는 기반이 된다.

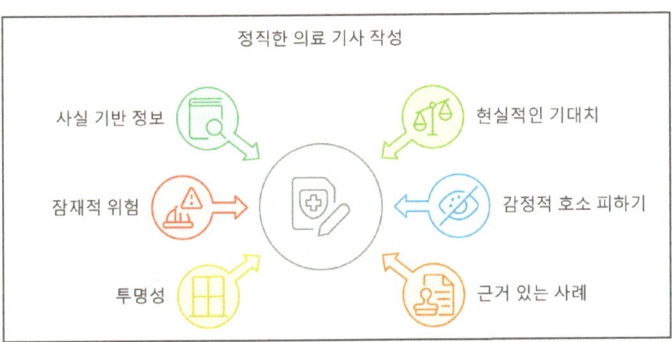

4. 의료 보도 과정시 발생 가능한 법적 문제와 대책

(1) 의료 보도 시 주의해야 할 법적 쟁점과 사례

의료 보도는 공익적 목적이 크지만, 민감한 정보를 다루기에 여러 법적 문제에 휘말릴 위험이 있다. 가장 대표적인 법적 쟁점은 명예훼손이다. 특정 의료인이나 기관에 대해 확인되지 않은 사실이나 허위 사실을 보도하여 사회적 평가를 저해하는 경우, 민형사상 책임을 질 수 있다. 진실한 사실이라도 공익 목적이 아닌 비방 목적이 인정되면 명예훼손이 성립될 수 있다. 예를 들어, 의료 과실 의혹을 제기하며 충분한 근거 없이 단정적인 표현을 사용하는 경우가 해당된다.

개인정보 침해 역시 중요한 법적 쟁점이다. 환자의 동의 없이 질병 정보, 진료 기록 등 민감한 개인 정보를 기사에 포함하는 것은 개인정보보호법 위반이다. 환자 인터뷰나 사례를 다룰 때는 반드시 정보 공개 범위에 대해 명확한 동의를 받아야 하며, 익명 처리 등 개인 식별 정보를 보호하기 위한 조치를 철저히 해야 한다.

저작권 침해도 주의해야 한다. 다른 기사, 논문, 사진, 영상 등의 콘텐츠를 출처 표기 없이 무단으로 사용하면 저작권법에 저촉될 수 있다. 특히 인터넷 상의 자료라도 저작권 보호를 받는 경우가 많으므로 사용 전 권리 관계를 확인해야 한다. 이러한 법적 쟁점들은 의료 보도의 신뢰성과 직결되므로 각별한 주의가 요구된다.

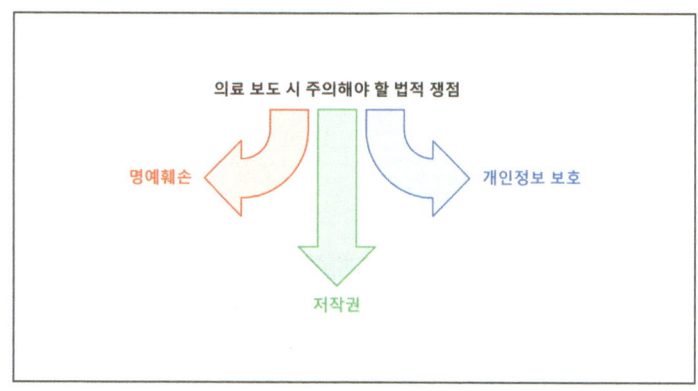

(2) 실제 사례로 보는 법적 문제 예방 및 대응법

의료 보도 시 법적 문제를 예방하기 위해서는 몇 가지 원칙을 철저히 지켜야 한다. 첫째, 보도 전 사실 확인(Fact Checking)을 습관화해야 한다. 특히 비판적인 내용을 다룰 때는 교차 확인을 통해 정보의 정확성을 높이고, 객관적인 증거 자료를 확보하는 것이 필수적이다. 취재원의 일방적인 주장만 믿고 보도하는 것은 위험하다.

둘째, 개인 정보 보호 규정을 준수해야 한다. 환자 사례를 인용할 경우, 반드시 서면 동의를 받고, 동의 범위를 명확히 하며, 개인 식별이 가능한 정보는 익명화하거나 모자이크 처리하는 등 보호 조치를 취해야 한다. 인터뷰 시에도 녹취나 촬영 사실을 고지하고 동의를 구하는 것이 기본이다.

셋째, 저작권에 유의해야 한다. 사진, 도표, 인용문 등을 사용할 때는 반드시 출처를 명기하고, 필요한 경우 저작권자의 사용 허락을 받아야 한다. 만약 법적 분쟁이 발생했을 경우, 신속하고 정확하게 대응하는 것이 중요하다. 오보가 확인되면 즉시 정정보도를 하고, 언론중재위원회를 통해 조정을 시도하는 등 피해 구제를 위해 적극적으로 노력해야 한다. 문제가 복잡하다면 법률 전문가의 조언을 구하는 것이 현명하다.

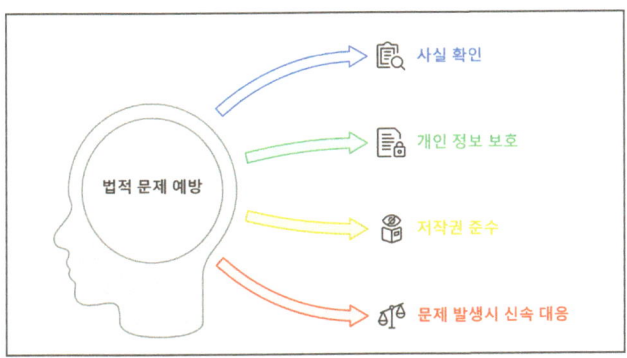

5. 의료 기사 작성을 위한 필수 법률 가이드

(1) 의료법, 광고법 등 꼭 알아야 할 주요 법령

의료 기사, 특히 광고성 기사를 작성할 때는 관련 법령을 숙지하는 것이 필수적이다. 가장 중요한 법은 '의료법'이다. 의료법 제56조는 의료 광고의 주체, 내용, 방법 등을 상세히 규정하고 있다. 특히 평가받지 않은 신의료기술 광고, 환자의 치료 경험담 광고, 거짓·과장 광고, 다른 의료기관과의 비교 광고, 객관적 근거 없는 최상급 표현 사용 등을 금지하고 있으므로 반드시 확인해야 한다. 제57조는 특정 매체(신문, 방송, 인터넷신문 등)를 이용한 의료 광고 시 사전 심의를 받도록 규정하고 있다.

'표시·광고의 공정화에 관한 법률'(표시광고법)도 중요하다. 이 법은 모든 상품과 서비스 광고에 적용되며, 소비자를 속이거나 오인시킬 우려가 있는 부당한 표시·광고 행위를 금지한다. 거짓·과장, 기만, 부당 비교, 비방 광고 등이 이에 해당하며, 의료 광고 역시 이 법의 규제를 받는다.

그 외에도 '언론중재 및 피해구제 등에 관한 법률'은 언론 보도로 인한 명예훼손 등 피해 발생 시 구제 절차를 다루고, '개인정보보호법'은 환자 정보 등 개인 정보 처리에 관한 기준을 제시하며, '저작권법'은 콘텐츠 사용 시 권리 보호를 규정한다. 이러한 법령을 이해하고 준수하는 것은 책임감 있는 의료 기사 작성의 기본이다.

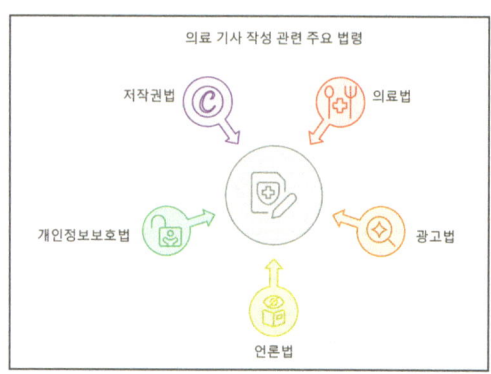

(2) 사례 중심으로 배우는 의료기사 관련 법적 가이드라인

법 조항만으로는 실제 적용이 어려울 수 있으므로, 사례를 통해 법적 가이드라인을 이해하는 것이 효과적이다. 예를 들어, 한 성형외과가 "국내 유일, 100% 안전한 OOO 시술"이라는 문구로 광고한다면, 이는 객관적 근거 없는 최상급 표현 사용 및 안전성 과장으로 의료법 제56조 위반 소지가 크다. 가이드라인은 '객관적 근거 없는 최상급 표현이나 절대적인 안전성 보장은 금지된다'는 것이다.

다른 사례로, 기자가 특정 질병을 앓고 있는 연예인의 실명과 상세한 투병 과정을 당사자 동의 없이 보도했다면, 이는 개인정보보호법 및 사생활 침해에 해당할 수 있다. 가이드라인은 '환자 정보 등 민감한 개인 정보는 반드시 본인의 명시적 동의를 얻어야 하며, 익명화 등 보호 조치를 취해야 한다'는 점을 명확히 한다.

또한, 어떤 병원이 환자에게 수술비 할인을 대가로 긍정적인 치료 후기를 인터넷 카페에 올리도록 요청했다면, 이는 의료법에서 금지하는 '치료 효과 오인 우려 광고'(치료경험담) 및 '환자 유인 행위'에 해당될 수 있다. 따라서 가이드라인은 '대가성 후기나 부적절한 환자 유인은 불법이며, 치료 경험담 광고는 엄격히 제한된다'는 점을 강조한다. 이러한 사례 학습은 법적 위험을 피하고 윤리적인 기사를 작성하는 데 도움을 준다.

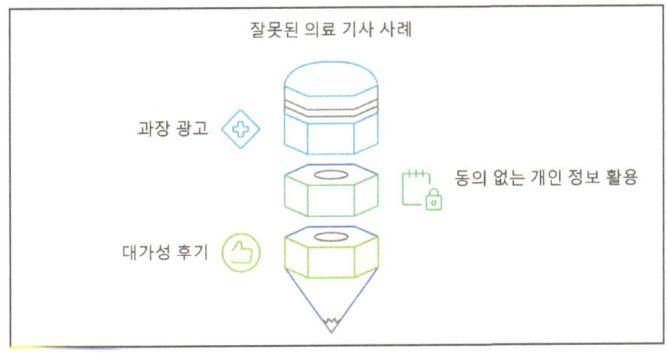

PART 8

디지털 시대의 언론법, 온라인 명예훼손과 초상권

CONTENTS

디지털 시대, 언론과 법이 만나다 ·················202

온라인 명예훼손, 이것만은 알아두자 ·················208

초상권 침해, 어디까지가 허용될까 ·················214

명예훼손과 초상권 침해, 법적 대응 및 예방 전략 ·················219

유양석

"AI 콘텐츠 혁신과 미디어 융합의 선구자"

　AI 기술과 미디어 융합을 통해 창작과 소통의 새로운 길을 개척하는 베스트셀러 작가이자 AI 콘텐츠 전문가입니다. 그는 생성형 AI를 활용한 창작 및 교육 분야에서 두각을 나타내며, 디지털 시대의 창작자들에게 실질적이고 혁신적인 솔루션을 제시하고 있습니다. 밴더빌트 대학에서 챗GPT 프롬프트 엔지니어링 과정을 수료하고, 언론중재위원회의 언론인 전문연수를 이수하며, AI와 미디어를 아우르는 전문성을 갖추었습니다.

　한국AI영상제작협회 이사로 활동하며, AI 영화감독과 디지털 크리에이터로서 독창적인 콘텐츠를 제작하고 있습니다. 그의 단편 영화 The Last Guardian은 국제 영화제에 공식 선정되었으며, 환경 문제와 희망의 메시지를 담은 스토리텔링으로 큰 주목을 받았습니다.

- 한국AI영상제작협회 이사
- 한국미디어창업뉴스 객원기자
- 호주 환경영화제 최우수상 수상
- (챗GPT 전문강사 및 구글 웍스 강사
- 밴더빌트 대학 챗GPT 프롬프트 엔지니어링 과정 수료

"언론의 사명은 약자의 목소리를
강자에게 전달하는 것이다."

조지 오웰

1. 디지털 시대, 언론과 법이 만나다

(1) 온라인에서 법적 갈등이 급증하는 이유는?

디지털 시대에 접어들면서 사람들은 온라인 공간에서 많은 정보를 주고받게 되었다. 인터넷이나 스마트폰을 통해 누구나 쉽게 글을 쓰고, 사진과 영상을 올릴 수 있게 된 것이다. 특히 최근에는 유튜브나 인스타그램, 페이스북 같은 SNS가 널리 퍼지면서 많은 사람이 자신의 생각을 빠르게 공유하고 있다. 이렇게 온라인 활동이 늘어날수록 사람들 사이의 갈등도 함께 많아졌다.

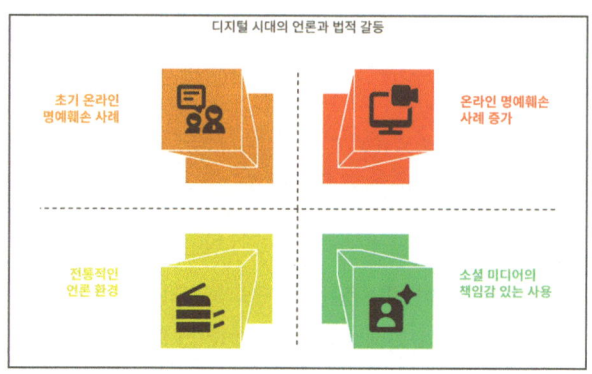

예전에는 신문이나 TV처럼 정해진 매체에서만 뉴스를 접할 수 있었다. 뉴스를 만드는 사람도 기자처럼 전문적인 훈련을 받은 사람들로 정해져 있었다. 하지만 지금은 누구든지 인터넷을 통해 뉴스를 만들거나 자신의 생각을 널리 퍼뜨릴 수 있다. 이 때문에 온라인에서는 다양한 정보가 빠르게 퍼져나가지만, 사실과 다른 잘못된 정보도 함께 많아졌다. 그래서 최근 몇 년 동안 온라인 공간에서 벌어지는 법적 문제들도 급격히 늘어나고 있는 것이다.

예를 들어, 인터넷에 누군가에 대한 나쁜 소문이나 거짓말을 올렸다고 생각해 보자. 그 글은 순식간에 많은 사람에게 퍼지고, 그 피해자는 큰 상처를 입게 된다. 이처럼 잘못된 글이나 사진 때문에 피해를 본 사람들이 온라인 명예훼손이라는 문제로 법정에 가는 경우도 많아졌다. 실제로 한 학생은 친구와 싸운 뒤 화가 나서 인터넷에 친구에 대한 나쁜 말을 적었다가 법적 처벌을 받은 사례도 있다. 또 어떤 사람은 자신이 싫어하는 사람의 사진을 마음대로 찍어 인터넷에 올려 문제가 된 경우도 있었다. 이런 사례들 때문에 법원에서는 온라인에서 일어난 잘못된 행동들에 대해서도 책임을 물어야 한다는 판결을 자주 내리고 있다.

또한, 최근 온라인 공간에서 뉴스나 정보를 다루는 사람들은 더욱 주의할 필요가 생겼다. 과거에는 인터넷에서 자신이 하고 싶은 말을 자유롭게 쓸 수 있다고 생각했지만, 이제는 그 말 한마디가 큰 법적 문제로 이어질 수 있다는 사실을 많은 사람들이 알게 되었다. 인터넷 공간도 현실 세계와 마찬가지로 남에게 피해를 주는 행동에는 반드시 책임을 져야 한다는 인식이 점점 커지고 있다.

이처럼 디지털 시대의 언론은 과거와 달리 더욱 신중하고 책임감을 가져야 한다. 온라인 공간이 넓어지면서 법적인 갈등도 급속히 증가하고 있기 때문에, 인터넷을 이용할 때 우리는 항상 정확한 정보를 올리고 다른 사람의 권리를 존중하는 태도를 가져야 한다. 온라인 세상에서도 현실과 똑같이 법적인 책임이 뒤따른다는 사실을 잊어서는 안 된다.

(2) 디지털 언론과 기존 언론의 차이점 이해하기

디지털 언론은 우리가 평소에 보는 신문이나 TV 뉴스와는 많이 다르다. 예전에는 뉴스를 전달하는 방법이 종이 신문이나 텔레비전 방송처럼 정해져 있었다. 뉴스가 나오는 시간도 정해져 있어서 사람들은 그 시간에 맞추어 뉴스를 보고 신문을 읽었다. 뉴스를 만드는 사람도 대부분 전문적으로 교육받은 기자들이었다. 그래서 뉴스를 전달할 때는 엄격한 규칙을 지키고, 사실인지 아닌지를 철저히 확인했다.

하지만 지금의 디지털 언론은 인터넷을 통해 누구나 쉽게 참여할 수 있다.

개인 블로그나 유튜브 채널, 그리고 페이스북이나 인스타그램 같은 SNS를 통해서도 뉴스를 전할 수 있게 되었다. 이 때문에 뉴스를 만드는 사람과 뉴스를 보는 사람 사이의 경계가 모호해졌다. 누구든지 쉽게 뉴스처럼 보이는 글과 영상을 만들 수 있기 때문에 사실과 의견을 구분하기 어렵고, 잘못된 정보가 빠르게 퍼지는 일도 많아졌다.

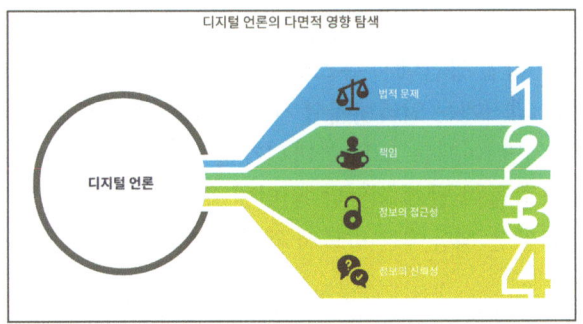

이러한 이유로 디지털 언론은 새로운 법적인 문제들을 만들어 내고 있다. 인터넷에서는 누군가의 잘못된 정보가 퍼졌을 때, 그 정보를 처음 만든 사람뿐만 아니라 공유한 사람들에게도 책임이 있을 수 있다. 예를 들어, 한 사람이 유명한 연예인에 대해 사실이 아닌 나쁜 소문을 인터넷에 올렸다고 하자. 이 소문이 빠르게 퍼지면, 처음 그 글을 올린 사람뿐만 아니라 그 글을 다시 올린 사람들도 법적인 책임을 지게 될 수도 있다.

또한, 인터넷에서는 자신도 모르게 다른 사람의 초상권이나 저작권을 침해할 수도 있다. 어떤 사진이나 영상을 허락 없이 인터넷에 올릴 경우, 그 사진 속의 사람이나 사진을 찍은 사람에게 법적인 문제를 일으킬 수 있다. 디지털 언론 환경에서는 이런 법적 문제가 더욱 자주 발생하고 있다.

결국 디지털 언론 시대에는 인터넷을 사용하는 우리 모두가 신문이나 TV 방송 기자와 같은 책임감을 가져야 한다. 인터넷에 글이나 사진을 올릴 때는 항상 사실을 정확하게 전달하고, 다른 사람의 권리를 침해하지 않도록 주의

해야 한다. 디지털 언론이 만들어 낸 새로운 법적 쟁점들을 이해하고 조심하는 태도가 필요하다.

(3) 사례로 배우는 디지털 언론의 법적 책임과 한계

최근 법원에서는 디지털 시대에 생긴 새로운 문제들을 다루는 재판이 자주 열리고 있다. 판례라는 것은 법원이 내린 중요한 판결들을 말하는데, 이를 통해 어떤 행동이 옳고 그른지 알 수 있다. 판례를 살펴보면 사람들이 디지털 세상에서 꼭 지켜야 할 법과 규칙을 쉽게 이해할 수 있다.

얼마 전, 한 유튜버가 인터넷 방송에서 다른 사람에 대한 나쁜 소문을 퍼뜨렸다가 법원에 간 일이 있었다. 유튜버는 그저 재미있게 방송을 만들고 싶었을 뿐이라고 말했지만, 법원은 이 행동이 잘못된 명예훼손이라고 판단했다. 인터넷 방송이라고 해서 마음대로 다른 사람에 대한 이야기를 할 수 있는 것이 아니라는 점을 분명히 했다.

또 다른 사례로, 인터넷 블로그에서 가짜 뉴스를 만든 사람이 벌금형을 받은 일이 있었다. 이 사람은 단지 관심을 끌기 위해 실제로 일어나지 않은 일을 뉴스처럼 꾸며 글을 올렸다. 그런데 많은 사람이 이 글을 진짜 뉴스로 믿었고, 피해를 입은 사람도 생겼다. 법원은 이 사건을 통해 거짓 정보를 퍼뜨리는 일은 큰 문제가 될 수 있다는 점을 강조했다.

또한, SNS에 친구의 사진을 허락 없이 올렸다가 처벌을 받은 사건도 있다. 친구가 사진을 지워달라고 부탁했는데도 듣지 않고 계속 올려둔 경우였다. 법원은 이런 행동이 친구의 초상권을 침해했다고 보고 잘못된 행동이라고 판단했다.

이러한 판례들을 보면 디지털 시대에는 더욱 신중하게 행동해야 한다는 사실을 알 수 있다. 인터넷에서도 현실 세계와 마찬가지로 법과 규칙을 지켜야 한다는 점이 분명해진 것이다. 앞으로 인터넷을 사용할 때는 다른 사람의 명예와 권리를 존중하고, 올바른 정보만을 올리는 습관을 가져야 한다.

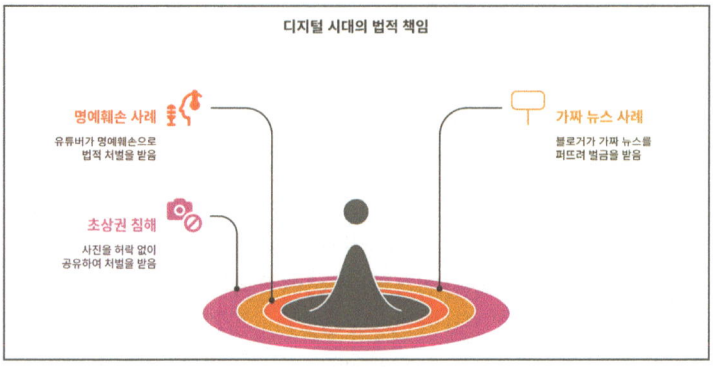

판례로 보는 사례

1) 블로그에 올린 글로 명예훼손 소송을 당한 사례를 살펴보았다.

첫 번째는 서울중앙지방법원의 사건이다(서울중앙지방법원 2020가단34567 판결). 한 블로거가 자신이 방문한 식당에 대해 매우 나쁜 평가를 블로그에 올렸다. 이 글은 식당의 음식이 위생적이지 않고 서비스도 나쁘다는 내용을 담고 있었다. 식당 주인은 이 글로 인해 손님이 크게 줄었다며 블로거를 고소했다. 법원은 블로거가 사실을 과장하거나 왜곡해서 적었고, 식당의 평판을 심각하게 손상했다고 판단해 블로거에게 손해배상을 하라고 판결했다.

두 번째 사례는 서울남부지방법원의 사건이다(서울남부지방법원 2018가단 56789 판결). 한 학부모가 블로그에 학교 선생님에 대한 거짓말을 적었다. 그 내용은 선생님이 학생들을 차별하고 괴롭힌다는 이야기였다. 이 글은 학부모들 사이에서 크게 퍼져 학교 선생님은 큰 피해를 입었고, 결국 선생님은 법원에 소송을 제기했다. 법원은 학부모가 올린 내용이 사실이 아닌 것으로 판단해, 글을 올린 학부모는 선생님에게 배상금을 지급하고 공개적으로 사과해야 했다.

세 번째 사례는 인천지방법원에서 일어난 사건이다(인천지방법원 2019가단 98765 판결). 한 블로거는 자신의 블로그에 이웃 주민이 돈을 훔쳤다는 허위 글을 게시했다. 이 글은 빠르게 퍼졌고, 그 이웃은 주변 사람들로부터 의심과 오해를 받게 되었다. 피해자는 명예가 훼손되었다며 블로거를 법원에 고소했다. 법원은 블로거가 올린 글이 사실이 아니었고, 이웃에게 큰 피해를 주었다며 블로거에게 손해배상을 하라고 결정했다.

2) 유튜브 방송에서 발생한 허위사실 유포 사건도 있다.

첫 번째 사례는 서울중앙지방법원 사건이다(서울중앙지방법원 2020가단11123 판결). 한 유튜버는 유명 연예인이 심각한 잘못을 저질렀다고 거짓 방송을 했다. 이 방송이 빠르게 퍼지면서 연예인은 큰 피해를 입었고, 소송을 제기했다. 법원은 유튜버가 허위사실을 방송하여 피해자의 명예를 훼손했다고 판단하고 벌금과 손해배상을 지급하라고 했다.

두 번째 사례는 부산지방법원에서 일어난 사건이다(부산지방법원 2021가단 54321 판결). 유튜버가 조회 수를 높이기 위해 특정 유명 운동선수에 대한 거짓 정보를 방송했다. 이 방송은 많은 사람에게 빠르게 퍼졌고, 선수는 심각한 명예 훼손 피해를 보았다. 법원은 이 유튜버가 방송에서 말한 내용이 전혀 사실이 아니며, 피해자에게 큰 정신적 피해를 주었다고 판단하여 유튜버에게 손해배상 책임을 물었다.

세 번째 사례는 수원지방법원의 판결이다(수원지방법원 2019가단11223 판결). 한 유튜버는 일반인을 대상으로 한 방송에서 사실이 아닌 정보를 퍼뜨려 피해자의 명예를 훼손했다. 유튜버는 재미를 위해 방송했을 뿐이라고 말했지만, 법원은 해당 방송으로 인해 피해자의 사회적 평가가 크게 손상되었다고 인정하고 손해배상금을 내도록 결정했다.

이 사례들을 통해 인터넷에서 잘못된 정보를 올리면 큰 법적 책임을 질 수 있으며, 반드시 사실만을 전달해야 한다는 교훈을 얻을 수 있다.

2. 온라인 명예훼손, 이것만은 알아두자

(1) 명예훼손은 어떤 상황에서 성립될까? 명확한 기준 알아보기

온라인 명예훼손은 인터넷상에서 다른 사람의 사회적 평가를 떨어뜨리는 글이나 허위 정보를 공개적으로 올렸을 때 성립한다. 글을 쓸 때 본인이 의도하지 않았더라도 상대방의 평판을 낮출 수 있는 내용이 포함되었다면 법적 책임을 피하기 어렵다. 여기서 중요한 것은 글의 내용이 사실인지 허위인지가 아니라, 그 내용이 상대방의 사회적 평판에 부정적인 영향을 끼쳤는지 여부다.

예를 들어 누군가 SNS에 특정 인물에 대해 부정적인 내용을 게시했고, 이것이 널리 퍼져 해당 인물의 평판을 떨어뜨렸다면 명예훼손이 성립할 가능성이 높다. 만약 그 내용이 사실이라고 하더라도, 공익적인 목적이 아닌 개인적인 감정으로 상대방을 비방할 경우 명예훼손에 해당할 수 있다.

법원은 이러한 문제를 판단할 때 크게 두 가지를 살펴본다. 첫째, 글이나 영상의 공개 범위를 본다. 인터넷 공간은 공개성이 매우 높아, 소수에게만 알리려는 의도였다고 해도 사실상 누구나 접근할 수 있다면 널리 퍼뜨린 것으로 판단한다. 둘째는 표현된 내용이 사회 일반의 시각에서 상대방의 명예를 실제로 훼손할 만한 것인지 여부다. 개인의 주관적인 느낌을 넘어 일반인이 보기에 명백히 부정적인 내용일 때 명예훼손으로 인정한다.

결국, 온라인에서 글을 쓸 때는 신중한 판단과 책임이 요구된다. 순간의 감정으로 타인의 명예를 손상하는 글을 올린다면 자신도 모르게 법적 문제에 연루될 수 있다. 디지털 공간에서도 현실 세계와 마찬가지로 법적 기준과 책임이 존재한다는 점을 잊지 말아야 한다.

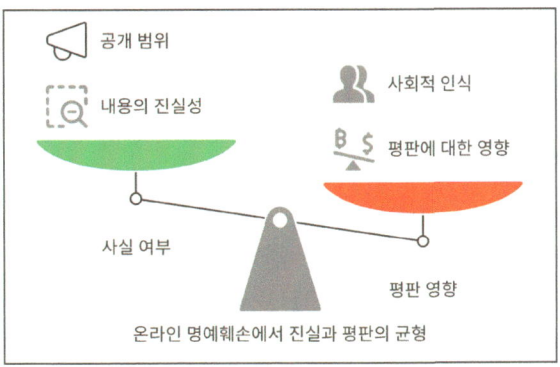

(2) 인터넷 댓글과 SNS 게시물, 어디까지 허용될까?

인터넷을 이용할 때 우리는 댓글이나 SNS 게시물을 통해 자유롭게 의견을 표현한다. 하지만 우리가 무심코 쓴 댓글이나 게시물이 다른 사람의 마음을 아프게 하고 법적 문제로 이어질 수 있다. 그래서 인터넷에서 댓글이나 게시물을 쓸 때 어디까지 허용되는지 분명히 아는 것이 중요하다.

먼저, 댓글이나 게시물에서 타인을 비판할 때는 정확한 사실만을 써야 한다. 예를 들어 "이 사람은 범죄자다" 또는 "이 사람은 거짓말쟁이다"와 같이 확인되지 않은 말을 쓰면 법적으로 문제가 될 수 있다. 특히 허위 사실을 인터넷에 올리거나 퍼뜨리면 명예훼손죄로 처벌받는다. 사실을 이야기한다고 해도 무조건 허용되는 건 아니다. 그 내용이 다른 사람의 사회적 평가를 크게 떨어뜨리거나 인격을 심하게 모욕하는 표현일 때 역시 처벌될 수 있다.

SNS나 댓글을 통해 개인의 의견이나 느낌을 표현하는 것은 대부분 허용된다. 하지만 단순한 의견 표현이라고 해도, 지나친 욕설이나 악성적인 비난은 상대방의 명예를 훼손하는 표현으로 간주될 수 있다. 예를 들어, "내 생각엔 저 사람은 거짓말쟁이 같다"는 개인 의견이라 괜찮다고 생각할 수 있지만, 반복해서 비난하거나 욕설을 사용하면 법적 책임이 생길 수 있다.

또한 SNS나 인터넷 게시물에서 다른 사람의 얼굴이나 사진을 올릴 때도 조심해야 한다. 친구나 유명인의 사진을 허락받지 않고 올리거나 이를 부정적인 내용과 함께 게시하면 초상권 침해가 된다. 사람의 얼굴이나 모습을 이용할 때는 반드시 그 사람의 허락을 받거나 명확한 동의가 있어야 한다.

따라서 인터넷 댓글이나 SNS 게시물을 작성할 때는 자신이 표현하고자 하는 것이 사실인지 반드시 확인해야 한다. 또한 다른 사람의 마음을 상하게 하거나 그 사람에게 피해를 주는 표현을 삼가야 한다. 인터넷에서는 자유로운 표현만큼이나 상대방의 권리를 존중하는 책임 있는 자세가 꼭 필요하다.

(3) 내가 피해자 또는 가해자라면 어떻게 대처해야 할까?

인터넷을 사용하다 보면 누군가 나에 대한 나쁜 소문이나 잘못된 정보를 올려 속상할 때가 있다. 또 반대로, 내가 올린 글 때문에 상대방이 마음의 상처를 받는 일도 생길 수 있다. 이런 일을 명예훼손이라고 하는데, 피해자가 되든 가해자가 되든 현명한 대처가 꼭 필요하다.

만약 내가 명예훼손의 피해자가 되었다면 가장 먼저 할 일은 상황을 빠르게 파악하는 것이다. 누군가 나를 비방하거나 나에 대한 거짓말을 인터넷에 올렸을 때, 처음엔 화가 나서 싸우고 싶을지도 모른다. 하지만 이때 가장 좋은 방법은 차분하게 글이나 댓글을 캡처해 증거로 남기는 것이다. 그리고 곧바로 게시물을 삭제하거나 가해자에게 사과를 요청하는 것이 중요하다. 만약 문제가 심각할 경우에는 부모님이나 믿을 만한 어른과 상의한 후에 경찰서나 사이버 경찰서에 도움을 요청할 수도 있다.

반대로 내가 다른 사람에게 나쁜 글을 써서 문제가 되었을 때는 어떻게 해야 할까? 일단 자신이 쓴 글이나 댓글이 잘못됐다고 깨닫는 즉시 빨리 지우고, 상대방에게 사과해야 한다. 글을 지웠다고 해서 모든 문제가 사라지진 않지만, 잘못을 인정하고 진심으로 사과하면 상대방이 용서할 가능성이 높아진다. 그러나 잘못된 글을 계속 남겨두거나 오히려 더 심하게 하면, 상황은 더 심각해지고 법적 처벌을 받을 수도 있다.

또한, 온라인에서 문제가 생기면 혼자 해결하려 하지 말고 부모님이나 믿을 수 있는 어른과 상의하는 게 좋다. 만약 사과나 대화로 해결되지 않는다면 경찰이나 법률 전문가의 도움을 받을 수 있다. 명예훼손 문제는 혼자서 해결하기 어려울 때가 많으므로, 주변의 도움을 받아 정확히 대응하는 게 중요하다. 온라인 세상에서 다른 사람의 명예를 소중히 여기고, 문제가 생겼을 때 현명하게 대처하는 습관을 기르는 것이 중요하다.

(4) 판례로 보는 온라인 명예훼손 실제 사례 분석

인터넷에서 일어난 명예훼손 사건을 실제 판례를 통해 살펴보았다. 첫 번째 사례는 유명 연예인을 향한 악성 댓글 사건이다. 한 네티즌은 인터넷 커뮤니티에 이 연예인에 대한 나쁜 이야기를 반복해서 올렸다. 이 글은 빠르게 퍼져서 피해자의 이미지에 심각한 피해를 주었다. 결국, 법원은 이 댓글이 피해자의 명예를 크게 훼손했다고 판단했다. 이 네티즌은 단지 댓글 몇 줄을 썼을 뿐이라고 주장했지만, 법원은 이것이 피해자의 평판을 크게 떨어뜨리는 행동이었다고 보고 벌금을 내리도록 결정했다.

두 번째 사례는 블로그에 잘못된 정보를 올린 사건이다. 블로거는 자신의 블로그에서 한 식당에 대해 사실과 다른 내용을 게시했다. 글쓴이는 단지 개인적인 느낌을 적었을 뿐 나쁜 의도는 없었다고 했다. 그러나 법원은 그 글이 많은 사람에게 퍼져 식당의 명예가 훼손되었다고 판단했다. 결국, 글을 올린 사람은 피해를 입은 식당에 손해배상을 해야 했다.

세 번째 사례는 유튜브에서 벌어진 허위사실 유포 사건이다. 유튜버는 조회 수를 높이기 위해 실제로 존재하지 않는 이야기를 만들어 방송했다. 하지만 이것이 특정인의 명예를 심각하게 훼손하게 되자 법적 문제가 발생했다. 법원은 이 유튜버에게 무거운 벌금형을 선고하며, 가짜 정보를 퍼뜨려 다른 사람에게 피해를 주는 것은 결코 용납할 수 없다고 분명히 밝혔다.

이 사례들을 통해 알 수 있는 것은 온라인에서 한 말이나 글은 생각보다 더 큰 책임이 따른다는 점이다. 인터넷에 글을 올릴 때는 반드시 사실을 확인하고, 상대방에게 피해를 주지 않도록 주의하는 태도가 필요하다.

판례로 보는 사례

1) 인터넷 커뮤니티에서 이뤄진 악성 댓글 사건의 판결을 분석했다.

첫 번째 사건은 서울중앙지방법원 사건이다(서울중앙지방법원 2020가단55234 판결). 피해자는 유명 방송인이었고, 피고인은 인터넷 이용자였다. 이 이용자는 인터넷 게시판에서 방송인을 향해 심한 욕설과 악성 댓글을 여러 번 올렸다. 방송인은 이 댓글로 인해 큰 정신적 스트레스를 받아 법원에 소송을 제기했다. 법원은 인터넷 이용자가 이유 없이 방송인의 명예를 훼손했다고 판단했다. 결국 댓글을 올린 사람은 피해를 준 것에 대해 사과하고 방송인에게 손해배상을 해야 했다.

두 번째는 서울남부지방법원 사건이다(서울남부지방법원 2019가단77890 판결). 이 사건에서 한 학생은 학교 친구에 대해 나쁜 소문을 인터넷 게시판에 올렸다. 그 내용은 친구가 물건을 훔쳤다는 거짓된 내용이었다. 이 소문은 친구들 사이에서 빠르게 퍼져 피해 학생은 학교 생활이 어려워졌다. 피해 학생의 부모는 법적 대응을 했고, 법원은 소문이 거짓이라는 사실을 확인했다. 결국 법원은 글을 올린 학생이 친구에게 공식적으로 사과하고 배상금을 주어야 한다고 결정했다.

세 번째 사례는 인천지방법원 사건이다(인천지방법원 2020가단44556 판결). 회사원 A씨가 인터넷에 이웃 주민 B씨에 대해 사실이 아닌 나쁜 소문을 여러 번 게시했다. 이 글은 주민들 사이에 빠르게 퍼졌고, B씨는 동네 사람들에게 좋지 않은 평판이 생겨 매우 힘들었다. 법원은 A씨가 잘못된 내용을 반복적으로 올린 행동이 B씨의 명예를 크게 훼손했다고 판단했다. 결국 A씨는 손해배상을 해야 했다.

2) 유명인을 대상으로 허위 사실을 유포한 블로거의 처벌 사례를 소개했다

첫 번째 사례는 서울중앙지방법원 사건이다(서울중앙지방법원 2018가합22334 판결). 유명 연예인 C씨가 피해자였고, 블로거 D씨가 허위 글을 올린 사람이었다. 블로거는 연예인 C씨가 불법 약물을 사용했다는 거짓 내용을 블로그에 올렸다. 이 글은 빠르게 확산되어 C씨는 큰 피해를 입었다. 법원은 글을 올린 블로거가 거짓 정보를 악의적으로 퍼뜨렸다고 판단하여 손해배상금을 연예인에게 지급하라고 결정했다.

두 번째는 부산지방법원의 사건이다(부산지방법원 2019가합66789 판결). 스포츠 스타 E씨가 원고였고, 블로거 F가 피고였다. 블로거 F는 E씨가 경기 중에 약물을 사용했다고 허위 정보를 블로그에 올렸다. 이 허위 글로 인해 E씨는 많은 비난을 받았고 심각한 피해를 입었다. 결국 E씨는 법적 소송을 제기했고, 법원은 블로거가 허위 사실을 악의적으로 작성했다는 점을 인정하여 피해 보상금과 함께 공개적인 사과문을 올리라고 판결했다.

세 번째 사례는 수원지방법원에서 일어났다(수원지방법원 2020가합88990 판결). 인기 가수 F씨에 대한 허위 학력 소문을 블로그에 올린 사람이 있었다. 그 블로거는 사실 확인 없이 가짜 소문을 마지 신짜 뉴스처럼 게시했고, 이 내용은 인터넷에서 큰 이슈가 되었다. 피해자인 연예인은 큰 충격과 스트레스를 받았고, 블로거를 명예훼손으로 고소했다. 법원은 이 글이 사실이 아닌 점을 확인하고, 블로거에게 연예인에게 손해배상을 하도록 결정했다.

이 판례 사례들을 통해 우리는 온라인에서 글을 올릴 때 항상 진실만을 적어야 하며, 절대 거짓 정보나 나쁜 의도로 남을 비방해서는 안 된다는 사실을 배울 수 있다. 작은 글 하나가 누군가에게 큰 상처를 줄 수도 있기에, 항상 신중하고 책임감 있게 행동해야 한다.

3. 초상권 침해, 어디까지가 허용될까

(1) 초상권 침해란 무엇인지 쉽게 이해하기

초상권이란 자신의 얼굴이나 모습에 대해 다른 사람이 마음대로 사진을 찍거나 사용하는 것을 막을 수 있는 권리를 말한다. 모든 사람은 자기 얼굴이나 모습을 지킬 권리가 있다. 그래서 내 사진을 다른 사람이 허락 없이 인터넷에 올리거나 마음대로 사용한다면, 그것은 초상권 침해가 된다.

예를 들어, 친구가 장난으로 내 사진을 찍은 다음 내 허락 없이 SNS에 올렸다고 생각해 보자. 내가 원하지 않았는데 내 사진이 인터넷에서 빠르게 퍼지게 되면, 나는 당황스럽고 불편한 기분이 들 것이다. 이럴 때 친구가 내 초상권을 침해했다고 말할 수 있다. 초상권 침해가 되는 이유는 사진 속의 주인공인 내가 그 사진이 올라가는 것을 허락하지 않았기 때문이다.

특히 인터넷과 SNS에서는 초상권 침해가 더 자주 일어난다. 어떤 사람은 유명한 사람의 사진을 허락 없이 사용해서 광고를 만들거나, 나쁜 말과 함께 사진을 올리기도 한다. 이것은 모두 잘못된 행동이다. 유명인이든 일반인이든, 자기 모습이 마음대로 쓰이지 않도록 보호받을 권리가 있기 때문이다.

그러나 초상권은 모든 사진 사용을 막는 것은 아니다. 예를 들어, 공공장소에서 많은 사람들이 함께 찍힌 사진은, 각각의 얼굴이 잘 드러나지 않는다면 큰 문제가 되지 않을 수도 있다. 그렇지만 특정한 사람의 얼굴이 잘 보이고, 그 사진이 당사자에게 피해를 줄 수 있다면 초상권 침해가 될 수 있다.

그래서 우리는 친구의 사진을 찍거나 인터넷에 올릴 때는 꼭 미리 허락을 받아야 한다. 내 초상권을 지키는 만큼, 다른 사람의 초상권도 존중하는 태도가 중요하다. 초상권이란 내 모습을 보호하는 소중한 권리라는 것을 기억하자.

(2) 온라인 초상권 침해 기준과 현실적 적용 사례

인터넷에서 초상권 침해가 되는 기준을 알아보는 것은 매우 중요하다. 온라인 초상권 침해란 다른 사람의 얼굴이나 모습을 인터넷에 허락 없이 올려 피해를 주는 것을 말한다. 사진을 찍힌 사람이 원하지 않는데도 사진을 공개하거나, 원래 정해진 목적과 다르게 사용할 경우 초상권 침해가 된다.

실제로 어떤 초등학생이 학교 행사에서 춤을 추는 모습이 찍혔다. 이 사진은 학교에서만 사용할 약속이었지만, 학교 홈페이지에 공개되면서 인터넷에 빠르게 퍼졌다. 이 학생은 자신의 사진이 다른 친구들 사이에서 놀림거리가 되어 매우 속상해했고, 초상권 침해로 문제가 되었다. 법원은 이 사건에서 사진을 인터넷에 올린 학교가 잘못을 인정하고 학생에게 사과하라고 판결했다.

또 다른 사례도 있다. 어떤 가게에서 유명한 연예인이 물건을 사는 모습을 찍은 뒤 그 사진을 허락 없이 광고로 사용했다. 연예인은 가게의 광고로 인해 많은 관심과 스트레스를 받았고, 이 사건을 초상권 침해로 신고했다. 결국 법원은 연예인의 허락 없이 사진을 광고에 사용한 가게에 책임이 있다고 판단하고 손해배상을 하도록 결정했다.

이렇게 초상권 침해가 되는 기준은 분명하다. 누군가의 얼굴이나 모습을 인터넷에서 사용할 때는 꼭 미리 허락을 받아야 하고, 원래 정해진 목적 외에는 사용할 수 없다. 특히 사진으로 인해 피해자가 마음에 큰 상처를 입거나 사람들 앞에서 부끄러움을 느끼게 된다면 명백한 초상권 침해가 된다. 우리는 인터넷에서 다른 사람의 얼굴을 사용할 때, 언제나 조심하고 상대방을 존중해야 한다. 초상권 보호는 온라인에서도 반드시 지켜져야 할 중요한 약속이다.

(3) 초상권 침해가 발생했을 때 현명하게 대응하는 법

초상권 침해가 일어나면 어떻게 대응하는지 알아두는 것이 중요하다. 만약 나의 사진이 허락 없이 인터넷에 올라가거나 다른 사람이 내 얼굴을 마음대로 사용했다면 우선 침착하게 상황을 살펴봐야 한다.

첫 번째로 할 일은 초상권 침해의 증거를 확보하는 것이다. 인터넷에 올라온 사진이나 영상의 화면을 캡처하거나 저장하여 나중에 문제가 되었을 때 증거로 사용할 수 있도록 준비해야 한다. 증거가 없으면 나중에 문제를 해결하기 어렵기 때문이다.

두 번째로는 사진을 올린 사람에게 정중하게 삭제해 달라고 요청하는 것이 좋다. 이때 화를 내거나 다투는 대신 차분하고 명확하게 부탁하는 것이 중요하다. 많은 경우 상대방은 잘 몰라서 사진을 올린 경우가 많기 때문에, 친절히 요청하면 쉽게 해결되는 일도 많다.

세 번째로, 만약 상대방이 요청을 들어주지 않거나 사진을 계속 인터넷에 두면 부모님이나 신뢰할 수 있는 어른에게 상황을 설명하고 도움을 청해야 한다. 혼자서 해결하기 어려운 문제는 주변의 어른들이나 선생님의 도움을 받아야 현명하게 대처할 수 있다.

마지막으로, 문제가 심각하다면 법적인 도움을 받을 수도 있다. 인터넷에서 피해를 본 사람들을 도와주는 경찰서나 전문가들이 있다. 초상권 침해는 개인의 권리를 보호하는 중요한 법적인 문제이기 때문에, 전문가에게 도움을 요청하면 명확한 해결 방법을 알려줄 것이다.

초상권 침해는 누구에게나 일어날 수 있는 일이다. 침착하고 현명하게 대응하면 빠르고 확실하게 문제를 해결할 수 있다는 사실을 기억해야 한다.

(4) 판례로 보는 초상권 침해 실사례 이야기

실제로 일어난 사례를 보면 초상권 침해가 어떤 경우에 생기는지 잘 알 수 있다. 첫 번째 사례는 어떤 사람이 친구의 사진을 인터넷에 마음대로 올려서 생긴 일이다. 이 사람은 친구와 함께 찍은 사진을 재미 삼아 SNS에 올렸다. 그런데 친구는 이 사진을 올리는 것을 전혀 허락하지 않았고, 사진이 널리 퍼지자 큰 스트레스를 받았다. 법원은 사진을 올린 사람이 잘못했다고 결정했다. 왜냐하면 친구의 허락 없이 사진을 올려 친구의 초상권을 침해했기 때문이다. 결국 사진을 올린 사람은 친구에게 사과하고 피해에 대해 배상금을 주어야 했다.

두 번째 사례는 유명한 연예인의 사진을 광고에 허락 없이 사용한 사건이다. 어떤 회사가 자기 상품을 잘 팔기 위해 유명 연예인의 사진을 몰래 광고에 사용했다. 이 연예인은 사진을 사용하는 것을 허락하지 않았고, 광고 때문에 많은 사람들의 관심과 오해를 받았다. 법원은 이 회사가 초상권을 심각하게 침해했다고 판단했고, 회사는 연예인에게 큰 금액을 배상해야 했다.

세 번째 사례는 한 학생이 학교 홈페이지에 자기 사진이 올라가 생긴 일이다. 학교는 학생의 사진을 행사 때 찍었고, 학교 홈페이지에 올렸다. 학생은 홈페이지에 사진이 올라가는 걸 전혀 모르고 있었다. 나중에 사진을 본 다른 학생들이 놀리자 이 학생은 마음에 큰 상처를 받았다. 법원은 학교가 학생의 허락 없이 사진을 올렸기 때문에 초상권 침해라고 결정했다. 학교는 즉시 사진을 삭제하고 학생과 가족에게 사과해야 했다.

이러한 사례들을 보면, 우리는 다른 사람의 사진을 사용할 때는 반드시 허락을 받아야 하고, 인터넷에 사진을 올릴 때도 항상 조심해야 한다는 점을 배울 수 있다. 초상권은 모든 사람이 존중받아야 할 소중한 권리이기 때문이다.

판례로 보는 사례

1)SNS에 지인의 사진을 무단 게시한 사건의 법적 결과를 살펴보았다.

첫째 사례는 서울중앙지방법원에서 있었던 일(서울중앙지방법원 2018가단 12345 판결)이다. 원고는 대학생 A였고 피고는 친구인 대학생 B였다. B는 A가 자고 있는 우스꽝스러운 모습을 몰래 찍어 SNS에 올렸다. 이 사진은 A의 허락 없이 퍼져서 학교 친구들 사이에서 놀림거리가 되었다. A는 정신적 피해를 이유로 소송을 걸었고, 법원은 B가 A의 초상권을 침해했다고 판단하여 B가 A에게 위자료를 지급하라고 했다.

두 번째는 부산지방법원의 사건이다(부산지방법원 2019가단67890 판결). 원고는 직장인 C였으며, 피고는 같은 직장 동료 D였다. 회사 행사에서 찍은 사진을 D가 C의 허락 없이 인터넷 카페에 올렸다. C는 이 사진 때문에 회사에서 불편한 관심을 받았고, 결국 소송을 제기했다. 법원은 C의 초상권 침해를 인정했고, D는 C에게 배상금을 지급하고 공개적으로 사과하도록 판결했다.

세 번째 사례는 인천지방법원에서 일어났다(인천지방법원 2020가단24680 판결). 원고는 일반인 E였고, 피고는 지인인 F였다. F는 SNS에 E의 가족사진을 허락 없이 올렸다. E는 이로 인해 가족의 사생활이 알려져 큰 스트레스를 받았다. 법원은 E 가족의 동의 없이 개인적인 사진을 공개한 F의 잘못을 인정해 손해배상금을 지급하라고 결정했다.

2)유명인의 사진을 무단으로 광고에 사용한 사건의 판결을 정리했다.

첫 번째 사례는 서울중앙지방법원 판결이다(서울중앙지방법원 2017가합54321

판결). 원고는 인기 연예인 G였고, 피고는 화장품 회사였다. 이 회사는 연예인 G의 사진을 무단으로 제품 광고에 사용했다. G는 자신의 사진을 허락 없이 사용해 초상권을 침해했다며 소송을 제기했다. 법원은 회사가 G의 초상권을 침해했다고 판단하여 회사는 G에게 큰 금액의 배상금을 지급해야 했다.

두 번째 사례는 수원지방법원의 사건이다(수원지방법원 2019가합98765 판결). 유명 스포츠 스타 H가 원고였으며, 피고는 스포츠 용품 회사였다. 이 회사는 선수 H의 사진을 허락 없이 홍보 전단지와 인터넷 광고에 사용했다. H는 회사가 초상권을 침해했다고 주장했고, 법원도 이를 인정했다. 결국, 이 회사는 H에게 위자료를 지급하고 공개적으로 사과해야 했다.

마지막 세 번째 사례는 대구지방법원에서 있었다(대구지방법원 2021가합13579 판결). 유명 가수 I가 원고였고, 피고는 한 의류 쇼핑몰이었다. 쇼핑몰은 가수 I의 공연 모습을 무단으로 사이트 광고에 올렸다. I는 허락받지 않은 사진 사용으로 초상권이 침해되었다며 소송을 제기했다. 법원은 쇼핑몰이 명백한 초상권 침해를 저질렀다고 판단했고, 쇼핑몰은 가수 I에게 손해배상을 해야 했다.

이 사례들을 통해 우리는 다른 사람의 사진을 사용할 때는 반드시 허락을 받아야 하고, 그렇지 않으면 법적 책임을 져야 한다는 것을 명확히 알 수 있다.

4. 명예훼손과 초상권 침해, 법적 대응 및 예방 전략

(1) 온라인에서 명예훼손과 초상권 침해를 미리 막는 효과적인 방법

인터넷을 사용하다 보면 자신도 모르게 다른 사람의 명예나 초상권을 침해하는 경우가 있다. 이런 문제를 미리 막으려면 어떻게 해야 할지 정확히 알아두는 것이 중요하다.

먼저, 인터넷에 글이나 댓글을 쓸 때는 항상 사실인지 확인하고 신중하게 생각한 뒤 써야 한다. 인터넷에서는 글이 빠르게 퍼지기 때문에 내가 쓴 말 한마디가 다른 사람에게 큰 상처를 줄 수 있다. 특히 다른 사람에 대한 소문이나 정보가 정확한지 모르겠다면 절대로 인터넷에 올리거나 퍼뜨리면 안 된다. 사실이 아닌 정보는 상대방의 명예를 훼손하는 범죄가 될 수 있기 때문이다.

다른 사람의 사진을 찍거나 인터넷에 올릴 때도 항상 그 사람의 허락을 받는 습관을 가져야 한다. 사진을 올리는 사람에게는 단순한 장난이더라도, 사진 속의 사람에게는 큰 피해가 될 수 있다. 특히 친구의 사진이나 가족 사진을 올릴 때도 미리 동의를 구하고 올리는 것이 옳은 행동이다.

인터넷에서 감정을 조절하는 방법을 배우는 것이다. 때때로 화가 나거나 기분이 나쁠 때 인터넷에 감정을 그대로 표현하면, 상대방에게 큰 상처를 줄 수 있다. 이럴 때는 한 번 더 생각하고, 마음이 진정될 때까지 기다렸다가 글을 쓰거나 댓글을 다는 것이 좋다.

초상권과 명예를 지키기 위해서는 상대방을 존중하는 마음이 중요하다. 다른 사람의 입장에서 한 번 더 생각하고 행동한다면, 명예훼손과 초상권 침해 같은 문제는 쉽게 예방할 수 있다. 온라인 세상에서 나의 권리를 지키는 만큼 다른 사람의 권리도 지켜줄 수 있는 성숙한 태도가 필요하다.

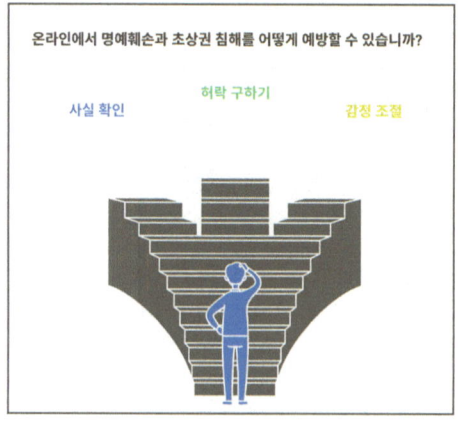

(2) 명예훼손과 초상권 침해 피해 발생 시 대응 절차 및 요령

인터넷을 하다 보면 나도 모르게 명예훼손이나 초상권 침해의 피해자가 될 수 있다. 만약 누군가 인터넷에 나에 대한 거짓 정보를 올렸거나 내 사진을 허락 없이 사용했다면 어떻게 해야 할까? 이럴 때 가장 먼저 해야 하는 일은 증거를 모으는 것이다. 피해 사실을 증명하기 위해 글이나 사진, 영상 등 문제 되는 게시물을 화면 캡처나 저장 기능으로 확실하게 보관해야 한다. 왜냐하면 나중에 문제가 되는 게시물이 삭제될 수도 있기 때문이다.

증거를 모았다면, 피해 사실을 부모님이나 선생님 같은 어른과 상의하는 것이 중요하다. 혼자 고민하면 해결이 어려울 수 있으므로 반드시 어른의 도움을 받아야 한다. 만약 문제가 심각하다면, 해당 글이나 사진을 올린 사람에게 직접 삭제를 요청하거나 인터넷 사이트 관리자에게 삭제를 요구할 수 있다. 대부분의 사이트나 SNS는 초상권 침해나 명예훼손 문제에 대한 신고를 받으면 내용을 삭제해주는 규칙을 가지고 있다.

그런데 이런 요청에도 글이나 사진이 계속 남아있다면 경찰이나 사이버 경찰에 신고하거나 법적 도움을 받을 수 있다. 경찰이나 법률 전문가의 도움을 받으면 더 효과적으로 문제를 해결할 수 있다. 법적으로는 초상권 침해나 명예훼손을 저지른 사람이 피해자에게 사과하고 피해를 보상하도록 되어 있다.

무엇보다 중요한 것은 문제가 발생했을 때 빠르고 침착하게 대응하는 것이다. 감정적으로 대응하면 문제가 커질 수 있기 때문에 차분히 어른과 상의하고 정확한 절차를 따라야 한다. 초상권과 명예를 보호하는 것은 나와 다른 사람 모두에게 중요한 일이므로, 인터넷을 사용할 때 항상 신중하고 배려하는 자세가 필요하다.

(3) 실제 판례에서 배우는 성공적인 법적 대응법

인터넷에서 명예훼손이나 초상권 침해를 당했을 때, 실제로 있었던 법적 판결을 통해 현명한 대응법을 배울 수 있다.

첫 번째 사례는 인터넷에서 가짜 뉴스로 피해를 본 사람의 이야기이다. 어떤 사람이 자신에 대한 잘못된 글이 인터넷에 올라온 것을 발견하고 곧바로 화면을 캡처했다. 이 사람은 변호사에게 도움을 받아서 그 증거를 가지고 경찰에 신고했다. 법원은 이 캡처된 증거를 통해 허위 글을 올린 사람에게 벌금을 내도록 했다. 이 사례에서 볼 수 있는 성공적인 대응법은 피해를 발견한 즉시 정확한 증거를 확보하고 신속하게 경찰이나 법률 전문가에게 도움을 요청하는 것이다.

두 번째 사례는 초상권 침해 사건이다. 어떤 학생이 자신이 찍힌 사진이 SNS에 허락 없이 올라온 것을 보고 부모님에게 바로 알렸다. 부모님은 이 상황을 학교에 알리고 사진 삭제를 요구했다. 하지만 사진이 빨리 지워지지 않자 경찰에 신고했다. 결국 법원에서는 이 학생의 사진을 무단으로 올린 사람에게 손해배상을 명령했다. 이 사례의 성공적인 대응법은 피해를 즉시 어른들에게 알리고 삭제 요청 후에도 해결되지 않으면 법적 도움을 적극적으로 받는 것이다.

마지막 사례는 유명인의 초상권 침해 사건이다. 한 회사가 유명 연예인의 사진을 허락 없이 광고에 썼다. 연예인은 즉시 이 사실을 확인하고 변호사를 통해 법적 조치를 취했다. 법원은 이 유명인의 초상권이 명백히 침해되었다고 판단해 회사가 큰 배상금을 지급하게 했다. 이 사례는 피해 사실을 발견하면 즉시 전문가를 통해 적극적으로 법적 절차를 진행하는 것이 중요하다는 점을 알려준다.

이 사례들을 통해 우리는 침착하게 증거를 확보하고, 빠르게 어른이나 전문가의 도움을 받아야 성공적으로 법적 대응을 할 수 있음을 배울 수 있다.

판례로 보는 사례

1) 온라인 명예훼손 사건에서 승소한 사례를 소개하고 대응 전략을 분석했다.

첫 번째 사례는 서울중앙지방법원 사건이다(서울중앙지방법원 2018가단43210 판결). 원고는 회사원 A였고, 피고는 인터넷 이용자 B였다. B는 인터넷 카페에 A가 회사 돈을 훔쳤다는 거짓 글을 올렸다. A는 바로 이 글을 캡처해 경찰에 신고하고 소송을 제기했다. 법원은 증거를 검토하고 B의 글이 허위로 밝혀져 A가 명예훼손으로 승소했다. 법원은 B에게 A에게 배상금을 지급하고 공개적으로 사과하라고 명령했다.

두 번째 사례는 부산지방법원 사건이다(부산지방법원 2019가단56789 판결). 피해자 C는 중학교 학생이고 피고 D는 같은 학교 학생이었다. D는 SNS에 C에 대한 나쁜 소문을 만들어 퍼뜨렸다. C는 부모님과 함께 증거를 모아 학교와 경찰에 신고했고, 법원은 D가 C의 명예를 훼손했다고 판단했다. 결국 D는 C에게 사과하고 손해배상을 해야 했다.

세 번째 사례는 수원지방법원 사건이다(수원지방법원 2020가단24681 판결). 원고는 일반인 E였고, 피고는 블로거 F였다. F는 E에 대한 잘못된 소문을 블로그에 올렸다. E는 곧바로 글을 캡처하여 변호사의 도움을 받아 법적 조치를 취했다. 법원은 블로거 F가 잘못된 내용을 올려 E의 명예를 크게 훼손했다고 인정해 손해배상금을 지급하라고 결정했다.

2) 초상권 침해 사건에서 법적 구제에 성공한 실제 사례를 살펴보았다

첫 번째 사례는 서울중앙지방법원 사건이다(서울중앙지방법원 2017가단13579 판결). 유명 배우 G가 원고였고, 한 광고회사가 피고였다. 광고회사는 배우 G의 사진을 허락 없이 제품 광고에 사용했다. 배우 G는 즉시 증거를 확보하고 변호사를 통해 법원에 소송을 제기했다. 법원은 회사가 초상권을 침해했다고 인정하여 G에게 손해배상금을 지급하라고 판결했다.

두 번째 사례는 대전지방법원 사건이다(대전지방법원 2018가단86420 판결). 대학생 H는 학교 홈페이지에 자신의 허락 없이 행사에서 찍힌 사진이 올라간 것을 발견했다. 이 사진 때문에 H는 친구들에게 놀림을 받았다. H는 부모님과 함께 학교에 항의했지만 해결되지 않아 법원에 소송을 걸었다. 법원은 학교가 초상권을 침해했다고 판단하여 학교가 학생에게 사과하고 피해를 보상하라고 명령했다.

세 번째 사례는 광주지방법원 사건이다(광주지방법원 2021가단97531 판결). 일반인 I는 친구 J가 자신이 원하지 않은 사진을 SNS에 올려 피해를 봤다. I는 즉시 J에게 사진 삭제를 요청했지만 거부당했고, 결국 소송을 진행했다. 법원은 친구 J가 I의 초상권을 침해했다고 판단했고, J는 사진 삭제와 함께 손해배상금을 I에게 지급해야 했다.

이 사례들은 명예훼손과 초상권 침해 사건에서 어떻게 현명하게 대응할 수 있는지 알려준다. 피해 사실을 즉시 증거로 남기고 법적 도움을 받으면 승소할 가능성이 크다는 것을 알 수 있다.

인터넷 세상에서는 작은 글 하나, 사진 한 장이라도 큰 힘을 지닌다. 우리가 쓴 글이나 댓글이 때로는 상대방에게 상처를 주고 법적 문제가 될 수도 있다. 반대로 다른 사람이 쓴 글 때문에 나 자신이 피해자가 될 수도 있다. 이 책에서 본 많은 판례들이 이를 분명히 보여준다.

인터넷에서도 현실과 마찬가지로 명확한 책임과 규칙이 존재한다는 사실을 잊지 말자. 인터넷을 사용할 때는 신중해야 한다. 글과 사진을 올릴 때는 반드시 상대방을 존중하고 정확한 정보를 전달해야 한다. 서로의 권리를 지키는 책임 있는 행동이야말로 디지털 시대를 살아가는 우리 모두에게 꼭 필요한 태도이다. 인터넷을 더 현명하게, 더 따뜻하게 사용할 때, 우리 모두가 안전하고 행복한 디지털 세상을 만들 수 있다.

PART 9

성공하는 인터뷰 기사의 모든 것

CONTENTS

인터뷰 준비하기: 훌륭한 인터뷰는 준비에서 시작된다············229

인터뷰 진행하기: 현장에서 좋은 답변을 끌어내는 방법············234

인터뷰 기사 작성하기: 독자를 사로잡는 글쓰기 전략············240

실제 사례로 보는 인터뷰 기사 분석············247

인터뷰를 통해 고객과 신뢰 관계 형성하기············250

문오영

"AI 콘텐츠 전략가이자 디지털 창작자"

문오영 작가는 AI 콘텐츠 기획자이자 디지털 미디어 전문가로 활동하고 있다. 다양한 분야에서 AI를 활용한 콘텐츠 제작과 교육에 힘쓰며, 디지털 시대의 창작과 소통을 선도하고 있다.

현재 한국미디어창업뉴스의 객원기자로 활동하며, AI 기술과 미디어 트렌드에 대한 깊이 있는 분석과 통찰을 제공하고 있다. 또한, 한국AI영상제작협회의 이사로서 AI 기반 영상 제작의 발전을 위해 노력하고 있다. 제2회 서울국제AI영화제에서 Best AI Sound Design부분 심사의원으로 참여하였다. 생성형 AI 교육 지도사와 AI 마케팅 지도사로서의 자격을 보유하고 있으며, ESG 지도자로 지속 가능한 발전과 사회적 책임에 대한 관심을 드러내고 있다.

또한 AI 기술과 디지털 미디어를 활용하여 창의적이고 혁신적인 콘텐츠 개발에 힘쓰고 있다. 디지털 시대의 변화에 능동적으로 대응하며, 다양한 분야에서 AI 기술의 활용 가능성을 탐색하고 있다. 이를 통해 독자들에게 새로운 시각과 영감을 제공하고자 한다.

- AI마케팅 지도사
- 생성형AI교육 지도사
- ESG지도자 2급 자격증
- 한국AI영상제작협회 이사
- 한국미디어창업뉴스 객원기자

출간저서 『이것이 AI활용 홍보마케팅 전략이다』, 『인공지능 콘텐츠 트렌드』, 『광고하지 말고 언론하라』, 『터닝포인트로 퀀텀점프하라』, 『가장 쉬운 AI가이드』

"사회의 거울은 언론이다.
투명하고 정직해야 한다."

조지 버나드 쇼

1. 인터뷰 준비하기: 훌륭한 인터뷰는 준비에서 시작된다

(1) 인터뷰이 선정: 독자들이 궁금해할 인물 찾기

좋은 인터뷰 기사를 쓰기 위해서는 누구를 인터뷰할지 정하는 것부터 신중해야 한다. 인터뷰이란 인터뷰를 통해 자기 이야기를 들려줄 사람을 의미한다. 독자들이 관심을 가지고 궁금해할 만한 사람을 잘 찾아야 좋은 인터뷰 기사를 만들 수 있다. 어떤 인물이 독자의 관심을 끌 수 있는지는 신중하게 고민할 필요가 있다.

인터뷰이를 선정할 때 가장 먼저 고려해야 할 점은, 그 사람이 독자들에게 얼마나 흥미롭고 새로운 이야기를 제공할 수 있는가 하는 점이다. 유명하거나 인기가 많은 인물이 항상 좋은 인터뷰이가 되는 것은 아니다. 오히려 덜 알려졌지만 특별한 경험이나 독특한 이야기를 가진 사람이 독자의 호기심을 더 강하게 자극할 수도 있다. 그러므로 인터뷰이를 선택할 때는 단순히 유명세가 아니라, 그 사람이 가진 스토리가 얼마나 독특하고 의미 있는지를 살펴봐야 한다.

또한, 인터뷰이의 이야기가 독자의 일상이나 관심사와 얼마나 연결되는지도 중요하다. 독자들이 공감할 수 있는 이야기를 가진 사람이라면 그 인터뷰 기사는 더욱 많은 독자의 관심을 받을 것이다. 예를 들어, 평범한 직장인이었지만 나이와 관계없이 AI 전문가로 거듭난 사람의 이야기는 비슷한 고민을 하는 독자들에게 큰 공감을 불러일으킬 수 있다.

인터뷰이 선정에서 또 한 가지 중요한 점은 그 사람이 가진 메시지가 사회적으로 어떤 의미를 전달할 수 있느냐는 것이다. 단순히 개인의 성공 이야기를 넘어서 독자들에게 유익한 교훈이나 영감을 줄 수 있는 사람을 선택해야 한다. 이런 인터뷰이는 독자들이 기사를 읽은 뒤에도 오랫동안 기억할 수 있는 강한 인상을 남길 수 있다.

결국, 인터뷰이를 선정할 때는 독자들이 궁금해할 인물인지, 독자들에게 가치 있는 메시지를 전할 수 있는 사람인지를 꼼꼼히 생각하고 결정해야 한다. 이렇게 충분한 고민과 준비를 거쳐 인터뷰이를 선택하면 더욱 풍부하고 의미 있는 인터뷰 기사를 만들어 낼 수 있다.

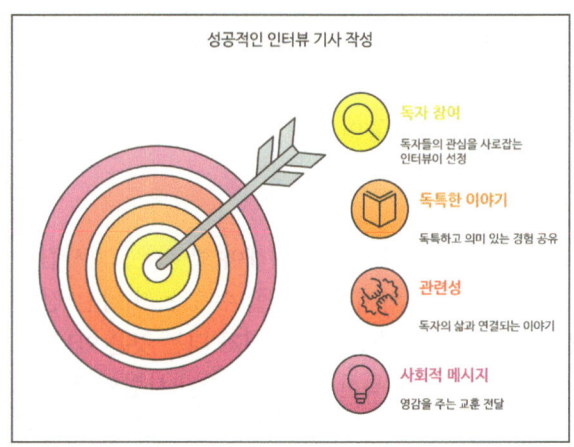

(2) 사전 조사: 인터뷰 전 꼭 준비해야 할 5가지

좋은 인터뷰를 하기 위해서는 사전 조사가 무엇보다 중요하다. 사전 조사란 인터뷰를 하기 전에 미리 정보를 수집하고, 충분히 준비하는 과정을 말한다. 준비가 잘 된 인터뷰는 인터뷰이로부터 깊고 유익한 이야기를 끌어내기 쉽다. 그렇다면 사전 조사에서 반드시 준비해야 할 것들은 무엇이 있을까?

첫째, 인터뷰할 사람의 이력과 배경을 정확히 알아야 한다. 인터뷰이가 어떤 일을 해왔고 어떤 경험을 했는지 미리 알면 좋은 질문을 만들 수 있다. 예를 들어, 인터뷰할 사람이 어떤 분야에서 일했는지, 어떤 어려움을 겪었고, 어떤 성과를 냈는지 등을 조사해야 한다.

둘째, 인터뷰이와 관련된 최신 뉴스를 미리 찾아보아야 한다. 최근 어떤 활동을 했는지, 어떤 사건이나 이슈와 관련이 있는지를 알아야 좋은 질문을 할 수 있다. 최신 뉴스는 인터뷰의 주제를 더욱 풍부하게 만들어 준다.

셋째, 인터뷰 주제에 관한 배경 지식이 필요하다. 만약 인터뷰 주제가 'AI 기술'이라면, 기본적인 AI 용어나 개념 정도는 알아두어야 한다. 그래야 인터뷰이가 전문적인 이야기를 할 때에도 쉽게 이해하고, 독자들이 알기 쉽게 다시 설명할 수 있다.

넷째, 과거에 인터뷰이가 했던 다른 인터뷰나 기사들도 확인해 보아야 한다. 이미 많이 다뤄진 질문을 피하고, 독자들이 궁금해할 만한 새로운 질문을 준비하는 데 도움을 준다.

마지막으로, 인터뷰이를 만나기 전에 질문지를 미리 작성하고 점검해야 한다. 질문은 무조건 많다고 좋은 것이 아니라 핵심적인 내용을 담아 간결하고 명확하게 구성하는 것이 중요하다. 질문이 잘 구성되면 인터뷰이는 더 풍부한 답변을 제공할 수 있다.

이렇게 철저하게 사전 조사를 하면 인터뷰에서 좋은 질문을 던질 수 있고, 독자들이 흥미를 느끼는 깊이 있는 이야기를 얻을 수 있다. 결국, 좋은 인터뷰는 미리 충분히 준비하는 데서 시작된다는 사실을 잊지 말아야 한다.

(3) 효과적인 질문 만들기: 좋은 질문이 좋은 답변을 만든다

인터뷰에서 가장 중요한 요소 중 하나는 바로 질문이다. 질문은 단순히 정보를 얻기 위한 수단이 아니라, 인터뷰이의 진심과 경험을 이끌어내는 열쇠 역할을 한다. 질문이 깊고 구체적일수록 인터뷰이는 자신의 이야기를 자연스럽게 풀어놓을 수 있다.

좋은 질문을 만들기 위해서는 먼저 인터뷰의 목적을 분명히 해야 한다. 이번 인터뷰를 통해 무엇을 알고 싶은지, 어떤 메시지를 전달하고 싶은지를 정해야 한다. 질문의 방향이 명확해야 인터뷰의 흐름도 자연스럽게 이어질 수 있다.

질문은 되도록 열린 형식으로 구성하는 것이 좋다. "이 일을 몇 년 하셨나요?"처럼 짧은 대답으로 끝나는 질문보다는, "이 일을 시작하게 된 계기는 무엇인가요?"와 같이 이야기할 수 있는 질문이 효과적이다. 열린 질문은 인터뷰이의 감정과 생각을 충분히 표현할 수 있는 기회를 제공한다.

질문을 구성할 때는 순서도 중요하다. 인터뷰 시작부터 무거운 질문을 던지기보다는, 가벼운 인사나 일상적인 질문으로 분위기를 부드럽게 만드는 것이 좋다. 예를 들어 "요즘 어떻게 지내고 계세요?"처럼 친근한 질문으로 시작하면 인터뷰이의 긴장이 풀리고 대화가 자연스럽게 이어질 수 있다. 이후 "이 일을 하게 된 특별한 계기가 있나요?" 혹은 "어려운 점은 어떤 것이었나요?"처럼 점점 더 깊이 있는 질문으로 확장해 나가는 방식이 바람직하다.

질문은 간결하고 명확해야 한다. 질문이 길거나 복잡하면 인터뷰이가 내용을 이해하지 못하거나 대답을 망설일 수 있다. 핵심을 담은 짧고 쉬운 문장을 사용해야 한다. 초등학생도 이해할 수 있을 만큼 쉬운 표현이면 누구에게든 통한다.

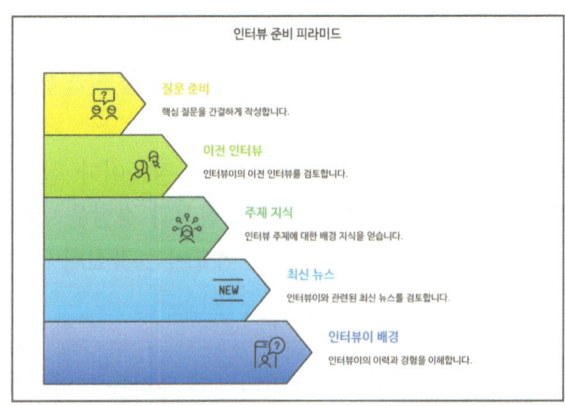

또한, 인터뷰 중에는 예상하지 못한 답변이 나올 수 있다. 이럴 때는 준비

한 질문 외에도 인터뷰이의 말을 잘 듣고, 그에 맞는 추가 질문을 자연스럽게 이어가야 한다. 이러한 대화 방식은 인터뷰를 보다 풍성하게 만들어준다.

결국, 좋은 인터뷰는 좋은 질문에서 시작한다. 진심 어린 질문은 인터뷰이의 마음을 열게 만들고, 그 안에 담긴 이야기는 독자에게 감동과 통찰을 전할 수 있다. 질문 하나하나에 관심과 정성을 담는 자세가 무엇보다 중요하다.

(4) 사전 인터뷰와 인터뷰이 설득하는 노하우

좋은 인터뷰를 하기 위해서는 본격적인 인터뷰에 앞서 사전 인터뷰를 진행하는 것이 도움이 된다. 사전 인터뷰란 정식 인터뷰에 앞서 인터뷰이와 짧게 만나거나 통화하면서 인터뷰의 주제나 방향, 분위기를 미리 공유하고 준비하는 과정을 말한다. 이 과정을 통해 기자는 인터뷰이의 말투, 성격, 관심사를 파악할 수 있고, 인터뷰이는 어떤 질문을 받을지에 대해 부담 없이 이해할 수 있다.

사전 인터뷰는 신뢰를 쌓는 기회가 되기도 한다. 인터뷰이를 설득하고 협조를 이끌어내기 위해서는 단순히 질문을 나열하는 것이 아니라, 왜 이 인터뷰가 필요한지, 어떤 점이 특별한지를 설명할 수 있어야 한다. "이번 인터뷰를 통해 독자들이 어떤 점을 배울 수 있을지 궁금합니다"와 같이 인터뷰이의 경험과 가치를 존중하는 태도를 보이면 신뢰감이 생긴다. 상대가 기자를 믿게 되면, 더 진솔한 이야기를 나누고자 하는 의지도 높아진다.

또한, 사전 인터뷰에서는 인터뷰이의 편안함을 고려해야 한다. 인터뷰이가 긴장하지 않도록 천천히 말하고, 중간에 고개를 끄덕이거나 공감의 표현을 해주는 것이 좋다. 너무 딱딱한 분위기보다는 자연스럽고 따뜻한 분위기를 만드는 것이 인터뷰의 질을 높인다.

인터뷰이를 설득할 때는 인터뷰 목적과 매체의 성격을 분명히 알려주는 것이 중요하다. 이 기사가 누구를 대상으로 하고, 어떤 방식으로 쓰일 예정인지 구체적으로 설명하면 인터뷰이도 안심하고 참여할 수 있다. 특히 바쁜 일정 속에서도 인터뷰에 응하도록 하려면, 인터뷰이를 존중하는 태도와 진정성 있는 접근이 필요하다.

사전 인터뷰를 통해 확인해야 할 점은 다음과 같다. 인터뷰이의 최근 관심사, 민감할 수 있는 질문은 무엇인지, 그리고 인터뷰에서 강조하고 싶은 주제가 무엇인지 등을 미리 파악해두는 것이 좋다. 이렇게 하면 인터뷰 당일에는 더 깊이 있고 효과적인 대화를 이어갈 수 있다.

결국, 사전 인터뷰는 인터뷰의 시작이자 성공을 위한 준비 단계이다. 이 과정을 소홀히 하면 인터뷰 전체가 어색하거나 단편적인 내용에 머물 수 있다. 반대로 사전 인터뷰를 충실히 준비하고 인터뷰이와 신뢰를 쌓는다면, 더욱 깊이 있는 이야기와 살아 있는 기사를 만들 수 있다. 인터뷰의 성패는 사전 준비와 설득의 과정에서 이미 절반이 결정된다는 사실을 기억해야 한다.

2. 인터뷰 진행하기: 현장에서 좋은 답변을 끌어내는 방법

(1) 인터뷰 현장 분위기를 만드는 법

좋은 인터뷰는 단지 질문을 잘하는 것으로 완성되지 않는다. 인터뷰이의 진솔한 이야기를 이끌어내기 위해서는 무엇보다도 현장 분위기를 잘 만드는 것이 중요하다. 편안하고 신뢰할 수 있는 분위기 속에서 인터뷰이는 자신의 생각과 감정을 자연스럽게 표현하게 된다. 반대로 어색하거나 긴장된 분위기에서는 마음을 열기 어려워질 수 있다.

인터뷰가 시작되기 전, 기자는 먼저 간단한 인사를 나누고 가벼운 대화를 시도해야 한다. 날씨나 일상적인 이야기부터 시작하면 인터뷰이의 긴장을 조금씩 풀 수 있다. 처음부터 바로 질문을 던지기보다는 상대가 말할 준비가 되었는지를 살펴보는 여유가 필요하다. 이런 자연스러운 시작이 인터뷰의 흐름을 매끄럽게 이어주는 데 도움이 된다.

현장 분위기를 부드럽게 만들기 위해서는 기자의 태도도 중요하다. 지나치게 딱딱하거나 형식적인 말투보다는, 따뜻하고 차분한 말투로 대화를 이어가는 것이 좋다. 인터뷰이가 말을 할 때는 눈을 맞추고 고개를 끄덕이거나 간단한 반응을 보여주는 것도 효과적이다. 이는 상대방의 이야기를 진심으로 듣고 있다는 신호가 되며, 인터뷰이에게 안정감을 줄 수 있다.

인터뷰 장소의 환경도 분위기에 큰 영향을 준다. 조용하고 방해받지 않는 공간을 선택해야 하며, 빛과 소음이 적절한지도 미리 확인해야 한다. 너무 밝거나 어두운 곳, 혹은 사람들이 오가며 산만한 공간은 집중력을 떨어뜨릴 수 있다. 가능하다면 인터뷰이가 편하게 느끼는 장소를 함께 정하는 것이 바람직하다.

또한, 기자는 인터뷰이의 말에 대해 지나친 평가나 판단을 하지 않아야 한다. 인터뷰는 정보를 얻는 자리이지, 옳고 그름을 따지는 자리가 아니다. 상대방이 말하는 도중에 끼어들거나 너무 많은 설명을 덧붙이는 것도 피해야 한다. 자연스럽고 열린 자세를 유지해야 인터뷰이도 편안하게 자신의 이야기를 풀어갈 수 있다.

결국, 인터뷰 현장의 분위기를 어떻게 조성하느냐에 따라 인터뷰의 깊이와 진정성이 달라진다. 따뜻하고 신뢰할 수 있는 분위기에서 나눈 대화는 글로 옮겼을 때도 생생하게 살아난다. 기자는 인터뷰를 단순한 질문과 답변의 교환이 아닌, 사람과 사람 사이의 대화로 만드는 데 힘써야 한다. 그런 자세가 담긴 인터뷰는 독자의 마음에도 오래 남게 된다.

(2) 질문의 순서와 질문의 기술

인터뷰를 성공적으로 이끌기 위해서는 질문의 내용뿐 아니라, 그 순서와 진행 방식도 매우 중요하다. 어떤 질문을 먼저 하고, 어떤 질문을 나중에 하는지에 따라 인터뷰이의 반응과 인터뷰의 깊이가 달라질 수 있다. 처음부터 너무 무겁거나 개인적인 질문을 던지면 인터뷰이가 부담을 느낄 수 있으므로, 질문의 흐름을 자연스럽게 구성해야 한다.

인터뷰는 보통 가벼운 질문으로 시작하는 것이 좋다. 처음에는 일상적인 내용이나 인터뷰이의 최근 활동에 대한 질문을 던지며 긴장을 풀 수 있도록 한다. 예를 들어 "요즘 어떻게 지내고 계세요?" 같은 질문은 상대가 편안하게 자신의 이야기를 시작할 수 있게 도와준다. 이처럼 첫 질문은 대화의 문을 여는 역할을 한다.

그 다음에는 인터뷰이의 배경이나 활동에 대한 기본적인 질문을 이어간다. 어떤 일을 하게 되었는지, 시작하게 된 계기는 무엇인지 등 인터뷰이의 이야기를 듣는 데 필요한 기초 정보를 묻는 것이 좋다. 이렇게 배경을 알아가는 질문은 인터뷰 전체의 맥락을 이해하는 데 도움이 된다.

이후에는 점차 깊이 있는 질문으로 나아간다. 도전했던 경험, 어려움을 극복한 과정, 그 안에서 느낀 감정 등을 묻는 질문은 인터뷰이를 더 깊은 이야기로 이끌어낸다. 예를 들어 "그 과정에서 가장 힘들었던 순간은 언제였나요?" 또는 "그때 어떤 생각이 드셨나요?"와 같은 질문은 감정과 생각을 끌어낼 수 있다.

질문을 던질 때는 너무 빠르게 다음 질문으로 넘어가지 않는 것이 중요하다. 인터뷰이의 답변을 잘 듣고, 그 안에서 새로운 질문을 만들어내는 유연함이 필요하다. 답변 중에 흥미로운 부분이 있다면, 그것을 놓치지 않고 추가 질문으로 이어가야 한다. 이러한 기술은 인터뷰를 더 풍부하고 생생하게 만든다.

또한, 질문은 되도록 짧고 명확하게 해야 한다. 질문이 너무 길거나 복잡하면 인터뷰이가 이해하기 어려워진다. 중요한 내용이 빠지지 않도록 하면서도,

쉽게 이해할 수 있는 말로 구성해야 한다. 초등학생도 이해할 수 있을 정도로 쉬운 질문은 누구에게든 통한다.

마지막으로 인터뷰의 끝부분에서는 미래 계획이나 하고 싶은 말을 물어보는 질문으로 마무리하는 것이 좋다. "앞으로 어떤 계획이 있으신가요?"와 같은 질문은 인터뷰이에게 자신의 비전이나 바람을 나눌 수 있는 기회를 준다. 이렇게 인터뷰를 자연스럽게 마무리하면, 읽는 사람에게도 따뜻한 인상을 남길 수 있다.

결국, 질문의 순서와 구성은 인터뷰의 흐름을 좌우한다. 질문을 어떻게 준비하고 어떻게 던지느냐에 따라 인터뷰이의 말이 달라지고, 기사에 담길 이야기의 깊이도 달라진다. 인터뷰를 잘 이끌기 위해서는 기술뿐 아니라 상대를 배려하는 마음도 함께 갖추어야 한다.

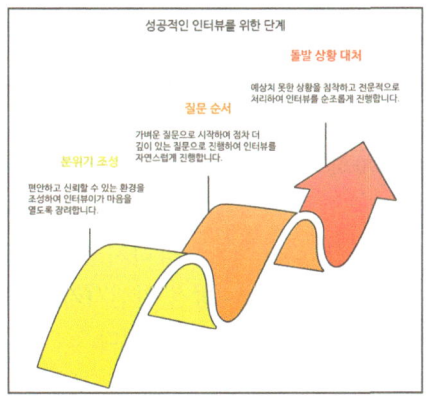

(3) 돌발 상황 대처법과 인터뷰이의 긴장 완화법

인터뷰는 아무리 준비를 철저히 하더라도 예상하지 못한 상황이 생길 수 있다. 이런 돌발 상황에 잘 대처하는 능력은 좋은 인터뷰어가 갖추어야 할 중요한 자질이다. 또한 인터뷰이가 긴장한 상태에서는 진솔한 이야기를 이끌어내기 어렵기 때문에, 긴장을 풀어주는 기술도 필요하다. 두 가지 모두 인터뷰의 분위기와 결과를 크게 좌우하는 요소이다.

돌발 상황은 여러 가지 형태로 나타날 수 있다. 인터뷰이가 갑자기 준비한 질문에 대답하기를 꺼려하거나, 예상과 다른 주제로 말을 이어가기도 한다. 때로는 감정적으로 불편해지는 순간이 오거나, 현장 소음이나 외부 방해로 흐름이 끊기기도 한다.

이런 경우 당황하지 않고 침착하게 상황을 받아들이는 것이 중요하다. 무엇보다 인터뷰이는 기자의 태도를 보고 긴장하거나 안심하기 때문에, 기자가 여유 있는 자세를 보이는 것이 가장 먼저 해야 할 일이다.

만약 인터뷰이가 질문에 답하기를 망설인다면, 질문을 조금 바꾸어 다시 부드럽게 던지는 것이 효과적이다. 예를 들어 "이 질문이 조금 부담스러우실 수 있을 것 같습니다. 그 상황에서 어떤 생각이 드셨는지만 간단히 이야기해주셔도 괜찮습니다"와 같은 말로 상대방을 배려하는 태도를 보일 수 있다. 질문의 방향을 바꾸거나 예시를 덧붙이면 인터뷰이가 말을 이어가기 쉬워진다.

또한, 인터뷰이를 긴장에서 풀어주는 방법도 중요하다. 인터뷰 시작 전에 가벼운 일상 대화를 나누거나, 따뜻한 말 한마디를 건네는 것이 도움이 된다. "오늘 여기까지 오시느라 힘드셨죠?", "긴장하지 않으셔도 괜찮습니다. 편하게 이야기해주세요"와 같은 말은 상대방을 안심시키는 데 효과가 있다. 이런 배려가 쌓이면 인터뷰이는 점차 마음을 열게 된다.

인터뷰 중에도 기자는 계속해서 공감의 반응을 보여야 한다. 고개를 끄덕이거나 "그랬군요", "이해가 됩니다"와 같은 짧은 말로 인터뷰이의 이야기를 잘 듣고 있다는 신호를 주는 것이 좋다. 이것은 단순한 예의 차원이 아니라, 인터뷰이가 계속해서 이야기할 수 있는 분위기를 만드는 데 큰 역할을 한다.

예기치 않은 상황이 발생해 인터뷰를 중단해야 할 경우도 있다. 이럴 때는 당황하거나 서두르기보다, "지금 잠시 쉬어가도 괜찮을까요?" 또는 "필요하시면 천천히 생각하고 말씀 주셔도 됩니다"와 같은 표현으로 상황을 부드럽게 넘기는 것이 바람직하다. 돌발 상황 속에서도 서로에 대한 존중을 유지하는 것이 가장 중요하다.

결국, 인터뷰는 질문과 답변의 교환을 넘어서 사람과 사람 사이의 신뢰를 바탕으로 이루어지는 대화이다. 돌발 상황이 생기더라도 열린 마음과 차분한 태도로 임하면 좋은 인터뷰를 이어갈 수 있다. 인터뷰이를 배려하고 이해하려는 태도가 곧 좋은 인터뷰를 만드는 바탕이 된다.

(4) 인터뷰이의 진심을 이끌어내는 질문법

인터뷰에서 가장 중요한 목표는 단순한 정보 전달이 아니라, 인터뷰이의 진심을 이끌어내는 데 있다. 인터뷰이가 마음을 열고 자신의 속마음과 경험을 솔직하게 들려줄 때, 비로소 깊이 있는 인터뷰가 만들어진다. 이를 위해서는 적절한 질문을 던지는 기술이 필요하다. 기자가 어떤 방식으로 질문을 하느냐에 따라 인터뷰이의 태도와 답변의 깊이가 달라진다.

진심을 이끌어내는 질문은 겉으로 드러난 사실을 묻기보다는, 그 사람의 생각과 감정, 그리고 선택의 배경에 집중해야 한다. 예를 들어 "이 일을 시작하게 된 특별한 계기가 있었나요?" 혹은 "그때 어떤 감정이 드셨나요?"와 같은 질문은 단순한 사건의 나열이 아니라, 인터뷰이의 마음을 들여다보는 기회를 제공한다. 감정과 경험이 담긴 질문일수록, 인터뷰이는 더욱 진솔한 답변을 하게 된다.

또한, 질문을 던질 때는 인터뷰이를 존중하고 공감하는 태도가 중요하다. 질문 속에 판단이나 의심이 담겨 있으면, 인터뷰이는 방어적인 태도를 보일 수 있다. 반대로 상대방의 이야기에 진심으로 관심을 보이면, 인터뷰이는 자신이 존중받고 있다고 느끼게 된다. 이런 감정이 쌓이면 마음을 열고 자신의 속 이야기를 들려줄 준비가 된다.

질문은 구체적이고 선명해야 한다. 너무 추상적인 질문은 오히려 인터뷰이를 당황하게 만들 수 있다. 예를 들어 "삶에서 중요한 가치는 무엇인가요?"보다는 "그 일을 겪고 난 후, 어떤 생각이 가장 오래 남았나요?"처럼 질문을 구체적으로 바꾸면 더 쉽게 대답할 수 있다. 또한, 이미 말한 내용을 바탕으로 자연스럽게 이어지는 질문은 인터뷰이에게 '내 이야기를 잘 듣고 있구나'라는 신뢰를 심어준다.

진심을 이끌어내기 위해서는 기다림도 필요하다. 질문을 던진 후에는 충분한 시간을 주고, 인터뷰이가 스스로 정리해 말할 수 있도록 해야 한다. 침묵이 흐르더라도 성급하게 다음 질문으로 넘어가지 말고, 인터뷰이가 마음속 이야기를 꺼낼 수 있는 시간을 존중해야 한다. 때로는 짧은 침묵이 진심 어린 답변으로 이어지는 열쇠가 되기도 한다.

마지막으로, 진심을 이끌어내는 질문은 기자의 진정성에서 비롯된다. 단순히 기사를 쓰기 위한 목적이 아니라, 한 사람의 이야기에 귀 기울이고자 하는 태도가 느껴질 때, 인터뷰이도 진심으로 응답하게 된다. 결국, 좋은 질문은 기자의 마음이 만들어내는 것이다. 진심을 담아 던진 질문은 진심을 담은 답변으로 돌아온다. 그 순간, 인터뷰는 정보를 넘어 사람의 이야기를 담은 기록이 된다.

3. 인터뷰 기사 작성하기: 독자를 사로잡는 글쓰기 전략

(1) 첫 문장으로 독자의 시선을 붙잡는 방법

인터뷰 기사를 쓸 때, 가장 먼저 고민해야 할 부분은 바로 첫 문장이다. 첫 문장은 독자의 시선을 붙잡는 역할을 한다. 아무리 훌륭한 내용을 담고 있어도, 첫 문장이 흥미롭지 않으면 독자는 기사를 끝까지 읽지 않을 수 있다. 그렇기 때문에 첫 문장을 어떻게 시작하느냐에 따라 기사 전체의 성공이 좌우

된다고 해도 과언이 아니다.

첫 문장을 쓸 때는 짧고 강렬하게 시작하는 것이 효과적이다. 긴 설명이나 배경부터 늘어놓기보다는, 눈길을 끌 수 있는 인상적인 말이나 장면으로 시작해야 한다. 예를 들어 "55세에 AI 전문가가 된 남자가 있다."라는 문장은 단순하지만 독자의 궁금증을 불러일으킨다. 독자는 '어떻게 그런 일이 가능했을까?'라는 생각을 하며 글을 계속 읽고 싶어진다.

또한, 인터뷰이의 말이나 인용을 첫 문장에 활용하는 것도 좋은 방법이다. "미술은 또 하나의 언어입니다."라는 말로 시작되는 기사는 인터뷰이의 철학을 바로 드러내면서도 독자의 호기심을 자극할 수 있다. 이런 문장은 기사 전체의 분위기를 결정짓고, 인터뷰이의 인상을 강하게 남기는 효과가 있다.

상황을 구체적으로 묘사하면서 시작하는 것도 좋은 전략이다. "좁은 작업실 한켠, 그는 조용히 종이에 무언가를 그리고 있었다."와 같은 문장은 독자를 이야기 속으로 자연스럽게 끌어들이는 힘이 있다. 독자는 마치 그 장면을 옆에서 지켜보는 듯한 느낌을 받으며 기사에 몰입하게 된다.

첫 문장은 너무 무겁거나 복잡하지 않게 쓰는 것이 좋다. 초등학생도 쉽게 이해할 수 있을 만큼 간단하면서도 생생한 표현이 필요하다. 어려운 단어를 나열하기보다는, 짧은 문장을 사용해 이야기의 문을 여는 것이 바람직하다. 쉽고 강한 문장은 누구에게나 전달력이 좋다.

마지막으로, 첫 문장은 기사 전체의 중심 주제를 자연스럽게 암시할 수 있어야 한다. 독자는 첫 문장을 통해 이 기사가 무엇을 말하려는지 짐작하게 된다. 중심 메시지와 연결되는 첫 문장은 기사의 방향성을 잡아주는 역할을 한다. 따라서 단순한 문장이더라도 그 안에 의미가 담겨 있어야 한다.

결국, 좋은 기사에는 좋은 첫 문장이 있다. 첫 문장은 독자의 마음을 여는 열쇠와 같다. 그 문장이 흥미롭고 자연스럽다면, 독자는 끝까지 기사를 읽게 되고, 인터뷰이의 이야기에도 진심으로 귀를 기울이게 된다. 그래서 기자는 언제나 첫 문장을 가장 신중하게, 가장 정성스럽게 써야 한다.

(2) 스토리텔링을 활용한 인터뷰 기사 구성법

인터뷰 기사를 쓰는 데 있어 가장 중요한 요소 중 하나는 이야기의 흐름이다. 단순히 질문과 답변을 나열하는 방식은 독자의 관심을 오래 끌기 어렵다. 대신, 하나의 이야기처럼 구성된 인터뷰 기사는 독자의 몰입도를 높이고, 인터뷰이의 경험과 메시지를 더 생생하게 전달할 수 있다. 이를 위해 필요한 것이 바로 스토리텔링 기법이다.

스토리텔링이란, 사건이나 인물의 경험을 이야기처럼 풀어내는 것을 말한다. 인터뷰 기사에서 스토리텔링을 활용하면, 인터뷰이가 겪은 일들을 시간의 흐름에 따라 자연스럽게 엮어갈 수 있다. 이렇게 하면 독자는 마치 한 편의 짧은 드라마나 다큐멘터리를 보는 것처럼 글을 따라가게 된다.

일반적으로 스토리텔링에는 일정한 구조가 있다. '처음(기)-중간(승)-변화(전)-결과(결)'로 이어지는 흐름을 만들면 인터뷰 기사의 구성이 훨씬 매끄러워진다. 예를 들어, '처음'에는 인터뷰이의 배경이나 출발점을 소개하고, '중간'에는 겪었던 도전이나 어려움을 서술한다. 그다음 '변화'에서는 이를 어떻게 극복했는지를 보여주고, 마지막 '결과'에서는 현재의 모습이나 성과, 앞으로의 계획을 전하면 된다.

이런 구조는 독자의 이해를 돕고, 감정을 따라가게 만든다. 예를 들어, 평범한 직장인이 새로운 분야에 도전하여 전문가로 성장한 이야기라면, 독자는 그 여정을 함께 따라가며 공감하게 된다. 단지 정보를 전달하는 것이 아니라, 그 사람의 '삶의 흐름'을 전달하는 것이다.

스토리텔링을 잘 활용하려면 인터뷰이의 말 중에서 중요한 전환점이나 감정이 담긴 장면을 중심으로 정리하는 것이 좋다. 인터뷰 전체를 시간 순서대로 단순하게 나열하기보다, 중요한 순간을 중심으로 다시 구성하면 이야기의 흐름이 훨씬 살아난다.

또한 글을 쓸 때는 장면을 묘사하거나 감정을 자연스럽게 표현해야 한다. 예를 들어, "그는 말을 멈추고 잠시 고개를 숙였다"라는 문장은 그 순간의 분위기와 감정을 잘 전달한다. 이런 표현은 독자로 하여금 인터뷰이의 상황을 더 깊이 이해하고 느끼게 한다.

결국 스토리텔링이 잘 담긴 인터뷰 기사는 단순한 정보의 나열이 아니라, 한 사람의 이야기를 독자에게 전하는 다리 역할을 한다. 기자는 인터뷰이의 경험 속에서 중요한 이야기를 찾아내고, 그것을 가장 자연스럽고 감동적으로 전달하는 기술을 갖추어야 한다. 그렇게 만들어진 인터뷰 기사는 오랫동안 독자의 기억에 남는다.

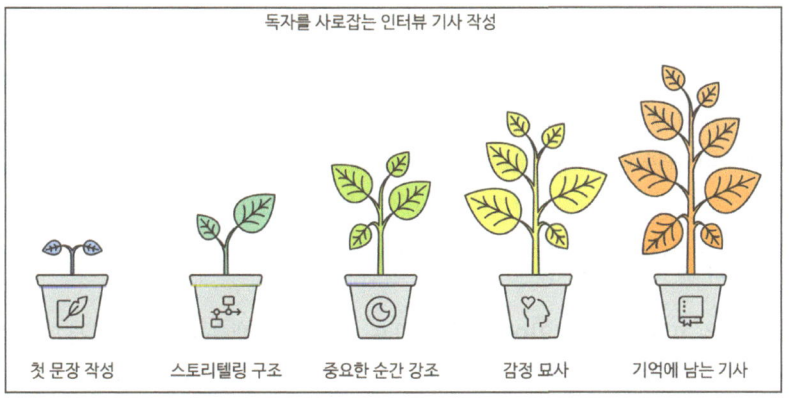

(3) 인터뷰이의 개성과 철학을 효과적으로 표현하는 기술

인터뷰 기사를 쓸 때 가장 중요한 목표 중 하나는 인터뷰이의 '진짜 모습'을 드러내는 것이다. 독자는 단순히 인터뷰이의 말만 알고 싶은 것이 아니라, 그 사람이 어떤 생각을 가지고 살아가는지, 어떤 가치를 중요하게 여기는지를 알고 싶어 한다. 따라서 인터뷰이의 개성과 철학을 효과적으로 담아내는 글쓰기 기술이 필요하다.

먼저, 인터뷰이의 말투나 말의 방식에 주목해야 한다. 어떤 사람은 천천히 생각하며 조심스럽게 말하고, 또 어떤 사람은 짧고 단호한 말로 자신의 생각을 표현한다. 이처럼 말의 스타일에는 그 사람의 성격이 담겨 있다. 기자는 인터뷰이의 말투를 그대로 살리거나 그 느낌을 반영하는 방식으로 글을 써야 한다. 예를 들어, "저는 그냥 해보는 거예요. 되든 안 되든."이라는 말은 그 사람의 도전 정신과 담담한 태도를 보여주는 말이므로, 글에서도 그 분위기를 유지하는 것이 좋다.

또한, 인터뷰이의 철학을 드러내는 문장을 잘 골라 중심에 배치하는 것이 중요하다. 철학은 인터뷰이의 생각을 대표하는 말 한 줄에 담겨 있기도 하다. 예를 들어, "미술은 또 하나의 언어입니다."라는 말은 박경아 미술치료사의 전문성과 신념을 짧은 문장에 담고 있다. 이런 문장은 직접 인용으로 사용하여 글의 무게 중심을 잡아준다.

인터뷰이의 철학은 대화 속 전체 분위기와 맥락에서도 드러난다. 기자는 단어 하나에만 집중하기보다, 인터뷰이의 말이 반복해서 가리키는 핵심 주제, 즉 일관된 메시지를 찾아야 한다. 그것이 바로 그 사람의 철학이다. 글을 쓸 때는 그 메시지를 기사 전체의 흐름에 자연스럽게 녹여야 한다.

개성을 표현하는 데 있어 장면 묘사도 중요한 역할을 한다. 인터뷰 장소에서의 태도, 몸짓, 눈빛 같은 세부적인 요소들이 인터뷰이의 이미지를 형성한다. 예를 들어, "그는 말할 때마다 손을 모았다"는 표현은 그 사람의 신중한 성격을 보여줄 수 있다. 이런 작은 묘사가 모여 인터뷰이의 개성이 글 속에서 살아난다.

마지막으로, 기자는 자신의 시선을 너무 앞세우지 않아야 한다. 인터뷰이의 개성과 철학은 기자가 만들거나 해석하는 것이 아니라, 이미 그 사람 안에 있는 것을 있는 그대로 보여주는 것이다. 기자는 그 이야기를 듣고, 잘 정리해서 독자에게 자연스럽게 전달하는 다리 역할을 해야 한다.

결국, 인터뷰이의 개성과 철학을 잘 표현한 인터뷰 기사는 한 사람의 깊은 생각과 삶의 태도를 담아낸다. 독자는 그 글을 통해 단순한 정보를 넘어서, '사람' 자체를 이해하게 된다. 그것이 바로 인터뷰 기사의 가장 큰 가치이다.

(4) 직접 인용과 간접 인용을 적절히 사용하는 방법

인터뷰 기사를 쓸 때는 인터뷰이의 말을 정확하게 전달하는 것이 중요하다. 그 사람이 어떤 생각을 가지고 있는지, 어떤 말투로 이야기했는지를 독자가 자연스럽게 느낄 수 있어야 하기 때문이다. 이를 위해 기자는 직접 인용과 간접 인용을 상황에 맞게 적절히 사용하는 기술을 익혀야 한다.

직접 인용은 인터뷰이의 말을 그대로 옮기는 방식이다. 말한 그대로의 문장을 따옴표로 표시하여 기사에 담는다. 예를 들어, "AI는 젊은 사람만의 것이 아닙니다"라는 문장은 인터뷰이의 말투와 생각을 그대로 전달하기 때문에 개성과 진정성이 잘 드러난다. 독자는 이 문장을 통해 인터뷰이의 철학과 감정을 더 직접적으로 느낄 수 있다.

반면 간접 인용은 인터뷰이의 말을 기자가 다시 정리해 전달하는 방식이다. 예를 들어, '그는 AI는 누구에게나 열려 있는 도구라고 강조했다'와 같은 표현은 핵심 내용은 유지하면서 글의 흐름에 맞게 자연스럽게 녹여낼 수 있다. 간접 인용은 기사 전체의 맥락을 정리하거나 정보 전달을 깔끔하게 해야 할 때 유용하게 쓰인다.

직접 인용과 간접 인용은 각각 장점이 다르기 때문에, 상황에 따라 균형 있게 사용하는 것이 좋다. 인터뷰이의 개성이나 감정을 보여주고 싶을 때는 직접 인용이 효과적이고, 설명이나 정리가 필요할 때는 간접 인용이 더 알맞다. 예를 들어, 감정을 드러내는 말이나 명확한 메시지는 직접 인용으로, 배경 설명이나 구체적인 사례는 간접 인용으로 풀어쓰면 독자도 읽기 편하다.

또한, 같은 내용을 반복해서 인용하지 않도록 주의해야 한다. 인터뷰이의 말 중에서 가장 핵심이 되는 부분을 선택하여 인용해야 한다. 너무 많은 인용은 글의 흐름을 방해할 수 있고, 너무 적으면 인터뷰이의 목소리가 약해질 수 있다. 중요한 것은 인터뷰이의 말이 글 속에서 생생하게 살아 있도록 구성하는 것이다.

결국, 좋은 인터뷰 기사는 인터뷰이의 말과 기자의 글이 잘 어우러진 결과물이다. 직접 인용과 간접 인용을 적절히 배치하면 인터뷰이의 생각을 더 정확하게 전달할 수 있고, 글의 흐름도 자연스럽게 만들 수 있다. 이 두 가지 인용 방식은 기자의 글쓰기에서 매우 기본적이면서도 꼭 익혀야 할 중요한 기술이다.

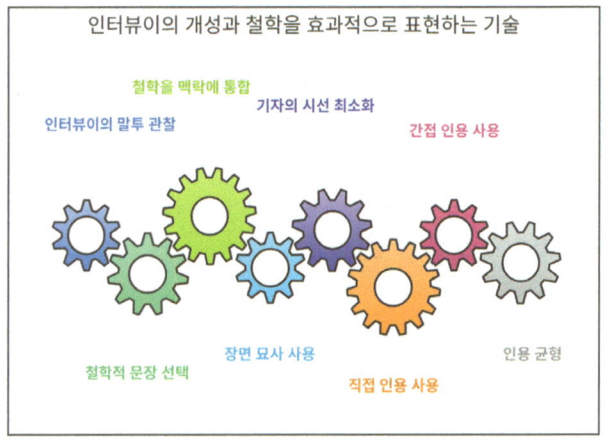

4. 실제 사례로 보는 인터뷰 기사 분석

① 늦깎이 AI 전문가 유양석 강사의 인터뷰 기사 분석 (윤서아 수석기자)

유양석 강사의 인터뷰 기사는 도입부터 강한 인상을 준다. "55세 챗GPT 전문가"라는 표현은 나이와 기술이라는 상반된 요소를 조합해 독자의 관심을 끈다. 그의 말은 직접 인용으로 자연스럽게 전달되며, 이야기의 진정성이 살아 있다. 기사 구조는 과거의 어려움에서 시작해 변화와 성장을 거쳐 미래 비전으로 이어지는 스토리텔링을 갖추고 있다. 마지막에는 개인의 도전을 넘어 시니어 세대의 가능성이라는 사회적 메시지까지 전달한다.

> 유양석강사 챗GPT 전문가 되다 디지털소외계층에서 디지털아티스트로 대변신
>
> [한국미디어창업뉴스 = 윤서아 수석기자] 인공지능이 등장한 이래 하루가 다르게 변화중인 디지털 시대, "당신도 늦지않았다"는 메시지를 던져주는 인물이 있다. 바로 55세 나이에 챗GPT 전문가로 변신한 유양석 강사다.
>
> 그의 이야기는 중장년층와 시니어들에게 새로운 도전에 머뭇거리지 말고, 용기있게 도전하라는 울림을 제시하고 있다.
>
> 출처 : 한국미디어창업뉴스(http://www.kmedia-news.com)

② 손미화 동화작가의 감성 인터뷰 기사 분석 (윤서아 수석기자)

　이 인터뷰 기사는 동화 작가의 창작 배경과 철학을 구체적인 사례 중심으로 전달해 글의 진정성을 높이고 있다. 작품의 주요 소재와 아이디어가 어디서 나왔는지 설명하며, 독자가 작가의 생각을 자연스럽게 따라가도록 구성되어 있다. 인터뷰이의 일상적 경험이 작품과 연결되어 있어 독자의 공감을 끌어내는 데 효과적이다. 예비 작가를 위한 실용적인 조언이 중간에 제시되어 기사에 교육적인 가치를 더하고 있다. 향후 출간될 프로젝트를 함께 소개해 인터뷰의 흐름을 넓고 풍부하게 완성하고 있다.

미아트북스 손미화 대표, 창작자들을 위한 새로운 출판의 길을 열다

[한국미디어창업뉴스 = 윤서아 수석기자] 출판을 향한 첫걸음, 미아트북스에서 시작된다. "출판은 어렵지 않습니다. 다만, 어디서부터 시작해야 할지 막막할 뿐이죠." 부산의 한 작업실에서 만난 미아트북스 손미화 대표는 창작자들의 고민을 해결하기 위해 출판사를 설립했다고 밝혔다. 그림 동화 작가로 활동하던 그는 출판 과정을 직접 경험하며 느낀 점을 바탕으로, 같은 꿈을 꾸는 이들에게 실질적인 도움을 주고자 했다.

출처 : 한국미디어창업뉴스(http://www.kmedia-news.com)

③ 정의롭고 따뜻한 법률가, 강신무 변호사 인터뷰 기사 분석 (임혜경 기자)

　이 인터뷰 기사는 리드문에서 강신무 변호사의 신념을 직접 인용해 주제를 또렷하게 전달하고 있다. 첫 문장만으로도 인터뷰이의 가치관과 활동 방향이 명확히 드러나 독자의 흥미를 끌기에 충분하다. 이후 기사 전개는 분야별 소제목으로 구성돼 정보 전달이 효과적이며 읽기 편하다. 실제 사례를 중심으로 서술하여 신뢰감과 현장감을 높였다. 마무리는 인터뷰이의 포부로 자연스럽게 연결되어 인터뷰의 깊이를 더하고 있다.

　　강신무 변호사, 법률 사각지대 해소에 앞장 … "법은 약자를 위한 울타리

　　[한국미디어창업뉴스 = 임혜경 기자] "법률 사각지대에서 소외된 사람들을 돕는 것이 변호사의 진정한 역할입니다." 강신무 변호사는 이 한마디를 가슴에 품고 지난 2015년부터 전주를 중심으로 변호사 활동을 펼쳐왔다. 그는 외국인, 사회적 약자, 국경을 넘는 법률 분쟁의 해결자로서 지역사회의 든든한 버팀목이 되고 있다.

　　　　출처 : 한국미디어창업뉴스(http://www.kmedia-news.com)

(2) 독자와의 공감을 이끄는 인터뷰 기사의 공통점

　좋은 인터뷰 기사는 독자의 마음을 움직인다. 정보 전달을 넘어서, 기사

속 인물의 이야기와 감정이 독자의 삶과 자연스럽게 이어질 수 있도록 구성되어야 한다. 앞서 살펴본 유양석 강사, 손미화 작가, 강신무 변호사의 인터뷰 기사에는 독자와 공감대를 형성하는 몇 가지 공통점이 있다.

첫째, 세 기사 모두 인터뷰이의 진심 어린 목소리를 있는 그대로 담고 있다. 화려한 말보다는 진솔한 고백과 감정을 직접 인용함으로써, 독자는 글을 읽으며 인터뷰이의 마음을 함께 느끼게 된다.

둘째, 하나의 완성된 이야기처럼 흐름이 자연스럽다. 유양석 강사의 '디지털 전환기', 손미화 작가의 '음악과 실수', 강신무 변호사의 '법률 사각지대 활동' 모두 과거의 경험에서 현재의 활동, 그리고 미래 계획까지 일관된 흐름을 갖추고 있다. 이 과정에서 독자는 변화와 성장의 과정을 따라가며 함께 몰입하게 된다.

셋째, 인터뷰이는 자신만의 철학이나 메시지를 명확하게 전달하고 있다. 예를 들어, "AI는 젊은이들만의 것이 아니다", "실수는 실패가 아니다", "법은 약자를 위한 울타리다"와 같은 문장은 짧지만 강력한 울림을 준다. 이러한 메시지는 독자에게 생각할 거리와 공감을 동시에 제공한다.

넷째, 기사에는 단순한 인물 소개를 넘어 사회적 의미가 담겨 있다. 인터뷰이의 개인적 활동이 사회에 어떤 영향을 미치는지를 보여주기 때문에, 독자는 해당 인물을 통해 더 넓은 세상을 바라볼 수 있다.

이처럼 잘 쓴 인터뷰 기사는 인물의 경험과 감정을 독자와 나누며, 생각과 마음을 움직이게 한다. 공감을 이끄는 인터뷰 기사에는 삶의 흔적과 진심이 담겨 있어야 한다.

5. 인터뷰를 통해 고객과 신뢰 관계 형성하기

(1) 인터뷰이와 신뢰를 형성하는 대화 기술

좋은 인터뷰는 질문을 잘하는 것에서 끝나지 않는다. 인터뷰이와 신뢰를 쌓는 것이 먼저 이루어져야 진심 어린 대화가 가능하다. 특히 인터뷰 초반에는 서로 낯선 상태이기 때문에, 기자가 먼저 열린 마음과 따뜻한 태도로 다가가는 것이 중요하다. 신뢰는 단시간에 생기지 않지만, 작은 대화의 시작이 그 바탕이 될 수 있다.

신뢰를 형성하는 가장 기본적인 방법은 경청이다. 인터뷰이가 말하는 동안 끼어들지 않고, 눈을 맞추며 이야기를 잘 듣는 태도는 상대에게 '내 말을 진심으로 들어주는구나'라는 인상을 준다. 말이 끝난 뒤 고개를 끄덕이거나 "그렇군요", "말씀 감사합니다" 같은 짧은 반응만으로도 인터뷰이는 심리적으로 안정을 느낄 수 있다. 이렇게 작은 표현 하나하나가 신뢰를 만드는 기반이 된다.

또한, 인터뷰이가 스스로를 편하게 느끼도록 분위기를 조성해야 한다. 인터뷰 장소는 조용하고 방해받지 않는 공간이 좋고, 너무 긴장하지 않도록 가벼운 일상 이야기로 대화를 시작하는 것도 효과적이다. 예를 들어 "오늘 오시느라 불편하진 않으셨나요?"와 같은 인사는 형식적이면서도 상대의 마음을 여는 데 도움이 된다.

기자는 인터뷰이의 말을 있는 그대로 존중해야 한다. 설령 기자가 잘 알고 있는 분야라 하더라도, 인터뷰이의 말을 가로막거나 정정하려 해서는 안 된다. 질문이 예민하거나 민감한 주제를 다룰 때는 한 번 더 조심스럽게 접근해야 한다. "이 질문이 조금 어려우실 수 있지만, 가능하시다면 이야기해주시면 감사하겠습니다"와 같이 표현하면 상대방이 압박을 느끼지 않으면서도 솔직하게 대답할 수 있는 분위기가 만들어진다.

신뢰는 질문 하나로 얻어지는 것이 아니다. 기자의 태도, 말투, 눈빛, 반응 하나하나가 인터뷰이의 마음을 여는 데 영향을 준다. 때로는 인터뷰이도 기자가 자신에게 얼마나 관심을 가지고 있는지를 빠르게 알아차린다. 진심을 담은 질문은 그 자체로 대화의 깊이를 만들어낸다.

결국 인터뷰는 사람이 사람을 만나는 일이다. 말과 글 이전에 중요한 것은 신뢰를 바탕으로 한 관계 형성이다. 그런 기반 위에 만들어진 인터뷰는 단순한 정보 전달을 넘어, 사람의 마음을 전하는 좋은 기사가 될 수 있다. 기자가 먼저 마음을 열고 진심으로 다가갈 때, 인터뷰이는 자신의 이야기를 기꺼이 들려주게 된다.

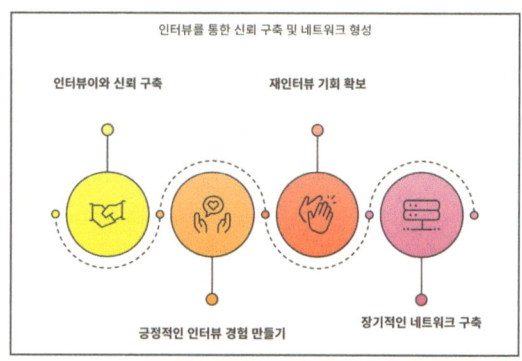

(2) 좋은 인터뷰 경험을 만들어 재인터뷰 기회 확보하기

인터뷰는 한 번으로 끝나는 일이 아닐 수 있다. 좋은 인상을 남긴 인터뷰는 그 사람과의 두 번째, 세 번째 만남으로 이어질 수 있다. 기자가 인터뷰이에게 신뢰를 주고, 인터뷰 자체가 좋은 경험으로 남게 되면, 이후에도 자연스럽게 다시 연락할 수 있는 기반이 마련된다. 그래서 첫 인터뷰에서의 태도와 진행 방식은 매우 중요하다.

좋은 인터뷰 경험을 만들기 위해서는 먼저 약속 시간을 지키고, 사전에 안내한 내용을 충실히 준비해야 한다. 인터뷰이를 존중하는 자세는 가장 기본적인 신뢰의 시작이 된다. 만약 약속을 어기거나 사전 정보 없이 인터뷰에 임한다면, 인터뷰이는 불편함을 느끼고 다음 인터뷰 요청에 응하지 않을 가능성이 높다.

또한 인터뷰를 진행하는 동안 인터뷰이의 말에 진심으로 귀를 기울여야 한다. 단순히 질문만 던지고 답을 받아적는 것이 아니라, 그 사람의 이야기와 생각을 함께 나누는 시간이 되어야 한다. 질문에 반응을 보이며 공감하거나, "그 말씀은 어떤 의미인가요?"처럼 깊이 있는 질문을 덧붙이면 인터뷰이는 더욱 편안하게 마음을 열게 된다.

인터뷰가 끝난 후에는 감사 인사를 꼭 전해야 한다. 간단한 말 한마디라도 인터뷰이가 자신의 시간이 존중받았다고 느끼게 만든다. 가능하다면 작성한 기사를 공유하며, 인터뷰 내용이 어떻게 반영되었는지도 알려주는 것이 좋다. 이런 과정은 기자에 대한 신뢰를 쌓고, 다음 인터뷰 요청에도 긍정적인 반응을 이끌어내는 데 도움이 된다.

기사 작성 시 인터뷰이의 말을 정확히 반영하고, 왜곡 없이 전달하는 것도 매우 중요하다. 기사에 오해의 소지가 있거나 인터뷰이의 의도와 다르게 표현된 내용이 담기면 신뢰는 쉽게 무너질 수 있다. 때로는 기사 게재 전 간단한 확인을 요청하는 것도 예의 있는 방법이다. 이처럼 좋은 인터뷰 경험은 단순히 기사 한 편을 잘 쓰는 것을 넘어, 사람과 사람 사이의 신뢰를 쌓는 과정이다. 인터뷰가 끝난 뒤에도 좋은 기억으로 남을 수 있도록 노력하면, 이후에도 기꺼이 협조해 줄 수 있는 관계가 유지된다. 이는 기자에게 있어 큰 자산이 된다. 결국 한 번의 인터뷰를 잘 마무리하는 일이 또 다른 인터뷰의 시작이 될 수 있다는 점을 잊지 말아야 한다.

(3) 인터뷰를 통해 장기적인 인적 네트워크 구축 방법

인터뷰는 단순히 정보를 얻는 자리가 아니다. 잘 준비된 인터뷰는 한 사람과 깊이 있게 연결되는 기회가 될 수 있다. 한 번의 인터뷰가 끝나도 그 인연을 이어가면, 그것은 장기적인 인적 네트워크로 발전할 수 있다. 기자에게 이 네트워크는 다음 취재나 협업을 위한 든든한 자원이 되며, 인터뷰이에게도 신뢰할 수 있는 관계로 남을 수 있다.

장기적인 관계를 위해서는 인터뷰 이후의 관리가 중요하다. 기사가 발행된 뒤 인터뷰이에게 기사를 공유하고, 다시 한 번 감사의 인사를 전하는 것이 좋다. 단순한 전달이 아니라 "말씀해주신 부분이 기사에 큰 도움이 되었습니다"처럼 구체적으로 언급하면, 인터뷰이는 자신의 이야기가 소중하게 다뤄졌음을 느끼게 된다.

또한, 인터뷰이의 활동을 꾸준히 관심 있게 지켜보는 태도도 필요하다. 새로운 소식이 있거나 변화가 생겼을 때 짧은 메시지를 보내는 것만으로도 관계는 이어질 수 있다. "최근 발표하신 강의 잘 보았습니다", "지난번 말씀하신 프로젝트가 잘 진행되길 바랍니다"와 같은 짧은 말 한마디는 상대방에게 기억되고 싶은 기자로 남는 데 큰 역할을 한다.

명절이나 연말 인사처럼 특별한 시기를 활용해 연락을 이어가는 것도 좋은 방법이다. 평소에 가볍게 안부를 주고받을 수 있는 관계가 형성되면, 다시 인터뷰 요청을 할 때에도 부담 없이 연락할 수 있다. 중요한 것은 꾸준한 관심과 진심 어린 태도이다. 인적 네트워크를 쌓는 데 있어 무리한 부탁이나 과도한 연락은 피해야 한다. 기자와 인터뷰이의 관계는 상호 존중이 바탕이 되어야 한다. 상대가 부담을 느끼지 않도록, 필요한 순간에 적절히 도움을 요청하고, 도움을 받았다면 반드시 감사의 표현을 남겨야 한다.

결국 인터뷰는 좋은 사람을 알아가는 과정이기도 하다. 인터뷰를 통해 만난 사람과 신뢰를 쌓고, 서로에게 긍정적인 영향을 주는 관계로 발전시킨다면, 그것은 단순한 취재를 넘어 삶의 귀중한 자산이 된다. 기자는 질문을 던지는 사람이지만, 동시에 관계를 맺는 사람이라는 점을 늘 기억해야 한다. 인터뷰가 끝난 뒤에도 이어지는 대화가 좋은 네트워크의 시작이 될 수 있다.

PART 10

ESG 시대, 지속가능성을 높이는 전략적 PR 커뮤니케이션

CONTENTS

ESG 커뮤니케이션, 왜 지금 중요한가······259

ESG 성과를 효과적으로 알리는 홍보 전략······262

ESG 메시지, 이해관계자 맞춤형으로 개발하기······266

언론이 주목하는 ESG 보도자료 작성과 미디어 대응······269

지속가능경영보고서, 제대로 만들고 활용하기······273

중소, 중견기업의 ESG공급망 실사 대응방안······277

한경옥

"교육과 기업의 지속가능미래를 위한 ESG 전문가"

　교육학박사이자 한컨설팅그룹 ESG전문위원으로 기업의 지속가능경영 여정에 솔루션을 제시합니다. 특히 정부 주도 ESG 공급망 실사진단 컨설팅 경험을 바탕으로 중소기업의 ESG 경쟁력 강화에 기여하고 있다.

　한국미디어창업뉴스 기자로서 ESG 칼럼을 통해 지속가능경영의 중요성과 실천방안을 알리는데 힘쓰고 있다. 또한 기업들의 ESG 지속가능경영보고서 작성을 지원하여 ESG성과를 이해관계자들에게 효과적으로 전달하는 커뮤니케이션 전략을 제시하고 있다.

- 교육학박사
- 알앤피교육컨설팅 대표
- 한컨설팅 그룹 ESG컨설턴트
- 한국미디어창업뉴스 객원기자
- (사)울산평생교육총연합회 부회장
- (재)울산정보산업진흥원 ESG위원

출간저서 『나는 강사다』

"진실을 전하는 것이 기자의
첫 번째 임무이자 마지막 책임이다."

에드워드 머로

1. ESG 커뮤니케이션, 왜 지금 중요한가

(1) 기업 홍보의 미래, ESG를 이해하라

기업 홍보의 패러다임이 근본적으로 변화하고 있다. 이제 기업들은 단순히 제품과 서비스의 우수성만을 알리는 것이 아니라, 환경(Environment), 사회(Social), 지배구조(Governance)에 걸친 ESG 가치를 효과적으로 전달해야 하는 시대를 맞이했다. ESG 커뮤니케이션은 선택이 아닌 생존의 문제가 되었다.

투자 흐름의 근본적 변화가 ESG 커뮤니케이션의 중요성을 높이고 있다. 글로벌 자산운용사 블랙록의 래리 핑크 회장은 "기후 리스크는 투자 리스크"라고 선언하며 ESG를 투자 의사결정의 핵심 기준으로 삼았다. 2023년 글로벌 지속가능 투자 규모는 40조 달러를 넘어섰으며, 국내에서도 국민연금을 비롯한 주요 기관투자자들이 ESG 투자를 확대하고 있다.

소비자 가치관의 진화도 주요 요인이다. 특히 MZ세대 소비자들은 제품의 품질과 가격만이 아닌 기업의 사회적 책임과 환경적 영향을 중요한 구매 결정 요소로 고려한다. IBM의 2023년 글로벌 소비자 조사에 따르면, 소비자의 62%가 환경적으로 지속가능한 브랜드에 더 높은 가격을 지불할 의향이 있다고 응답했다.

규제 환경의 강화 역시 중요한 요소다. EU의 기업지속가능성보고지침(CSRD), 미국 SEC의 기후 공시 규제 등 글로벌 ESG 정보 공개 의무화 추세가 가속화되고 있다. 국내에서도 2026년부터 자산 2조 원 이상 코스피 상장사의 지속가능경영보고서 발간이 의무화된다.

디지털 미디어와 소셜네트워크의 발달로 ESG 관련 평판 리스크도 증가했다. 글로벌 컨설팅 기관 레퓨테이션 인스티튜트에 따르면, ESG 관련 위기는 기업 평판 가치의 최대 30%를 훼손할 수 있으며, 회복에는 평균 3.5년이

소요된다.

성공적인 ESG 커뮤니케이션의 핵심은 '진정성'과 '투명성'이다. 파타고니아의 "지구는 우리의 유일한 주주"라는 선언은 단순한 슬로건이 아닌, 전체 비즈니스 모델을 환경 보호에 맞춘 근본적 변화를 반영한다. 애플은 매년 환경 책임 보고서를 통해 재생에너지 사용률, 탄소 배출량, 자원 재활용률 등을 구체적인 수치와 함께 투명하게 공개한다.

그린워싱(Greenwashing)의 위험성도 인식해야 한다. 글로벌 마케팅 조사기관 에델만의 연구에 따르면, 소비자의 56%는 기업의 환경 관련 주장을 의심하며, 44%는 그린워싱을 경험한 후 해당 브랜드를 불매한 경험이 있다고 응답했다.

결론적으로, ESG 커뮤니케이션은 이제 기업 홍보의 미래이자 현재다. 단기적 이미지 제고가 아닌, 비즈니스 모델과 기업 문화의 근본적 변화를 통해 지속가능한 가치를 창출하고 이를 효과적으로 소통하는 기업만이 미래의 승자가 될 것이다.

(2) 놓쳐선 안 될 최신 ESG 트렌드 분석

ESG 경영이 기업의 필수 요소로 자리잡은 가운데, 최신 트렌드를 파악하는 것은 경쟁력 확보의 핵심이 되고 있다. 그중에서도 가장 주목해야 할 변화는 탄소세와 관련된 새로운 규제 환경이다.

EU의 탄소국경조정제도(CBAM) 도입은 글로벌 무역 환경에 큰 변화를 가져오고 있다. 2023년 10월부터 시행된 이 제도는 탄소 배출량이 많은 철강, 알루미늄, 시멘트 등의 제품을 EU로 수출할 때 탄소 배출량에 따른 비용을 부과한다. 2026년부터는 본격적인 과금이 시작되어 국내 수출기업들의 부담이 커질 전망이다. 국내 철강기업 P사는 이미 탄소 배출량을 20% 줄이기 위한 공정 혁신에 1,000억 원 이상을 투자하고 있다.

미국과 일본도 유사한 탄소 규제를 준비 중이어서 글로벌 '탄소 무역장벽'이 높아지고 있다. 기업들은 이제 제품의 전체 수명주기에 걸친 탄소 발자국을 측정하고 관리해야 하는 상황이다. 자동차 부품기업 H사는 공급망 전체의 탄소 배출량을 파악하기 위해 협력사 교육과 지원 프로그램을 시작했다.

또 다른 중요한 트렌드는 ESG 정보공시의 표준화다. 국제지속가능성기준위원회(ISSB)의 공시 표준이 2024년부터 본격 적용되면서, 기업들은 더욱 구체적이고 비교 가능한 ESG 정보를 제공해야 한다. 특히 기후변화 관련 재무정보공개 태스크포스(TCFD) 권고안에 따른 기후 리스크 공개가 강화되고 있다.

생물다양성과 자연자본에 대한 관심도 높아지고 있다. '자연 관련 재무정보공개 태스크포스(TNFD)'의 등장으로 기업들은 이제 탄소배출뿐 아니라 생태계와 자연자원에 미치는 영향도 관리해야 한다. 화장품 기업 A사는 원료 조달 과정에서의 생물다양성 영향을 평가하고 이를 관리하는 시스템을 구축했다.

디지털 기술을 활용한 ESG 솔루션도 빠르게 발전하고 있다. 인공지능, 블록체인 등의 기술을 활용해 ESG 데이터를 수집하고 분석하는 도구들이 등장하면서, 더 정확하고 효율적인 ESG 관리가 가능해지고 있다. 식품기업 N사는 블록체인 기술을 활용해 원재료의 출처와 생산 과정을 추적하는 시스템을 도입했다.

이러한 ESG 트렌드 변화에 선제적으로 대응하는 기업들이 미래의 경쟁력을 확보할 수 있다. 특히 탄소세와 같은 규제 변화는 리스크인 동시에 저탄소 기술과 제품 개발의 기회가 될 수 있다. 체계적인 준비와 투자로 ESG 시대의 새로운 기회를 포착해야 할 때이다.

2. ESG 성과를 효과적으로 알리는 홍보 전략

(1) ESG 성과를 매력적으로 전달하는 방법

ESG 성과를 효과적으로 전달하는 것은 단순한 정보 전달을 넘어 이해관계자들의 마음을 움직이는 과정이다. 어떻게 해야 ESG 성과를 매력적으로 전달할 수 있을까?

스토리텔링의 힘을 활용하는 것이 핵심이다. 수치와 데이터만으로는 사람들의 관심을 끌기 어렵다. 유니레버는 아프리카 지역 물 부족 문제 해결 프로젝트를 소개할 때, 단순히 "10만 명에게 깨끗한 물을 제공했습니다"라는 성과 대신, 깨끗한 물로 인해 학교에 다닐 수 있게 된 한 소녀의 이야기를 중심으로 메시지를 구성했다. 이처럼 ESG 성과 뒤에 있는 실제 변화와 사람들의 이야기를 전달할 때 더 큰 공감을 얻을 수 있다.

시각화 전략도 중요하다. 복잡한 ESG 데이터를 인포그래픽, 모션그래픽, 쇼트폼 영상 등으로 변환하면 이해도와 주목도가 높아진다. SK이노베이션은 탄소 감축량을 단순 수치가 아닌 "서울숲 10개 크기의 산림 조성 효과"로 시각화해 임팩트를 높였다. 추상적인 개념은 일상의 경험과 연결된 비유를 활용하는 것이 효과적이다.

참여형 콘텐츠로 변환하는 전략도 주목할 만하다. 피상적 정보 전달보다 이해관계자가 직접 경험하고 참여할 수 있는 기회를 제공하면 더 강한 인상을 남긴다. 파타고니아의 "착용하고, 낡히고, 수선하고, 재활용하라(Wear, Tear, Repair, Recycle)" 캠페인은 소비자들이 직접 옷 수선 워크숍에 참여하게 함으로써 지속가능한 소비 문화를 체험하게 했다.

권위 있는 인증과 평가를 활용하는 것도 효과적이다. ESG 주장의 신뢰도를 높이기 위해 제3자 인증과 글로벌 이니셔티브 참여를 강조하는 것이 중요하다. LG화학은 RE100 가입, TCFD 지지 선언 등 글로벌 이니셔티브 참여를 강조하며 ESG 추진의 진정성을 입증했다. 공신력 있는 외부 평가는 ESG 주장의 타당성을 뒷받침하는 강력한 근거가 된다.

숫자와 통계를 맥락화하는 것도 필수적이다. 단순 수치 나열보다는 비교와 맥락을 통해 의미를 부여해야 한다. "재활용률 30% 달성"이라는 메시지보다 "재활용률 30% 달성으로 축구장 50개 크기의 매립지를 절약했습니다"처럼 구체적 영향을 보여주는 것이 효과적이다. 현대자동차는 수소차 보급 효과를 "연간 승용차 1만 대가 배출하는 온실가스 저감 효과"로 표현해 임팩트를 명확히 했다.

일상과 연결하는 메시지 개발도 중요하다. 거창한 환경 구호보다 소비자의 일상과 연결된 실천적 메시지가 더 효과적이다. 아모레퍼시픽의 "화장품 공병 하나가 예쁜 화분으로" 캠페인은 소비자의 일상적 행동(공병 수거)이 환경에 미치는 긍정적 영향을 쉽게 이해하도록 했다.

진정성 있는 소통이 무엇보다 중요하다. 과장된 ESG 주장은 오히려 '그린워싱'이라는 비판을 받을 수 있다. 현재의 성과뿐 아니라 한계와 도전과제도 솔직하게 인정하고, 이를 개선하기 위한 노력을 함께 소통하는 것이 신뢰를 높인다. 네슬레는 플라스틱 포장재 사용 문제를 인정하고 2025년까지의 단계적 개선 계획을 투명하게 공개해 오히려 소비자 신뢰를 높였다.

ESG 성과를 매력적으로 전달하는 핵심은 '인간적 연결'이다. 단순한 수치나 추상적 가치가 아닌, 사람들의 삶에 미치는 구체적 변화와 의미를 전달할 때 진정한 공감과 지지를 얻을 수 있다.

(2) 성공적인 ESG 홍보 캠페인의 핵심 전략

성공적인 ESG 홍보 캠페인을 만들기 위해서는 몇 가지 핵심 전략이 필요하다. 많은 기업들이 ESG 활동을 하지만, 모든 캠페인이 사람들의 마음을 움직이는 것은 아니다. 진정성 있고 효과적인 ESG 캠페인의 핵심 요소를 살펴보자.

<2030 U 지속가능발전목표>
출처 : 환경부

무엇보다 진정성이 바탕이 되어야 한다. 요즘 소비자들은 기업의 '그린 워싱'을 금방 알아차린다. 파타고니아의 "덜 사고, 더 요구하라(Buy Less, Demand More)" 캠페인은 오히려 제품 구매를 줄이라고 권하며 환경 보호에 대한 진정한 의지를 보여주었다. 이러한 진정성은 오랜 기간 쌓아온 환경 보호 활동과 일관된 기업 철학을 바탕으로 했기에 소비자들의 신뢰를 얻을 수 있었다.

둘째, 구체적인 목표와 성과를 제시하는 것이 중요하다. "지구를 위한 노력"과 같은 모호한 메시지보다는 "2030년까지 생산 과정에서 용수 사용량 50% 감축"처럼 구체적인 목표가 더 설득력 있다. 마이크로소프트는 "2030년까지 탄소 네거티브, 2050년까지 설립 이후 배출한 모든 탄소 제거"라는 명확한 목표를 발표하고, 분기별로 진행 상황을 투명하게 공개하며 높은 신뢰를 얻고 있다.

셋째, 소비자의 실생활과 연결된 캠페인이 효과적이다. 유니레버의 "작은 변화, 큰 차이" 캠페인은 일상에서 실천할 수 있는 친환경 습관을 제안하며 소비자 참여를 이끌어냈다. 특히 샴푸 사용량을 줄일 수 있는 농축형 제품

출시와 함께 진행된 물 절약 캠페인은 환경 보호와 제품 혁신을 자연스럽게 연결했다.

넷째, 다양한 이해관계자와의 협력이 필요하다. 단독 캠페인보다는 NGO, 전문가, 소비자와 함께하는 협력 프로젝트가 더 큰 영향력을 발휘한다. P&G의 "어린이 깨끗한 물 프로젝트"는 국제구호단체와 협력해 개발도상국에 정수 시스템을 제공하고, 이 과정에 소비자와 직원들이 참여할 수 있는 기회를 만들어 큰 호응을 얻었다.

다섯째, 디지털 기술을 활용한 혁신적인 접근도 필요하다. 인터랙티브 콘텐츠, 가상현실(VR), 증강현실(AR) 등의 기술을 활용하면 ESG 메시지를 더 생생하게 전달할 수 있다. 이케아의 AR 앱은 재활용 가구를 가상으로 집에 배치해볼 수 있게 하여 친환경 제품 구매를 촉진했다.

여섯째, 스토리텔링의 힘을 활용해야 한다. 데이터와 성과를 나열하기보다 감동적인 이야기로 풀어내면 더 오래 기억된다. 네슬레의 "농부에서 식탁까지" 캠페인은 지속가능한 농업 지원 프로그램의 성과를 실제 농부들의 변화된 삶의 이야기로 전달해 큰 공감을 얻었다.

마지막으로, 장기적인 관점에서 일관된 메시지를 유지하는 것이 중요하다. 일회성 이벤트가 아닌 기업의 핵심 가치와 연결된 지속적인 캠페인이 진정한 브랜드 자산을 만든다. 볼보의 안전과 지속가능성에 대한 일관된 메시지는 수십 년간 이어져 오며 기업 정체성의 핵심이 되었다.

성공적인 ESG 홍보 캠페인은 결국 기업의 진정한 가치와 소비자의 공감대가 만나는 지점에서 탄생한다. 단기적인 이미지 제고가 아닌, 장기적인 변화와 가치 창출을 목표로 할 때 진정한 성공을 거둘 수 있다.

3. ESG 메시지, 이해관계자 맞춤형으로 개발하기

(1) 투자자, 고객, 직원별 효과적 메시지 구성

ESG 메시지를 모든 이해관계자에게 똑같이 전달하는 것은 효과적이지 않다. 투자자, 고객, 직원은 각각 관심사와 우선순위가 다르므로 이들에게 맞춤형 메시지를 개발하는 것이 중요하다. 이해관계자별 효과적인 ESG 메시지 구성법을 알아보자.

투자자들에게는 ESG가 기업 가치와 어떻게 연결되는지 보여주는 것이 핵심이다. 이들은 수치와 데이터를 선호하며, 장기적 수익성과 리스크 관리 관점에서 ESG를 바라본다. SK이노베이션은 투자자 대상 ESG 브리핑에서 "친환경 사업 포트폴리오가 2030년까지 기업 가치를 30% 높일 것"이라는 구체적 예측치를 제시해 큰 호응을 얻었다. 특히 탄소 배출량 감축이 비용 절감과 규제 리스크 완화로 이어지는 경로를 명확히 보여주는 것이 효과적이다.

투자자 대상 ESG 메시지에서는 ①정량적 성과와 목표 ②산업 내 ESG 경쟁력 비교 ③ESG 리스크 관리 체계 ④장기적 가치 창출 전략을 중점적으로 다루어야 한다. 특히 TCFD, SASB 등 글로벌 표준에 따른 정보 공개는 투자자들의 신뢰를 높이는 핵심 요소다.

고객들에게는 ESG를 일상과 연결된 이야기로 풀어내는 것이 중요하다. 전문 용어나 복잡한 지표보다는 제품이나 서비스가 환경과 사회에 미치는 긍정적 영향을 쉽고 감성적으로 전달해야 한다. 아모레퍼시픽의 "그린사이클" 캠페인은 고객이 반납한 화장품 용기로 새로운 제품을 만드는 과정을 생생한 영상으로 보여주며 자원순환의 가치를 효과적으로 전달했다.

고객 대상 ESG 메시지는 ①개인의 참여 기회 제공 ②일상생활과의 연결성 강조 ③진정성 있는 스토리텔링 ④실질적 변화와 영향 소개에 초점을 맞추는 것이 효과적이다. MZ세대 고객들은 특히 자신의 소비가 사회와 환경에 미치는 영향에 민감하므로, 이들에게는 구체적인 임팩트를 보여주는 것이 중요하다.

직원들에게는 ESG를 기업 문화와 개인의 성장과 연결하는 메시지가 필요하다. 직원들은 자신이 하는 일이 더 큰 가치와 목적에 기여한다고 느낄 때 더 높은 만족감과 몰입도를 보인다. LG에너지솔루션은 "그린 임팩트" 내부 캠페인을 통해 직원들의 업무가 기후변화 대응에 어떻게 기여하는지 보여주며 자부심을 고취했다.

직원 대상 ESG 메시지는 ①개인의 역할과 기여 명확화 ②참여 기회 제공 ③ESG 성과의 정기적 공유 ④교육과 역량 강화 프로그램에 중점을 두어야 한다. 특히 중간관리자들이 팀원들에게 ESG의 중요성을 전달할 수 있도록 지원하는 것이 전사적 공감대 형성에 중요하다.

효과적인 이해관계자별 ESG 메시지 개발을 위해서는 지속적인 소통과 피드백이 필수적이다. 현대자동차그룹은 이해관계자 그룹별 정기 설문조사와 자문단 운영을 통해 ESG 메시지와 프로그램을 지속적으로 개선하고 있다. 이를 통해 각 이해관계자의 변화하는 기대와 관심사를 반영한 맞춤형 소통이 가능해진다.

결국 이해관계자별 맞춤형 ESG 메시지의 핵심은 '공통의 가치'를 각기 다른 관점에서 효과적으로 전달하는 것이다. 일관된 ESG 철학과 비전을 바탕으로, 각 이해관계자에게 의미 있는 방식으로 메시지를 구성할 때 진정한 ESG 커뮤니케이션의 효과를 발휘한다.

(2) 이해관계자를 설득하는 ESG 스토리텔링 기법

ESG 활동을 단순히 나열하는 것보다 매력적인 이야기로 풀어내면 설득력과 공감대가 크게 높아진다. 효과적인 ESG 스토리텔링은 이해관계자들의 마음을 움직이고 기업의 진정성을 전달하는 강력한 도구다. 이해관계자를 설득하는 ESG 스토리텔링 기법을 살펴보자.

먼저, '사람 중심'의 이야기를 개발하는 것이 중요하다. 추상적인 환경 보호나 사회 공헌보다 실제 사람들의 삶이 어떻게 변화했는지 보여줄 때 더 큰 공감을 얻을 수 있다. SK텔레콤의 "ICT를 통한 사회적 가치 창출" 스토리는 기술을 통해 농촌 독거노인의 생활이 어떻게 개선되었는지 한 노인의 일상 변화를 통해 감동적으로 전달했다. 이처럼 통계보다 한 개인의 구체적인 경험이 더 강력한 메시지가 된다.

둘째, '도전과 극복'의 서사 구조를 활용하는 것이 효과적이다. 완벽한 성공 스토리보다는 ESG 목표 달성 과정에서 겪은 어려움과 이를 극복한 여정을 솔직하게 공유하는 것이 신뢰를 높인다. 파타고니아는 "웻슈트의 역설(The Paradox of Wetsuits)" 이야기에서 서핑용 웻슈트를 친환경 소재로 바꾸는 과정에서 겪은 80번이 넘는 실패와 좌절, 그리고 마침내 성공한 과정을 진솔하게 전했다. 이런 진정성 있는 도전 스토리는 기업의 ESG 의지를 더욱 설득력 있게 만든다.

셋째, 감각적이고 구체적인 표현으로 생생함을 더해야 한다. "폐기물을 줄였습니다"라는 단순한 문장보다 "공장에서 버려지던 커피 찌꺼기가 이제는 화분과 탁자로 다시 태어납니다"와 같이 구체적이고 감각적인 표현이 더 강한 인상을 남긴다. 풀무원은 식물성 단백질 사업을 소개하며 "콩 한 알에서 시작된 녹색 혁명"이라는 표현으로 환경적 가치를 감성적으로 전달했다.

넷째, 이야기에 갈등과 해결 과정을 포함하는 것이 중요하다. 갈등이 없는 이야기는 평면적이고 설득력이 떨어진다. 포스코는 폐플라스틱 재활용 기술 개발 과정에서 지역사회와의 갈등과 이를 해결하기 위한 협력 과정을 솔직하게 공유하며 신뢰를 높였다. 이처럼 다양한 이해관계자들의 관점과 갈등을 인정하고 이를 조율해나가는 과정을 보여주는 것이 진정성 있는 스토리텔링의 핵심이다.

다섯째, 대화형 스토리텔링으로 참여를 유도하는 것도 효과적이다. 일방적인 정보 전달보다 이해관계자들이 스토리에 참여하고 기여할 수 있는 기회를 제공하면 더 깊은 공감대를 형성할 수 있다. 현대자동차의 "H-모빌리티 클래스"는 학생들이 친환경 모빌리티의 미래를 직접 상상하고 디자인하는 참여형 스토리텔링으로 큰 호응을 얻었다.

여섯째, 선택과 집중을 통한 핵심 메시지 강화가 필요하다. 모든 ESG 활동을 다루려고 하면 메시지가 분산되고 임팩트가 떨어진다. 코카콜라의 물 관리 스토리텔링은 "물 사용량 중립화"라는 하나의 핵심 주제에 집중함으로써 명확한 메시지를 전달했다. 이처럼 가장 중요한 ESG 이슈에 집중한 스토리텔링이 더 강력한 인상을 남긴다.

마지막으로, 지속적이고 일관된 스토리라인을 구축해야 한다. ESG 스토리텔링은 일회성이 아닌 계속 이어지는 여정으로 접근해야 한다. LG화학은 "그린 커넥트" 시리즈를 통해 친환경 기술 개발 여정을 연속적인 이야기로 풀어내며 지속적인 관심을 유지하고 있다.

효과적인 ESG 스토리텔링의 핵심은 결국 '진정성'이다. 과장되거나 미화된 이야기보다 기업의 실제 경험과 가치를 바탕으로 한 진솔한 이야기가 이해관계자들의 마음을 움직이고 진정한 지지를 이끌어낼 수 있다.

4. 언론이 주목하는 ESG 보도자료 작성과 미디어 대응

(1) 기자가 관심을 갖는 ESG 보도자료 쓰기

기자들은 매일 수십 개의 보도자료를 받는다. 그중에서 기자들의 관심을 사로잡는 ESG 보도자료를 만들기 위해서는 차별화된 접근이 필요하다. 효과적인 ESG 보도자료에는 몇 가지 핵심 요소가 있다.

첫째, '뉴스 가치'를 명확히 제시해야 한다. "친환경 경영을 실천합니다"와 같은 일반적인 메시지로는 언론의 주목을 받기 어렵다. 대신 "해조류 부산물로 만든 바이오 플라스틱으로 연간 석유 1만 배럴 절감 효과 달성"처럼 구체적이고 임팩트 있는 내용이 필요하다. SK이노베이션은 폐배터리에서 98% 이상의 희귀금속을 추출하는 세계 최고 수준의 재활용 기술 개발 소식을 발표해 20개 이상의 주요 매체에서 보도되는 성과를 거두었다.

둘째, 데이터와 구체적 사례의 균형이 중요하다. 언론은 검증 가능한 수치와 사실을 중시하면서도, 이를 뒷받침할 생생한 사례를 필요로 한다. "온실가스 배출량을 30% 저감했습니다"라는 단순 정보보다 "공정 최적화로 온실가스 배출량 30% 저감, 이는 승용차 1만 대가 1년간 배출하는 양과 동일... 에너지 비용 절감으로 연간 20억 원의 경제적 효과도 창출"처럼 다각적인 정보 제공이 효과적이다. 현대제철은 수소환원제철 기술 개발 보도자료에서 기술적 측면과 환경적 영향, 경제적 가치를 균형 있게 제시해 심층적인 언론 보도를 이끌어냈다.

셋째, 메가트렌드와의 연결성을 강조해야 한다. ESG 보도자료는 글로벌 지속가능성 트렌드, 정부 정책, 국제 이니셔티브 등 큰 흐름과 연결될 때 더 높은 뉴스 가치를 갖는다. LG화학은 'RE100' 가입과 함께 재생에너지 전환 로드맵을 발표하며 글로벌 탈탄소 트렌드와 연계한 메시지를 전달해 국내외 언론의 주목을 받았다. 특히 COP28 같은 국제 행사나 탄소중립기본법 시행 같은 정책 변화 시점에 맞춘 보도자료는 시의성을 높일 수 있다.

넷째, 이해하기 쉬운 전문성이 필요하다. ESG는 전문적인 영역이지만, 지나치게 어려운 용어나 복잡한 설명은 기자들의 이해와 관심을 떨어뜨린다. "CCUS 기술로 Scope 1 배출량 저감"보다는 "이산화탄소를 포집해 건축자재로 재활용하는 기술로 공장 직접 배출량 저감"처럼 쉽게 풀어 설명하는 것이 효과적이다. 포스코는 수소환원제철 기술을 설명할 때 '쇳물 1톤 생산 시 석탄 대신 수소를 사용하면 이산화탄소 배출량이 운동장 2개 크기의 얼음이 사라지는 효과'라는 비유로 전달해 기자들의 호응을 얻었다.

다섯째, 보도자료 구성의 최적화가 중요하다. 기자들은 짧은 시간에 많은 자료를 검토하므로, 핵심 메시지가 첫 문단에 명확히 드러나야 한다. 제목은 뉴스 가치를 함축적으로 담되 30자 내외로 간결하게, 첫 문단은 5W1H를 모두 포함하도록 구성한다. 중간 부분에서 데이터와 배경을 설명하고, 마지막에는 향후 계획이나 전망을 제시하는 구조가 이상적이다. 보도자료에는 반드시 담당자 연락처를 명시하여 기자의 추가 문의에 즉시 대응할 수 있어야 한다.

여섯째, 비주얼 요소의 전략적 활용이 효과적이다. 복잡한 ESG 성과나 기술을 이해하기 쉽게 설명하는 인포그래픽, 현장의 생생함을 전달하는 고품질 사진, 핵심 데이터를 시각화한 그래프 등은 기사 작성에 큰 도움이 된다. 삼성SDI는 배터리 리사이클링 공정을 단계별로 시각화한 인포그래픽을 제공해 언론의 이해도를 높이고 보도율을 향상시켰다.

결론적으로, 기자들이 관심을 갖는 ESG 보도자료는 단순한 홍보가 아닌 '가치 있는 정보'를 제공한다. 기업의 ESG 활동이 환경과 사회에 미치는 실질적 영향, 산업의 지속가능한 혁신, 글로벌 과제 해결에 기여하는 측면을 명확하고 설득력 있게 전달할 때 언론의 진정한 관심을 얻을 수 있다.

(2) 미디어 대응을 위한 ESG 커뮤니케이션 실전 노하우

기자들을 만나고 인터뷰에 응할 때, ESG 메시지를 효과적으로 전달하는 방법이 있다. 미디어 대응은 긴장되는 일이지만, 몇 가지 핵심 원칙을 기억하면 성공적인 ESG 커뮤니케이션이 가능하다.

가장 중요한 것은 '핵심 메시지'를 명확히 준비하는 것이다. 인터뷰 전에 전달하고 싶은 주요 메시지 2-3개를 정하고 이를 간결하게 표현하는 연습을 해야 한다. 롯데케미칼의 ESG 담당자는 "재생 플라스틱 활용률 50% 달성", "2030년까지 탄소 배출량 25% 감축"과 같은 핵심 성과와 목표를 카드에 적어 인터뷰 전에 숙지했고, 이는 기사에 그대로 반영됐다.

두 번째로, 전문 용어를 쉽게 풀어 설명하는 능력이 필요하다. ESG 분야는 전문 용어가 많아 일반인이 이해하기 어려울 수 있다. "TCFD 권고안 준수"보다는 "기후변화가 우리 사업에 미치는 영향을 분석하고 이에 대한 대응 계획을 투명하게 공개하고 있습니다"처럼 쉬운 말로 풀어 설명해야 한다. 현대자동차의 경우, 수소연료전지 기술을 "물만 배출하는 친환경 발전기"로 비유해 설명하며 많은 언론의 호응을 얻었다.

세 번째로, 구체적인 사례와 스토리를 준비해야 한다. 추상적인 설명보다 실제 현장의 사례나 직원들의 경험을 이야기하면 훨씬 더 생생하게 전달된다. SK이노베이션은 어린이 환경교육 프로그램에 참여한 아이들의 변화 이야기를 공유하며 프로그램의 진정한 가치를 효과적으로 전달했다.

네 번째로, 난처한 질문에 대응하는 방법도 알아야 한다. ESG 관련 질문 중에는 답하기 어려운 것도 있다. 이럴 때는 "좋은 질문입니다"라고 인정한 뒤, 알고 있는 사실을 중심으로 답변하고, 모르는 부분은 솔직히 "확인 후 알려드리겠습니다"라고 말하는 것이 좋다. 정확하지 않은 정보로 답변했다가 나중에 문제가 될 수 있기 때문이다.

다섯째, 미디어와의 지속적인 관계 구축이 중요하다. 한 번의 보도자료나 인터뷰가 아니라, 환경·사회 이슈를 다루는 기자들과 꾸준히 소통하며 신뢰 관계를 쌓아야 한다. 포스코는 환경 담당 기자들을 정기적으로 초청해 탄소중립 기술 현장을 보여주는 '그린데이'를 운영하며 깊이 있는 ESG 보도를 이끌어냈다.

마지막으로, 위기 상황에 대한 대응 준비도 필수다. ESG 관련 논란이 생겼을 때는 신속하고 투명하게 대응하는 것이 중요하다. 사실을 숨기거나 변명하기보다는 현재 상황을 정확히 설명하고 개선 계획을 구체적으로 제시해야 한다. 아모레퍼시픽은 일부 제품 포장재 관련 환경 논란이 있었을 때, 즉시 투명하게 상황을 설명하고 포장재 개선 계획을 발표해 위기를 기회로 전환했다.

성공적인 ESG 미디어 대응의 핵심은 결국 진정성과 투명성이다. 과장하거나 숨기지 않고, 실제 노력과 성과, 앞으로의 계획을 솔직하게 공유할 때 언론과 대중의 신뢰를 얻을 수 있다.

5. 지속가능경영보고서, 제대로 만들고 활용하기

(1) 지속가능경영보고서 작성의 필수 가이드

지속가능경영보고서는 기업의 ESG 성과를 종합적으로 보여주는 핵심 문서다. 하지만 많은 기업들이 어떻게 만들어야 할지 고민한다. 효과적인 지속가능경영보고서를 만들기 위한 필수 가이드를 알아보자.

먼저, 국제 표준을 적절히 활용해야 한다. 가장 널리 사용되는 GRI(Global Reporting Initiative) 표준은 환경, 사회, 지배구조 영역의 보고 항목을 체계적으로 제시한다. 삼성전자는 GRI 표준을 기본으로 하되, SASB(지속가능회계기준위원회), TCFD(기후변화 재무정보공개 태스크포스) 등 다양한 글로벌 가이드라인을 통합 적용해 완성도 높은 보고서를 만들었다.

두 번째로, 중대성 평가를 통한 핵심 이슈 선정이 중요하다. 모든 ESG 이슈를 동일한 비중으로 다루는 것보다 기업과 이해관계자에게 가장 중요한 이슈를 찾아 집중적으로 보고하는 것이 효과적이다. 2024년 현대자동차는 ESG경영보고서에서 설문조사와 전문가 인터뷰를 통해 '탄소중립', '제품 책임', '순환경제' 등 핵심 이슈를 선정하고, 이에 대한 성과와 목표를 상세히 보고했다.

세 번째로, 구체적인 데이터와 사례를 균형 있게 제시해야 한다. 숫자만 나열하면 지루하고, 스토리만 강조하면 신뢰성이 떨어진다. 정확한 데이터와 생생한 사례를 함께 보여주는 것이 좋다. SK이노베이션은 3년간의 온실가스 배출량 추이를 그래프로 보여주면서, 동시에 친환경 기술 개발 과정의 이야기를 연구원들의 목소리로 담아내 균형 잡힌 보고서를 만들었다.

네 번째로, 디자인과 가독성에 신경 써야 한다. 아무리 좋은 내용이라도 읽기 어렵거나 지루하면 효과가 떨어진다. 중요한 정보는 인포그래픽으로 표현하고, 적절한 여백과 섹션 구분으로 가독성을 높이는 것이 좋다. 네이버는 주요 ESG 성과를 한눈에 볼 수 있는 하이라이트 페이지를 보고서 앞부분에 배치하고, 중요 데이터는 시각화하여 독자들이 쉽게 이해할 수 있게 했다.

다섯째, 이해관계자 참여 과정을 투명하게 공개해야 한다. 고객, 직원, 투자자, 지역사회 등 다양한 이해관계자들의 의견을 어떻게 수렴하고 반영했는지 보여주는 것이 중요하다. LG생활건강은 이해관계자 별 소통 채널과 주요 관심사, 그에 대한 회사의 대응을 표로 정리해 투명하게 공개했다.

여섯째, 목표와 성과, 한계를 균형 있게 보고해야 한다. 성과만 강조하면 진정성이 떨어지고, 목표나 계획만 이야기하면 실행력을 의심받을 수 있다. 성공과 함께 아직 해결하지 못한 과제나 앞으로의 도전도 솔직히 공유하는 것이 신뢰를 높인다. 파타고니아는 '환경 발자국 보고서'에서 달성한 성과뿐만 아니라 목표에 도달하지 못한 영역과 이를 개선하기 위한 계획도 명확히 공개해 많은 호응을 얻었다.

마지막으로, 제3자 검증을 받는 것이 중요하다. 외부 전문기관의 검증은 보고서의 신뢰성을 높이는 핵심 요소다. 포스코는 국제적으로 인정받는 검증 기관의 검증 보고서를 포함하여 데이터의 정확성과 신뢰성을 확보했다.

잘 만들어진 지속가능경영보고서는 기업의 ESG 노력을 효과적으로 알리는 강력한 도구가 된다. 국제 표준을 따르되, 기업의 특성과 이해관계자의 관심사를 잘 반영한 맞춤형 보고서를 만드는 것이 성공의 열쇠다.

(2) 지속가능경영보고서를 홍보에 적극 활용하는 방법

지속가능경영보고서는 만드는 것으로 끝나지 않는다. 공들여 만든 보고서를 다양한 방식으로 활용하면 ESG 홍보 효과를 극대화할 수 있다. 보고서를 효과적으로 활용하는 방법을 알아보자.

먼저, 보고서의 핵심 내용을 다양한 형태로 재구성해야 한다. 200페이지가 넘는 보고서 전체를 읽는 사람은 많지 않다. 삼성전자는 보고서의 주요 내용을 10페이지 분량의 '하이라이트' 버전과 2분짜리 영상으로 만들어 더 많은 사람들에게 핵심 메시지를 전달했다. 또한 SNS용 카드뉴스, 인포그래픽 등 다양한 형태로 변환해 여러 채널에서 활용했다.

두 번째로, 디지털 플랫폼을 적극 활용해야 한다. 종이 보고서보다 웹 버전이 접근성과 활용도가 높다. 현대자동차는 보고서 전용 웹사이트를 구축해 독자들이 관심 있는 주제만 선택해서 볼 수 있게 했다. 또한 데이터를 인터랙티브 그래프로 표현해 사용자가 직접 조작하며 정보를 탐색할 수 있게 만들었다.

세 번째로, 이해관계자별 맞춤형 커뮤니케이션이 중요하다. 투자자, 고객, 직원 등 다양한 이해관계자에게 각각 관심 있는 내용을 집중적으로 전달해야 한다. LG화학은 투자자를 위한 'ESG 데이터북', 고객을 위한 '친환경 제품 카탈로그', 직원을 위한 'ESG 뉴스레터'를 별도로 제작해 배포했다.

네 번째로, 보도자료와 연계한 언론 홍보가 효과적이다. 보고서 발간 자체를 뉴스화하고, 주목할 만한 성과나 목표를 중심으로 보도자료를 작성해야 한다. SK이노베이션은 '2050 넷제로' 목표와 구체적인 실행 계획을 담은 보고서 발간을 계기로 환경 전문 기자들과의 간담회를 개최해 심층적인 언론 보도를 이끌어냈다.

다섯째, ESG 평가 대응에도 적극 활용해야 한다. 보고서는 MSCI, DJSI

등 주요 ESG 평가 기관의 질의에 응답할 때 중요한 근거 자료가 된다. 포스코는 보고서 작성 단계부터 주요 평가 기관의 질의 항목을 반영해, 평가 대응 시 보고서 내용을 효과적으로 활용할 수 있도록 했다.

여섯째, 고객과의 접점에서도 활용 가능하다. 매장이나 제품 패키지에 QR코드를 삽입하여 보고서 주요 내용으로 연결하거나, 친환경 제품 판매 시 관련 ESG 활동을 함께 소개할 수 있다. 아모레퍼시픽은 매장 내 디지털 디스플레이에 지속가능경영보고서의 주요 내용을 상영하고, 화장품 용기 수거 캠페인과 연계해 순환경제 노력을 알렸다.

일곱째, 내부 교육과 문화 조성에도 활용해야 한다. 보고서는 직원들에게 ESG 경영의 중요성과 회사의 노력을 알리는 좋은 도구다. 현대카드는 보고서 내용을 바탕으로 ESG 교육 프로그램을 개발하고, 부서별 ESG 실천 가이드를 만들어 전사적인 참여를 이끌어냈다.

마지막으로, 지속적인 소통이 중요하다. 연간 보고서 발간만으로 끝내지 말고, 분기별 업데이트나 SNS를 통한 정기적인 소통으로 ESG 활동의 진행 상황을 계속 알려야 한다. 네이버는 분기별 ESG 브리핑을 통해 주요 활동과 성과를 업데이트하며 이해관계자들과 지속적으로 소통했다.

지속가능경영보고서는 단순한 의무 공시 자료가 아닌, ESG 커뮤니케이션의 플랫폼이다. 다양한 형태로 재구성하고, 여러 채널을 통해 지속적으로 알릴 때 진정한 가치를 발휘한다.

6. 중소, 중견기업의 ESG공급망 실사 대응방안

(1) 글로벌 ESG규제 대응을 위한 준비

글로벌 ESG 규제 강화는 이제 대기업뿐 아니라 공급망에 속한 중소기업에게도 직접적인 영향을 미치고 있다. EU 공급망 실사법, 독일 공급망 실사법 등이 시행되면서 대기업들은 자사 공급망의 ESG 리스크를 철저히 관리해야 하는 상황이 되었고, 이는 자연스럽게 협력사인 중소기업들에게 ESG 역량 강화를 요구하는 형태로 이어지고 있다.

중소기업이 글로벌 ESG 규제에 효과적으로 대응하기 위해서는 먼저 자사에 적용되는 규제를 명확히 파악해야 한다. 직접 수출하는 기업이라면 해당 국가의 규제를, 대기업 협력사라면 주요 고객사의 ESG 요구사항을 분석하는 것이 첫 단계다. 자동차 부품 제조업체 A사는 주요 고객사인 현대자동차와 독일 완성차 브랜드의 ESG 평가 항목을 비교 분석해 공통 요구사항을 우선 대응 과제로 선정했다.

다음으로, ESG 핵심 영역별 현황 진단이 필요하다. 환경 분야에서는 에너지 사용량, 온실가스 배출량, 폐기물 관리 현황을, 사회 분야에서는 작업장 안전, 인권 정책, 다양성 현황을, 지배구조 분야에서는 윤리경영 체계, 정보보안 관리 등을 점검해야 한다. 전자부품 제조업체 B사는 산업통상자원부의 'K-ESG 가이드라인'을 활용해 자체 진단을 실시하고 취약 영역을 파악했다.

ESG 데이터 관리 체계 구축도 중요하다. 대기업들이 요구하는 탄소배출량, 용수 사용량, 산업재해율 등의 데이터를 정확히 측정하고 관리할 수 있는 시스템이 필요하다. 모든 영역을 한꺼번에 관리하기 어렵다면, 핵심 지표부터 단계적으로 관리 체계를 갖추는 것이 현실적이다. 중소 화학기업 C사는 엑셀 기반의 간단한 ESG 데이터 관리 템플릿을 개발해 매월 주요 지표를 모니터링하고 있다.

산자부(산업통상자원부)에서 2024년 중소기업 공급망지원사업 결과보고서를 발표한 바 있다. 실행 가능한 개선 계획 수립도 필수적이다. ESG 진단을 통해 파악된 취약점을 개선하기 위한 구체적인 계획을 수립하고, 이를 단계적으로 실행해야 한다. 중소 섬유업체 D사는 에너지 효율화, 안전보건 관리, 윤리경영 강화 등 3개 영역에 집중해 연도별 개선 목표와 실행 계획을 수립했다.

마지막으로, 외부 지원 제도를 적극 활용하는 것이 효과적이다. 산업통상자원부, 중소벤처기업부, 한국환경산업기술원 등에서 제공하는 ESG 컨설팅과 지원 사업을 활용하면 적은 비용으로 ESG 역량을 강화할 수 있다. 산업기계 제작 중소기업 K사는 정부 지원 ESG 진단 컨설팅을 통해 에너지 효율화 방안을 도출하고 3천만 원의 설비 투자로 연간 에너지 비용 20%를 절감하는 성과를 거두었다.

(2) 중소, 중견기업의 ESG경쟁력 강화를 위한 실천방안

대기업들이 협력사 ESG 평가를 강화하면서 중소,중견기업들은 새로운 도전에 직면하고 있다. 평가 기준을 충족하지 못하면 거래 중단이나 물량 축소로 이어질 수 있어 체계적인 대응이 필수적이다. 효과적인 대응 전략을 알아보자.

먼저, 주요 거래 대기업의 ESG 평가 기준을 정확히 파악하는 것이 출발점이다. 삼성전자, SK하이닉스, 현대자동차 등 주요 대기업들은 각자의 ESG 평가 지표와 가이드라인을 운영하고 있다. 자동차 부품업체 A사는 주요 고객사 3곳의 ESG 평가 항목을 비교 분석한 결과, 온실가스 배출량 관리와 안전보건 시스템 구축이 공통 핵심 요소임을 파악하고 이 두 영역에 우선 투자했다.

둘째, ESG 평가에서 높은 배점을 차지하는 항목에 집중해야 한다. 대부분의 대기업 평가에서 서류상 정책 구비보다 실질적인 관리 시스템과 성과

데이터에 높은 점수를 부여한다. 전자부품 제조업체 B사는 단순히 환경방침을 수립하는 데 그치지 않고, 에너지와 폐기물 저감 목표를 설정하고 월별 모니터링 시스템을 구축해 LG전자 ESG 평가에서 상위 등급을 획득했다.

셋째, 지속적인 소통과 피드백이 중요하다. 평가 결과를 단순히 받아들이기보다 부족한 부분에 대한 개선 계획을 수립하고 이를 고객사와 적극적으로 공유하는 것이 효과적이다. 화학소재 기업 C사는 포스코의 그린파트너십 평가에서 부족점을 발견한 후, 개선 계획서를 제출하고 분기별 진행상황을 보고해 고객사로부터 긍정적인 평가를 받았다.

넷째, ESG 실무 담당자의 역량 강화가 필수적이다. 급변하는 ESG 규제와 표준을 이해하고 대응할 수 있는 전문성이 필요하다. 금속가공 중소기업 D사는 생산관리 팀장을 ESG 담당자로 지정하고 외부 전문교육을 이수하게 한 후, 사내 ESG 워크숍을 통해 전 직원의 인식을 높였다.

다섯째, 동종업계 협력과 벤치마킹도 효과적이다. 유사한 규모와 업종의 기업들과 ESG 대응 정보를 공유하면 효율적인 해결책을 찾을 수 있다. 섬유업체 E사는 지역 산업단지 내 유사업종 5개사와 'ESG 스터디 그룹'을 결성해 월 1회 우수사례를 공유하며 함께 성장하고 있다.

마지막으로, 정부 지원 제도를 적극 활용해야 한다. 중소벤처기업부, 산업통상자원부 등에서는 중소기업 ESG 역량 강화를 위한 다양한 지원 사업을 운영하고 있다. 금속가공공 중소기업 A사는 정부 지원 'ESG 공급망 실사자 진단 컨설팅'을 통해 ESG 개선 로드맵을 수립하고, 대기업의 ESG평가에 대비하고 있다.

대기업 ESG 평가는 부담이 아닌 경쟁력 강화의 기회로 삼아야 한다. 평가 기준을 정확히 이해하고 우선순위에 따라 단계적으로 대응한다면, ESG는 새로운 성장 동력이 될 것이다.

PART 11

ESG로 조직을 바꾸고 문화를 만드는 강소기업 경영 전략

CONTENTS

강소기업도 ESG를 해야 하는 이유······················284

ESG 경영, 어디서부터 어떻게 시작할까················287

조직에 ESG를 자연스럽게 심는 방법·····················291

일하는 방식부터 바뀌어야 ESG가 된다················294

ESG 성공 기업 사례: 작은 실천이 큰 변화를 만든다·········298

중소기업의 ESG 내재화를 위한 실천 로드맵·············304

윤하솜

"기업의 지속가능한 이야기를 발견하고, 세상에 펼치는 ESG 출판 디렉터&ESG전문컨설턴트"

윤하솜 작가는 ESG기업경영컨설턴트이자 지속가능성 혁신 전략가로서, 스타트업부터 강소기업까지 다양한 조직을 대상으로 ESG 경영체계 구축과 브랜딩 전략 수립을 지원하고 있다. 커넥트인(ConnectIN) 대표로서 기업의 가치를 발굴하고, 비즈니스 파트너 및 투자자 네트워크를 연결해 지속가능한 성장 기반을 마련하는 데 주력하고 있다.

디지털 전환 시대에 맞춰 ESG 기반 비즈니스 혁신, 스타트업 경영 전략, 브랜드 가치 강화를 위한 맞춤형 컨설팅을 수행하며, 중소·중견기업의 글로벌 경쟁력 강화 프로젝트를 이끌고 있다. 현장 경험을 바탕으로 기업 실무에 바로 적용할 수 있는 실행형 전략을 제시하는 것을 강점으로 삼고 있다.

윤하솜 작가는 ESG경영이 단순한 트렌드가 아니라, 기업 생존과 성장을 위한 필수 전략임을 강조하며, 실천 중심의 컨설팅과 교육을 통해 많은 기업의 변화를 이끌어내고 있다. 앞으로도 커넥트인 대표이자 비즈니스 전략가로서 '지속가능한 연결'을 통해 더 많은 기업과 사회의 성장을 지원할 예정이다.

- 스타트업 경영전략 및 지속가능경영 전문가
- 커넥트인(ConnectIN) 대표 겸 ESG기업경영컨설턴트
- 기업가치 발굴 및 투자연계 비즈니스 파트너십 구축 전문가

출간저서 『하루 30분 AI와 함께 말문이 트이는 기적의 영어학습법』, 『스마트워크 스킬UP 구글웍스의 모든 것』

"언론이 침묵하면
민주주의도 침묵한다."

헨리 아나톨 그룬왈드

1. 강소기업도 ESG를 해야 하는 이유

(1) 작은 회사가 ESG를 해야 살아남는다

강소기업에게 ESG는 먼 이야기처럼 들린다. 하지만 오늘날 시장에서는 규모가 작은 기업일수록 더 빠르게 ESG 경영을 준비해야 한다. 대기업만 ESG를 요구받던 시대는 이미 끝났다. 이제는 모든 기업이 ESG 기준에 따라 평가받는 세상이다. 강소기업도 예외일 수 없다.

세계 주요 시장에서는 공급망 전체에 ESG 기준을 적용하고 있다. 글로벌 기업들은 협력사를 선택할 때 반드시 ESG 대응 여부를 확인한다. 환경 규제, 노동 조건, 지배구조 투명성 등 기본 요건을 충족하지 못하면 거래 자체가 불가능해진다. 작은 기업이라도 ESG를 무시하면 자연스럽게 시장에서 밀려날 수밖에 없다.

국내 상황도 다르지 않다. 국민연금을 비롯한 주요 기관투자자들은 ESG 평가를 투자 의사결정의 기준으로 삼고 있다. 이 흐름은 대기업에만 국한되지 않는다. 대기업과 거래하는 강소기업 역시 간접적으로 ESG 실사를 요구받고 있다. 변화를 외면하는 기업은 거래 기회 자체를 잃게 된다.

또한 소비자의 기대치 역시 급변하고 있다. MZ세대를 중심으로, 제품이나 서비스의 품질 못지않게 기업의 사회적 책임과 환경적 가치가 구매 결정에 중요한 기준이 되었다. 신뢰받는 기업, 존경받는 브랜드가 되기 위해서는 ESG를 행동으로 증명해야 한다. 작은 기업일수록 진정성 있는 ESG 실천이 더 큰 차별화 포인트가 된다.

정부의 정책 방향도 ESG를 적극적으로 지원하는 쪽으로 전환되고 있다. 각종 지원사업, 조달 시장, 투자 유치 과정에서도 ESG 요소가 필수 평가 항목으로 포함된다. ESG를 경영 전략에 반영하지 않으면 정부와 금융기관의 지원 기회를 잡기도 어렵다.

ESG는 결국 리스크 관리이자 기회 창출이다. 규제 리스크를 사전에 방지하고, 신뢰를 기반으로 새로운 시장 기회를 선점하는 것이 ESG 경영의 본질이다. 작은 기업이 ESG에 뒤처지면 리스크에 노출될 뿐 아니라, 미래 성장의 문도 스스로 닫게 된다.

강소기업이 가진 민첩성과 유연성은 ESG 전환에서 오히려 강점이 된다. 변화에 빠르게 적응하고, 조직 전체를 일관되게 움직일 수 있는 장점이 있기 때문이다. 대기업처럼 복잡한 구조를 조정할 필요 없이, 작은 행동부터 즉시 실행할 수 있다.

결국 강소기업에게 ESG는 '선택'이 아니라 '생존'이다. ESG를 경영의 중심에 두고, 실질적인 실행을 통해 변화하는 시장의 요구에 대응해야만 한다. 늦게 시작할수록 격차는 커진다. 지금 이 순간부터 작은 실천을 쌓아가야 한다. 강소기업은 스스로 묻고 답해야 한다. 우리는 변화를 주도할 것인가, 아니면 변화에 밀려 사라질 것인가?" ESG를 받아들이는 선택은, 바로 이 질문에 대한 대답이 된다.

(2) ESG는 비용이 아니라 투자다

ESG를 논할 때 가장 먼저 마주치는 벽은 "돈이 많이 든다"는 인식이다. 많은 강소기업들은 ESG를 이야기하는 순간 비용 부담을 걱정한다. 탄소 감축, 친환경 인증, 윤리 경영 시스템 구축 등 모든 것이 추가 지출처럼 느껴진다. 하지만 이 시각은 ESG의 본질을 제대로 보지 못하는 것이다. ESG는 단순한 비용이 아니다. 미래를 위한 가장 확실한 투자다.

우선 ESG는 장기적으로 운영비용을 줄인다. 에너지 절약, 자원 재활용, 폐기물 감축을 위한 프로세스 개선은 초기에는 약간의 비용이 들 수 있다. 그러나 시간이 지나면서 전기료, 원자재비, 폐기물 처리비 같은 지속적 지출을 눈에 띄게 낮춘다. 강소기업에게 이 절감 효과는 곧 생존력 강화로 이어진다.

ESG는 리스크를 사전에 차단하는 보험이기도 하다. 환경 규제 위반, 노동 문제, 부패 이슈는 단번에 회사의 존립을 위협할 수 있다. ESG는 이런 리스크를 사전에 예방하고, 위기를 기회로 전환하는 힘을 갖는다. 작은 회사일수록 하나의 사고가 치명타가 되기 쉽다. ESG를 체계적으로 준비하는 기업만이 리스크 앞에서도 무너지지 않는다.

또한 ESG는 시장에서 강력한 브랜드 가치를 만든다. 소비자는 점점 더 ESG를 실천하는 기업을 선택하고, 지지하고, 자랑스럽게 여긴다. 진정성 있는 ESG 경영은 브랜드 신뢰도를 높이고, 충성 고객을 만든다. 단순한 가격 경쟁을 넘어, 소비자가 "왜 이 회사를 선택하는가"를 설명할 수 있게 해준다.

ESG 경영은 투자 유치와 금융 조달에서도 분명한 차이를 만든다. ESG를 잘 실천하는 기업은 투자자에게 매력적인 대상으로 비춰진다. 글로벌 펀드, 공공기관, 벤처캐피털 모두 ESG를 중요 평가 기준으로 삼는다. 또한 은행의 대출 심사에서도 ESG 실적은 신용등급에 긍정적 영향을 미친다. 결국 ESG는 자금 조달 비용을 낮추는 투자다.

특히 강소기업은 ESG를 민첩하게 실행할 수 있는 유리한 위치에 있다. 복잡한 거버넌스나 대규모 설비 전환 없이도, 경영진의 의지와 직원들의 작은 행동 변화로 ESG를 빠르게 내재화할 수 있다. 작은 투자로도 충분히 경쟁 우위를 만들 수 있다.

ESG를 단기적인 지출로 보는 기업은 변화를 외면하고 정체된다. 반면 ESG를 투자로 보는 기업은 장기 성장의 토대를 닦는다. 이 둘의 차이는 시간이 지나면서 분명하게 드러난다. 결국 살아남는 쪽은, ESG를 투자로 본 기업이다.

강소기업은 선택해야 한다. "당장의 비용을 아껴 리스크를 키울 것인가, 아니면 지금 투자해 미래를 선점할 것인가?" ESG는 지금 이 질문에 답하는 가장 현명한 투자다.

2. ESG 경영, 어디서부터 어떻게 시작할까

1) 복잡하게 생각하지 말고 작은 것부터 시작하라

많은 강소기업이 ESG 경영을 떠올릴 때 첫 번째로 느끼는 감정은 막막함이다. 무엇을 어떻게 시작해야 하는지 알지 못한 채, 막연히 대기업 수준의 거창한 계획을 세우려 한다. 그러나 이런 접근은 오히려 시작을 더 어렵게 만든다. ESG는 거대한 선언이 아니라, 작은 실천에서 출발해야 한다.

가장 가까운 곳부터 시작해야 한다. 사무실 불을 끄는 것, 종이 사용을 줄이는 것, 회의 때 일회용품 대신 개인 컵을 사용하는 것. 이러한 작은 변화가 바로 ESG 경영의 출발점이다. 누구나 당장 실천할 수 있는 행동에서 출발해야 지속 가능한 변화를 만들 수 있다.

완벽을 목표로 삼지 말아야 한다. 완벽한 ESG 시스템을 갖추기 위해 모든 것을 한 번에 바꾸려고 하면, 오히려 추진력이 떨어지고 포기하게 된다. 처음에는 부족하더라도 실행하면서 조금씩 보완하고 성장하는 방식이 훨씬 현실적이다.

구체적인 목표를 세우는 것이 중요하다. "환경을 생각하자"는 모호한 구호 대신, "올해 에너지 사용량 10% 절감"처럼 측정 가능하고 명확한 목표를 설정해야 한다. 작고 분명한 목표가 있어야 구성원 모두가 ESG를 '내 일'로 받아들인다.

조직 전체가 함께 움직이게 해야 한다. 일부 부서나 몇몇 열정적인 직원만의 활동으로는 ESG 문화를 만들 수 없다. 경영진이 ESG의 필요성과 의미를 분명히 전달하고, 모든 부서, 모든 직급이 참여하는 구조를 만들어야 한다. 작은 실천이 조직 전체의 일상이 될 때 비로소 ESG가 뿌리내린다.

실천과 결과를 공유하는 것도 필수다. 어떤 부서가 에너지 절약을 위해 특별한 아이디어를 냈다면 이를 전체 회의에서 소개하고 칭찬하자. ESG를 자랑스럽게 이야기하는 문화가 만들어지면, 자연스럽게 구성원들의 자발적 참여가 이어진다.

작은 성공을 축적하는 것이 ESG 경영의 핵심이다. 한 번의 큰 프로젝트보다, 매일의 작은 변화를 꾸준히 이어가는 것이 더 깊은 변화를 만든다. 매일의 작은 실천이 모이면, 어느 순간 조직 전체의 DNA가 바뀌어 있음을 발견하게 될 것이다. 결국 ESG 경영은 거창한 선언이 아니라, 작지만 꾸준한 행동에서 시작된다.

강소기업은 스스로에게 이렇게 물어야 한다. "오늘, 우리가 ESG를 위해 할 수 있는 가장 작은 행동은 무엇인가?" 이 질문에 답하고, 행동으로 옮기는 것. 그것이 ESG 경영의 진짜 출발점이다.

(2) 실천 가능한 ESG 액션 10가지

ESG 경영은 거대한 프로젝트가 아니다. 작고 현실적인 실천에서 출발해야 한다. 강소기업은 대기업처럼 대규모 시스템을 구축할 필요가 없다. 오히려 소규모 조직 특유의 민첩성과 유연성을 살려, 지금 당장 실행 가능한 작은 행동부터 시작하는 것이 가장 효과적이다.

우선 사무실부터 변화시킬 수 있다. 전등과 전자기기의 대기전력을 차단하는 것, 불필요한 에너지 소비를 줄이는 것만으로도 충분한 출발이 된다. 직원들이 매일 사용하는 전력량을 조금씩 아끼는 것, 그것이 곧 환경을 생각하는 첫걸음이다.

개인용품 사용에서도 ESG를 실천할 수 있다. 일회용 컵과 플라스틱 병 대신 개인 텀블러와 머그컵을 사용하는 문화를 만들자. 회사 차원에서 텀블러를 지급하거나, 사무실에 정수기를 설치해 자연스럽게 일회용품 소비를 줄이는 것도 좋은 방법이다.

회의 문화를 바꾸는 것도 ESG 경영의 일부다. 불필요한 종이 인쇄를 줄이고, 가능한 한 디지털 문서를 기본으로 사용한다. 보고서, 회의자료, 메모까지 모두 전자화하면, 종이 낭비를 줄이는 동시에 업무 효율도 높일 수 있다.

출장 문화를 점검할 필요도 있다. 짧은 거리 이동이나 간단한 미팅은 온라인 화상회의로 대체하는 방식을 정착시킨다. 불필요한 이동을 줄이면 탄소배출량을 줄이는 데 실질적인 기여를 할 수 있다. 특히 강소기업은 빠른 의사결정이 필요한 만큼, 효율성과 환경 모두를 고려한 스마트워크 문화를 선도할 수 있다.

업무 프로세스 안에 ESG 요소를 자연스럽게 녹이는 것도 필요하다. 구매 담당 부서는 친환경 인증 제품을 우선 고려하고, 제조 과정에서는 에너지 효율이 높은 설비를 도입하는 등 실질적인 변화를 추진할 수 있다. 작은 개선 하나가 쌓이면 큰 변화를 만든다.

사내 복지에서도 ESG를 반영할 수 있다. 건강 증진 프로그램을 운영하거나, 직원들의 워라밸을 존중하는 근무 제도를 도입하는 것도 사회(S) 영역의 실천이다. 소수자와 다양한 배경을 가진 인재를 채용하고 포용하는 것도 조직의 건강성을 높이는 중요한 ESG 활동이다.

윤리 경영은 강소기업 ESG의 핵심이다. 내부 규정을 정비하고, 윤리적 행동 기준을 명확히 공표하며, 전 직원이 이를 숙지하고 실천하는 문화를 만든다. 사소한 일에도 투명성과 공정성을 지키는 조직은 시간이 지나면서 자연스럽게 신뢰를 얻게 된다.

지역사회와의 연결도 ESG 실천의 중요한 축이다. 지역 봉사활동, 기부 캠페인, 재능기부 프로그램 등을 통해 사회에 긍정적 영향을 미치는 활동을 지속할 수 있다. 작은 회사라도 지역사회와 함께 성장하는 브랜드 이미지를 만들 수 있다.

마지막으로, ESG 실천을 사내에서 꾸준히 이야기하는 것이 중요하다. 작은 실천도 뉴스레터나 게시판을 통해 공유하고, 좋은 아이디어를 제안한 직원에게 포상을 하는 등 긍정적 피드백 문화를 만들어야 한다. ESG는 말로만 강조하는 것이 아니라, 일상의 흐름 속에 자연스럽게 녹아들어야 한다.

결국 강소기업이 할 수 있는 ESG 실천은 멀리 있지 않다. 오늘 우리가 일하는 방식, 대화하는 방법, 사용하는 자원을 조금만 바꾸는 것. 그것이 곧 ESG 경영의 시작이다.

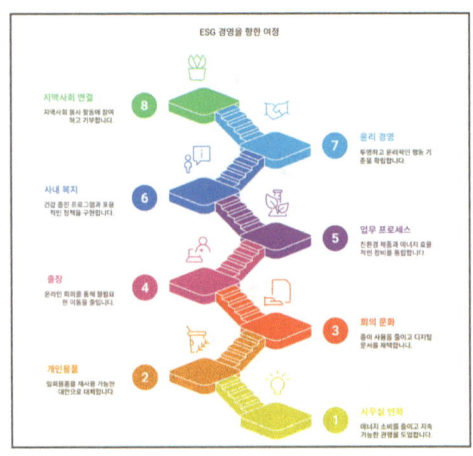

3. 조직에 ESG를 자연스럽게 심는 방법

(1) CEO가 먼저 ESG를 말하고 행동해야 한다

ESG 경영은 경영진의 결단에서 시작된다. 그중에서도 CEO의 역할은 절대적이다. 아무리 좋은 계획과 시스템이 준비되어 있어도, CEO가 직접 ESG를 이야기하고 실천하지 않는다면 조직 전체는 절대 움직이지 않는다. 강소기업일수록 CEO 한 사람의 태도가 기업 문화를 좌우한다.

조직은 항상 경영진의 모습을 보고 배운다. CEO가 ESG를 중요하게 생각하고 매일 실천하는 모습을 보여야 구성원들도 진정성을 느낀다. 아무리 멋진 구호를 내걸어도, CEO가 회의 때 일회용품을 쓰고, 윤리 기준을 무시한다면 ESG는 공허한 구호로 전락한다. 말이 아니라 행동이 변화를 만든다.

작은 행동이라도 CEO가 먼저 시작해야 한다. 출근길에 텀블러를 들고 오거나, 불필요한 출장 대신 화상회의를 선택하는 것, 회의 때 ESG 관점에서 고민을 요청하는 것. 이런 사소해 보이는 행동 하나하나가 조직 전체에 메시지를 던진다. ESG는 '남의 일'이 아니라 '우리 일'이라는 인식을 퍼뜨리는 시작이 된다.

CEO는 ESG를 조직 운영의 원칙으로 삼아야 한다. 신규 프로젝트를 시작할 때도, 협력사를 선정할 때도 ESG 기준을 함께 검토하는 구조를 만들어야 한다. 그리고 그 과정을 투명하게 설명해 전사적으로 공유해야 한다. ESG가 별도의 과제가 아니라, 경영의 기본 원칙이라는 것을 행동으로 보여주어야 한다.

중요한 것은 말뿐인 선언이 아니다. 조직 구성원들은 CEO가 실제로 어떤 결정을 내리는지, 위기 상황에서도 ESG 원칙을 지키는지를 본다. 단기 이익을 위해 원칙을 포기하는 모습을 보이면, ESG 문화는 순식간에 무너진다. 반대로 어려운 선택 앞에서도 ESG 가치를 지키는 CEO는 구성원들에게 신뢰를 얻는다.

CEO는 ESG를 성과 지표로 삼아야 한다. 영업이익, 매출 성장만을 강조하는 대신, 에너지 절감률, 사회공헌 실적, 윤리경영 평가 같은 지표도 함께 경영 보고에 포함시켜야 한다. 숫자로 가시화된 ESG 성과는 조직의 자부심을 높이고, 실천 동력을 키우는 핵심이 된다.

마지막으로 CEO는 ESG를 이야기하는 최고의 스토리텔러가 되어야 한다. 조직의 변화 과정, 작은 성공, 극복한 어려움까지 솔직하고 따뜻하게 구성원들과 나누어야 한다. 사람들은 수치보다 이야기에 감동한다. CEO가 직접 ESG 여정을 스토리로 전달할 때, 조직은 진심으로 움직인다.

강소기업의 CEO는 스스로 묻고 답해야 한다. "나는 오늘 어떤 모습으로 ESG를 실천했는가?" 이 질문에 답하는 리더만이, 진정한 ESG 문화를 만들 수 있다.

(2) ESG를 강요하지 않고 문화로 만드는 법

ESG 경영을 조직에 심으려 할 때 가장 쉽게 빠지는 함정은 '강요'다. 많은 기업이 ESG를 선언하고, 일방적으로 지시한다. 그러나 강요로는 진짜 변화를 만들 수 없다. ESG는 압박이 아니라 공감으로 퍼져야 한다. 강소기업일수록 자연스럽게 ESG가 스며드는 문화를 만드는 것이 무엇보다 중요하다.

첫 번째는 의미를 먼저 이야기하는 것이다. 왜 우리 회사가 ESG를 해야 하는지, 그것이 우리 모두의 미래에 어떤 가치를 만드는지를 구성원들에게 충분히 설명해야 한다. 단순히 "해야 한다"는 명령이 아니라, "이것이 우리에게 필요한 이유"를 스스로 납득하게 해야 한다.

두 번째는 작은 성공을 경험하게 하는 것이다. 거창한 목표 대신, 모두가 쉽게 이룰 수 있는 작은 과제를 설정한다. 에너지 절약, 종이 사용 줄이기, 지역사회 봉사활동처럼 구체적이고 실천 가능한 목표를 함께 정하고, 그것을 성취했을 때 모두가 함께 축하하는 문화를 만든다. 작은 성공이 ESG를 자발적으로 이어가게 만든다.

세 번째는 자유롭게 제안하고 참여할 수 있는 환경을 만드는 것이다. ESG에 대한 아이디어를 누구나 자유롭게 제안할 수 있게 하고, 제안이 채택되었을 때는 적극적으로 인정한다. 위에서 아래로 내려보내는 명령이 아니라, 아래에서 위로 올라오는 움직임을 존중할 때 ESG는 조직의 일부가 된다.

네 번째는 실천 과정을 꾸준히 가시화하는 것이다. 달성한 작은 변화를 시각적으로 보여주고, 성과를 조직 전체가 공유한다. 예를 들어, 전력 사용량 절감 추이를 매달 게시하거나, ESG 아이디어 제안 우수 사례를 뉴스레터에 소개하는 식이다. 눈에 보이는 성과는 구성원들의 자부심을 키우고 자발적 참여를 확산시킨다.

다섯 번째는 ESG를 업무의 일부로 자연스럽게 연결하는 것이다. 별도로 'ESG 업무'를 만드는 것이 아니라, 모든 일상 업무 속에서 ESG 관점을 고려하는 습관을 들인다. 구매, 생산, 마케팅, 인사 등 모든 영역에서 "이 일이 환경, 사회, 지배구조에 어떤 영향을 미치는가?"를 질문하는 문화를 심는다.

여섯 번째는 시간을 충분히 주는 것이다. ESG 문화는 하루아침에 만들어지지 않는다. 구성원들이 이해하고, 받아들이고, 스스로 움직이기까지는 시간이 필요하다. 단기 성과를 조급하게 요구하지 말고, 긴 호흡으로 지켜보고 응원해야 한다.

일곱 번째는 리더들이 먼저 모범을 보이는 것이다. CEO와 경영진이 솔선수범해 ESG를 실천하고, 작은 실천도 진심으로 칭찬할 때 조직은 자연스럽게 따라온다. ESG는 강요가 아니라, 신뢰와 모범을 통해 퍼지는 문화다.

결국 ESG는 명령이 아니라, 질문으로 시작해야 한다. "우리는 왜 ESG를 해야 하는가?", "우리는 무엇을 바꿀 수 있을까?" 이 질문을 던지고, 답을 함께 찾아가는 조직만이 진짜 ESG 문화를 만든다.

4. 일하는 방식부터 바뀌어야 ESG가 된다

(1) 친환경·공정성을 고려한 업무 프로세스 혁신

ESG 경영은 선언으로 끝나지 않는다. 포스터를 붙이고, 캠페인을 하는 것만으로는 조직이 바뀌지 않는다. ESG가 진짜 조직에 뿌리내리려면, 일하는 방식 그 자체가 변해야 한다. 강소기업이 ESG를 성공적으로 내재화하려면, 업무 프로세스에 친환경성과 공정성을 직접 녹여야 한다.

우선 환경을 고려하는 업무 방식으로 전환해야 한다. 제품 개발, 생산, 유통, 사무운영 모든 과정에서 에너지 사용을 최소화하고, 자원 낭비를 줄이는 방향으로 프로세스를 재설계해야 한다. 작은 변화라도 쌓이면 탄소 배출량은 줄고, 비용 절감 효과도 따라온다.

생산 공정에서는 친환경 원자재 사용을 늘리고, 제조 과정의 에너지 효율을 높이는 설비 투자를 검토해야 한다. 포장재를 친환경 소재로 전환하고, 불필요한 부자재를 줄이는 것도 실천 가능한 첫걸음이다. 제품 하나하나, 서비스 하나하나에 ESG 기준을 적용해야 한다.

사무실 환경도 혁신할 수 있다. 디지털 문서를 기본으로 하고, 종이 사용을 줄이며, 회의 문화를 간소화한다. 출장을 최소화하고, 화상회의를 적극 활용한다. 에너지 절약 캠페인을 상시 운영해, 사무공간에서 탄소 저감 노력을 생활화할 수 있다.

구매와 조달 프로세스 역시 ESG 관점에서 점검해야 한다. 단순히 가격만 비교하는 것이 아니라, 공급업체의 환경·사회·지배구조 수준을 함께 평가하는 체계를 만든다. 공급망 전체의 ESG 수준을 끌어올리는 노력은 기업 자체의 지속 가능성을 높이는 지름길이다.

공정성을 업무 방식에 녹이는 것도 중요하다. 인사, 평가, 승진, 보상 모든 과정에서 차별 없는 시스템을 구축해야 한다. 의사결정 과정에서는 다양한 관점을 존중하고, 투명성과 합리성을 최우선 가치로 삼아야 한다. 조직 내 모든 프로세스가 공정성이라는 원칙 위에 세워질 때, 내부 신뢰가 쌓이고 외부로부터도 존경을 받는다.

혁신은 거창한 프로젝트로만 이루어지지 않는다. 오늘부터 사소한 업무 하나하나를 점검하고, 친환경성과 공정성을 기준으로 다시 설계하는 작은 노력이 진짜 변화를 만든다. 업무방식은 조직 문화의 거울이다. 일하는 방식이 바뀌어야 ESG가 살아 숨 쉬는 조직이 된다.

강소기업에게는 대기업보다 유리한 점이 있다. 조직이 작고 유연하기 때문에 변화가 빠르다. 프로세스를 조정하는 데 거대한 합의가 필요하지 않다. 경영진이 결단하고, 구성원이 동의하면 곧바로 실행할 수 있다. 강소기업일수록 일하는 방식을 ESG 관점으로 빠르게 전환할 수 있는 힘이 있다.

결국 ESG는 일하는 방식을 바꾸는 일이다. 어떤 사소한 일이라도 묻자. "이 과정은 환경과 사회, 그리고 우리의 신뢰를 위해 바른 길을 가고 있는가?"

이 질문을 모든 업무의 출발점으로 삼는 것, 그것이 진짜 혁신이다.

(2) 내부 커뮤니케이션으로 ESG를 생활화하기

ESG 경영을 조직에 심기 위해서는 일방적 지시나 규정만으로는 부족하다. 가장 중요한 것은 일상 속 소통이다. 강소기업이 ESG를 진짜 문화로 만들려면, 내부 커뮤니케이션이 살아 있어야 한다. ESG는 특별한 날만 강조하는 캠페인이 아니라, 매일 자연스럽게 오가는 대화 속에 존재해야 한다.

첫 번째로, ESG 목표와 활동을 꾸준히 공유해야 한다. 연간 ESG 목표를 한 번 공지하고 끝내는 것이 아니라, 월별, 분기별로 진행 상황을 업데이트해야 한다. 구성원들이 자신이 하는 일이 ESG 전체 흐름과 연결되어 있다는 사실을 느낄 수 있어야 한다.

두 번째로, 좋은 실천 사례를 조직 전체에 알리는 문화를 만들어야 한다. 한 부서가 전력 절감을 위해 창의적인 방법을 도입했다면 사내 게시판이나 뉴스레터를 통해 소개하고 칭찬하자. 성공 사례를 공유하는 것은 다른 팀의 행동을 자극하고, 긍정적인 ESG 분위기를 확산시킨다.

세 번째로, 소통은 일방향이 아니라 쌍방향이어야 한다. 구성원들이 자유롭게 ESG 관련 아이디어를 제안할 수 있는 통로를 열어야 한다. 사내 ESG 아이디어 공모전, 제안 게시판, 간담회 등을 통해 의견을 듣고, 실제로 실행에 옮기는 과정을 경험하게 해야 한다.

네 번째로, ESG 활동을 일상 언어로 풀어내야 한다. 전문용어나 거창한 표현 대신, 일상적인 말로 ESG의 의미를 전달한다. 예를 들어 "에너지 절감"이라는 말 대신, "우리가 전등 하나 끄는 게 지구를 지키는 시작입니다"처럼 피부에 와닿는 언어를 사용하는 것이다.

다섯 번째로, ESG를 성과로만 평가하지 말고, 과정 자체를 존중하는 문화를 만들어야 한다. 성과 지표에만 집중하면 오히려 왜곡된 행동이 나올 수 있다. 작은 실천과 꾸준한 참여 자체를 소중히 여기고, 인정해주는 것이 ESG를 진짜 생활화하는 길이다.

여섯 번째로, 리더들이 먼저 ESG를 주제로 소통을 시작해야 한다. 경영진이 주간 회의, 부서별 미팅 때 ESG 관련 이슈를 자연스럽게 언급하고, 질문을 던지는 것만으로도 ESG가 '남의 일'이 아니라 '우리 일'로 느껴지게 할 수 있다.

일곱 번째로, 사내 ESG 캠페인은 재미와 참여를 결합해야 한다. 무겁고 지루한 캠페인 대신, 친환경 생활 챌린지, 걷기 대회, 플라스틱 줄이기 게임처럼 가볍게 참여할 수 있는 프로그램을 기획하자. ESG는 즐겁게 참여할 수 있을 때 비로소 조직 문화로 뿌리내린다.

결국 ESG는 거창한 슬로건으로 정착하는 것이 아니다. 매일의 작은 대화, 공유, 공감 속에서 자라나는 것이다. 강소기업은 스스로 물어야 한다. "오늘 우리 대화 속에 ESG는 있었는가?" 이 질문에 '그렇다'고 답할 수 있을 때, 비로소 ESG는 생활이 된다.

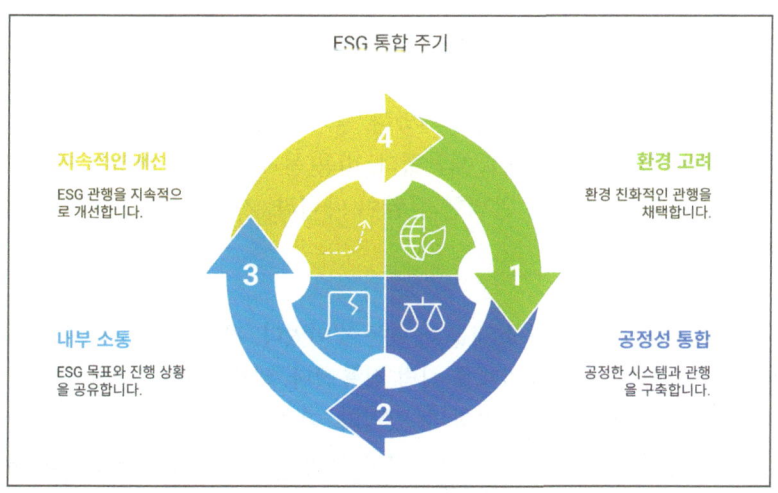

5. ESG 성공 기업 사례: 작은 실천이 큰 변화를 만든다

ESG 경영은 대기업만의 전유물이 아니다. 작은 회사도, 작은 실천으로 충분히 변화를 만들어낼 수 있다. 중요한 것은 규모가 아니다. 문제는 실행의 진정성이다. 수십억 원짜리 친환경 설비가 없어도, 복잡한 인증 체계가 없어도 괜찮다. 강소기업이 할 수 있는 작지만 꾸준한 실천이 결국 시장을 움직이고, 고객의 신뢰를 얻는다.

여기 소개하는 다섯 개 기업의 이야기는 거창한 구호가 아닌, 현실 속 작은 행동이 어떻게 큰 변화를 이끌어냈는지를 보여준다. 이들은 완벽해서 성공한 것이 아니다. 가능한 것부터 시작했고, 그 작은 시작을 멈추지 않았을 뿐이다. 지금, 이들의 이야기를 통해 우리는 묻는다. "당신은 내일부터 무엇을 바꿀 수 있는가?"

(1) 강소기업 A사: 플라스틱 절감 캠페인 성공 스토리

A사는 직원 수 30명 남짓한 생활용품 제조업체다. 특별한 ESG 전담 부서도, 거창한 전략도 없었다. 그러나 대표는 작은 문제 하나를 놓치지 않았다. 매일 제품을 포장하는 데 사용되는 플라스틱이 눈에 걸렸다. '이걸 줄일 수는 없을까?' 작은 의문이 시작이었다.

대표는 전 직원과 함께 회의를 열었다. 플라스틱 사용량을 줄이기 위해 가능한 모든 방법을 찾아보자고 제안했다. 비용 문제도, 공정 변경의 어려움도 솔직히 공유했다. 목표는 완벽한 전환이 아니라, 가능한 만큼 줄이는 것이었다.

첫 번째 시도는 포장재 소재를 바꾸는 것이었다. 기존 플라스틱 포장 대신 재활용이 가능한 종이 패키지를 시범 적용했다. 완벽하지는 않았지만, 일부 제품에서 적용 가능성을 확인할 수 있었다. 이후 제품 디자인팀과 생산팀이 함께 논의하여, 포장 공정을 간소화하고 불필요한 부자재를 제거하는 개선

안을 마련했다.

사내에서도 작은 변화가 시작됐다. 개인 텀블러 사용 장려, 일회용품 사용 금지 캠페인, 사무실 플라스틱 감축 목표 설정 등 생활 속 실천이 확산되었다. 누구도 강요하지 않았다. 한 사람이 시작하고, 다른 사람이 자발적으로 따라오면서 자연스럽게 문화가 형성되었다.

그 결과 1년 만에 회사 전체의 플라스틱 사용량은 40% 이상 감소했다. 별도의 홍보를 하지 않았지만, 친환경 제품을 찾는 소비자들의 입소문이 퍼지기 시작했다. 유통 채널에서도 "환경을 생각하는 브랜드"로 주목받으며 입점 제안이 이어졌다. 비용 부담은 있었지만, 플라스틱 감축이 오히려 회사의 차별화 포인트가 되었다.

A사는 거창한 선언 없이 행동으로 ESG를 실천했다. 완벽을 목표로 하지 않고, 지금 할 수 있는 것을 실천했다. 그리고 그 작은 실천이 회사의 브랜드 이미지를 바꾸고, 새로운 성장의 기회를 열어주었다.

이 사례는 말해준다. "ESG는 거창하게 시작할 필요가 없다. 당장 눈앞의 작은 문제를 바꾸는 것, 그것이 바로 변화의 출발점이다."

(2) 스타트업 B사: 직원 복지와 ESG를 연결한 혁신

B사는 설립 3년 차, 직원 수 20명 규모의 IT 스타트업이다. 빠른 성장에 집중하던 초기, CEO는 문득 질문을 던졌다. "우리가 만드는 제품만큼, 우리가 만드는 일터도 지속가능해야 하지 않을까?" 그렇게 B사의 ESG는 제품이 아니라, 조직 안에서부터 시작되었다.

첫 번째로 손댄 것은 직원 복지였다. 거창한 복지제도가 아니라, 실질적으로 직원들의 삶의 질을 높일 수 있는 변화를 찾기로 했다. 매월 하루, '웰니스 데이'를 지정해 유급 휴가를 제공하고, 심리 상담 지원 프로그램을 마련했다.

스트레스 관리, 정신 건강 같은 문제를 적극적으로 케어하기 시작한 것이다.

다음은 일하는 방식이었다. 정해진 출퇴근 시간을 없애고, 유연 근무제를 도입했다. 누구나 자신의 리듬에 맞춰 일할 수 있도록 신뢰를 기반으로 조직 문화를 바꿨다. 단순한 복지를 넘어, 직원 개인의 자율성과 책임을 존중하는 방향으로 진화한 것이다.

B사는 이 변화를 '사회(S)' 영역의 ESG 실천으로 명확히 정의했다. 내부 워크숍을 통해 ESG의 의미를 구성원들과 함께 공유하고, 회사가 지향하는 가치에 직원들이 스스로 연결될 수 있도록 했다. 강요가 아니라 공감이었다.

결과는 생각보다 빨리 나타났다. 웰니스 프로그램에 참여한 직원들의 만족도는 90% 이상을 기록했다. 이직률은 1년 새 7%로 감소했고, 채용 공고를 낼 때마다 우수 인재들이 몰려들었다. 특히 '좋은 일터'라는 내부 평판이 외부로 퍼지면서, 자연스럽게 회사의 브랜드 가치도 높아졌다.

B사는 ESG를 따로 분리된 프로그램으로 다루지 않았다. 직원 복지와 일하는 방식을 ESG 철학 안에 녹였고, 이를 통해 조직 내부의 신뢰와 몰입을 강화했다. 이 과정은 단순한 비용이 아니라, 회사의 지속 가능한 경쟁력을 키우는 투자였다.

이 사례는 말해준다. "ESG는 제품이나 서비스에만 있는 것이 아니다. 사람을 존중하고, 신뢰를 쌓는 일터를 만드는 것 자체가 가장 강력한 ESG 실천이다."

(3) 제조 스타트업 C사: 탄소중립을 일상화한 사례

C사는 친환경 건축자재를 만드는 50인 규모의 스타트업이다. 창업 초기부터 탄소중립을 목표로 삼았지만, 자원과 인력이 충분하지 않았다. 거창한 플랜을 세울 수도, 대규모 투자를 할 수도 없는 상황이었다. 그래서 C사는 전략

을 바꿨다. '탄소중립'을 특별한 프로젝트가 아니라, 일상에 자연스럽게 녹이는 방식으로 접근하기로 한 것이다.

첫 번째 변화는 사내 생활에서 시작되었다. 출퇴근시 대중교통 이용을 권장하고, 사내 전기 사용량을 주기적으로 체크했다. 불필요한 회의 출장 대신 화상회의를 기본으로 하고, 전자기기의 대기전력 차단 캠페인을 운영했다. 작은 행동이지만 모든 구성원이 참여할 수 있었다.

제품 개발 프로세스도 달라졌다. 신제품을 설계할 때부터 '탄소발자국'을 평가하는 기준을 적용했다. 원자재를 선정할 때 탄소 배출량을 고려했고, 제조 공정 개선을 통해 에너지 소비를 줄이는 방법을 끊임없이 고민했다. 완벽하지 않아도 괜찮았다. 중요한 것은 '항상 탄소를 의식하는 것'이었다.

C사는 모든 부서에 탄소 감축 목표를 부여했다. 관리팀은 사무실 에너지 절감을, 영업팀은 출장 감축과 친환경 이동 수단 이용을, 생산팀은 공정 최적화를 통해 탄소 저감을 추진했다. 탄소중립은 일부 부서의 일이 아니라, 회사 전체가 함께 만들어가는 과제가 되었다.

이런 작은 노력이 모여 1년 만에 C사는 사내 탄소 배출량을 18% 줄이는 성과를 거두었다. 외부 인증기관으로부터 친환경 경영 인증을 받았고, 이를 바탕으로 대형 건설사와의 신규 계약도 성사시킬 수 있었다. 내부적으로는 직원들의 자부심이 높아졌고, ESG 실천이 조직의 일상이 되었다.

C사의 탄소중립 전략은 특별한 것이 아니었다. 거대한 투자가 아니라, 매일의 일상 안에서 할 수 있는 것부터 찾아 실천했다. 그리고 그 꾸준한 일상의 힘이 진짜 변화를 만들어냈다.

이 사례는 말해준다. "탄소중립은 거창한 선언이 아니라, 매일의 작은 실천을 포기하지 않는 데서 시작된다."

(4) 외식업체 D사: 지역사회와 연결한 ESG 모델

D사는 지역 기반의 수제버거 브랜드다. 매장 수는 7개, 직원 수는 40명 남짓. 대기업처럼 대규모 친환경 설비를 갖출 수는 없었다. 대신 D사는 스스로에게 질문했다. "우리가 이 지역 사회에서 어떤 가치를 만들 수 있을까?" ESG를 거창하게 시작할 수 없다면, 작지만 의미 있는 변화를 만드는 것부터 시작하기로 했다.

가장 먼저 식자재 조달 방식을 바꿨다. 기존 대형 유통망 대신 인근 농가와 직접 계약을 맺었다. 조금 비싸더라도, 신선하고 지역 경제에 도움이 되는 식재료를 우선 구매했다. 이로써 지역 농가와 상생하는 구조를 만들었고, 매장 내 식재료의 70% 이상을 지역산으로 전환할 수 있었다.

폐기물 관리에도 변화를 줬다. 일주일에 하루, '제로 웨이스트 요일'을 지정해 매장에서 나오는 음식물 쓰레기와 포장 폐기물을 최소화하는 데 도전했다. 초반에는 익숙지 않아 어려움도 있었지만, 점차 직원들의 자발적 참여가 늘어나면서 눈에 띄는 개선이 이뤄졌다.

D사는 지역사회 기여에도 적극적으로 나섰다. 매출의 일부를 지역 청년 창업 지원 펀드에 기부하고, 지역 행사나 환경 캠페인에 매장 차원으로 참여했다. 소비자들도 이 변화를 빠르게 알아차렸다. 단순히 맛있는 햄버거를 파는 가게가 아니라, 지역과 함께 성장하려는 브랜드로 인식되기 시작한 것이다.

결과는 놀라웠다. D사의 매출은 2년 연속 25% 이상 성장했다. 특히 MZ세대 고객 비중이 급격히 늘었다. "가치 있는 소비"를 중시하는 젊은 세대가 자연스럽게 D사를 선택하기 시작한 것이다. 별도의 광고비 없이, 브랜드 신뢰가 고객 충성도를 끌어올렸다.

D사는 ESG를 화려한 슬로건으로 시작하지 않았다. 지역을 이해하고, 작

지만 진정성 있는 실천을 꾸준히 이어갔다. 그리고 그 과정이 소비자와 지역 사회의 신뢰를 얻는 가장 강력한 무기가 되었다.

이 사례는 말해준다. "ESG는 글로벌 캠페인만이 아니다. 내가 속한 지역과 진심으로 연결될 때, 가장 강력한 지속 가능성이 만들어진다."

(5) 테크 스타트업 E사: ESG 데이터 투명성으로 신뢰 구축

E사는 B2B 소프트웨어를 개발하는 스타트업이다. 직원 수는 25명. 아직 매출 규모도 크지 않았고, 글로벌 인증이나 친환경 설비를 갖출 여력도 없었다. 하지만 E사는 자신들만의 방식으로 ESG를 실천하기로 결심했다. 방법은 단순했다. "우리가 하는 모든 ESG 활동을 투명하게 공개하자." 데이터 기반 투명성이야말로 작은 회사가 시장에서 신뢰를 얻는 가장 강력한 무기라고 믿었다.

가장 먼저 사내 에너지 사용량을 측정하고 관리하기 시작했다. 서버 운영에 필요한 전력 소비량, 사무실 내 전기 사용량, 직원 출장 거리 등을 모두 기록했다. 수치는 작을지 몰라도, 하나도 빠뜨리지 않고 데이터를 모았다.

E사는 이 데이터를 바탕으로 매년 'ESG 리포트'를 작성했다. 대형 기업처럼 화려한 디자인이나 수백 페이지 분량은 아니었다. 하지만 구체적인 수치와 개선 노력을 진솔하게 담았다. 예를 들어, 서버 에너지 효율을 높이기 위해 어떤 소프트웨어 최적화를 했는지, 직원들의 출장 대신 화상회의 전환 비율이 어떻게 증가했는지를 구체적으로 밝혔다.

이 리포트는 홈페이지에 누구나 쉽게 볼 수 있도록 공개했다. 고객사 미팅 때도 "우리는 이렇게 ESG를 실천하고 있습니다"라며 직접 자료를 제시했다. 아무도 요구하지 않았지만, 스스로 투명성을 보여준 것이다. 결과는 놀라웠다. ESG 리포트를 공개한 이후, 신규 고객사 제안 수가 1.8배 늘었다. 특히 글로벌 기업들과의 협상에서 '책임 있는 파트너'로 신뢰를 얻는 데 큰 도움이 되었다. 기존 고객사 재계약률도 눈에 띄게 상승했다. 대기업과 비교해 브랜드 인지도나 규모에서는 밀렸지만, '신뢰'라는 무형자산에서는 확실한 차별화를 이룰 수 있었다. E사는 스스로를 포장하지 않았다. 있는 그대로를 성실하게 기록하고, 투명하게 공개했을 뿐이다. 그러나 이 작은 진정성이 시장의 신뢰를 끌어냈고, 스타트업이라는 약점을 강점으로 바꾸는 데 성공했다.

이 사례는 말해준다. "ESG는 대단한 자원이 필요한 것이 아니다. 진심으로 실천하고, 투명하게 공개하는 것. 그것이 작은 기업이 신뢰를 얻는 가장 강력한 방법이다."

6. 중소기업의 ESG 내재화를 위한 실천 로드맵

(1) 1년 안에 ESG를 체질화하는 실행 계획

ESG 경영은 대기업만의 전유물이 아니다. 강소기업도 충분히 해낼 수 있다. 단, 성공하려면 시작부터 명확한 로드맵이 필요하다. 방향 없이 선언만 반복하다가는 흐지부지되고 만다. 1년이라는 시간 동안 구체적으로 무엇을 할 것인지, 실천 가능한 계획을 세워야 한다.

첫 번째, 첫 3개월은 '작은 실천'을 조직에 퍼뜨리는 데 집중한다. 에너지 절약, 종이 없는 사무실, 일회용품 줄이기 같은 쉬운 과제를 전 직원이 함께 실천하게 한다. 빠른 성취감을 주는 것이 핵심이다. 구성원 모두가 "ESG는 우리 모두의 일"이라는 감각을 느끼도록 해야 한다.

두 번째, 6개월 안에는 업무 프로세스에 ESG 기준을 심는다. 제품 개발, 구매, 마케팅, 인사 등 모든 부서의 주요 업무에 "환경과 사회에 어떤 영향을 주는가?"를 묻는 과정을 추가한다. 일상적인 업무 안에 ESG가 자연스럽게 녹아들게 만드는 것이다.

세 번째, 9개월이 되면 '문화화' 작업을 본격적으로 시작한다. 사내 ESG 아이디어 공모전, 베스트 실천자 포상제도 같은 프로그램을 운영해 ESG를 자발적인 참여로 끌어올린다. 성공 사례를 공유하고, 작은 실천에도 박수를 보내는 문화가 자리를 잡아야 한다.

네 번째, 1년 차에는 '체계화'를 목표로 삼는다. 지금까지의 실천을 정리해 작은 ESG 보고서를 만든다. 외부 공개용이 아니어도 좋다. 중요한 것은 우리가 어떤 변화를 만들었고, 무엇을 배웠는지 기록하는 것이다. 이 과정을 통해 ESG 경영이 일회성이 아니라 '우리 회사의 방식'으로 자리 잡는다.

중요한 것은 완벽을 목표로 하지 않는 것이다. 1년 안에 모든 것을 갖추겠다는 욕심을 버려야 한다. 대신 한 걸음씩, 작지만 확실한 변화를 만들어가는 것. 이 작은 성공 경험들이 쌓이면서 조직은 스스로 변하기 시작한다.

강소기업은 민첩하고 유연하다. 이 장점을 살려 빠르게 실행하고, 결과를 바로 피드백하면서 ESG를 생활화할 수 있다. 대기업처럼 수백 페이지짜리 보고서나 복잡한 인증 체계가 없어도 괜찮다. 중요한 것은 진정성과 일관성이다.

1년이라는 시간은 결코 짧지 않다. 오늘 작은 행동 하나를 시작하고, 내일 그걸 다시 이어가고, 모레는 옆 사람과 함께하는 것. 그렇게 365번의 작은 변화를 만들면, 1년 후에는 전혀 다른 조직이 되어 있을 것이다.

이제 강소기업은 스스로 묻고 답해야 한다. "우리는 1년 후 어떤 조직이 되어 있을 것인가?" 그 답은 오늘의 작은 실천에 달려 있다.

(2) 내부 리더를 키워 ESG를 지속 가능하게 만들기

ESG 경영은 CEO 혼자 이끌어서는 오래가지 못한다. 초기에야 경영진 주도로 분위기를 만들 수 있지만, 시간이 지나면서 내부의 자발적인 움직임이 없다면 쉽게 식고 만다. 강소기업이 ESG를 진짜 체질화하려면, 조직 안에 'ESG 리더'를 키워야 한다.

내부 리더는 특별한 직책이나 직급을 의미하지 않는다. 꼭 ESG 담당자라는 타이틀이 없어도 된다. 중요한 것은 구성원 중에서 ESG의 가치를 이해하고, 작지만 꾸준한 변화를 이끌 수 있는 사람을 찾아 세우는 것이다. 실천과 공감, 이 두 가지가 핵심 역량이다.

첫 번째로, 부서별로 ESG 챔피언을 지정한다. 각 팀에서 자발적으로 ESG 실천을 제안하고 주도할 수 있는 리더를 만든다. 이들은 새로운 아이디어를 모으고, 작은 실천을 추진하는 중심 역할을 맡는다. 강압이 아니라, 자발적 리더십을 기반으로 한다.

두 번째로, 리더에게 실질적인 권한을 부여한다. ESG 아이디어를 제안하거나, 작은 실험 프로젝트를 실행할 수 있도록 지원해야 한다. 승인 과정만 복잡하게 만들면 자발성이 죽는다. 빠르게 제안하고, 빠르게 실행하는 문화가 자리잡아야 한다.

세 번째로, 내부 리더를 꾸준히 교육하고 성장시킨다. ESG 관련 최신 트렌드를 공유하고, 외부 사례를 소개하며, 새로운 인사이트를 계속 주입한다. 리더 스스로 성장해야 다른 구성원들에게 긍정적인 자극을 줄 수 있다.

네 번째로, 리더들 간의 네트워크를 활성화한다. ESG 리더끼리 정기적으로 만나 서로의 활동을 공유하고, 고민을 나누게 한다. 서로의 성공과 실패를 공유하면서 함께 성장하는 구조를 만들면 리더십이 조직 전체로 확산된다.

다섯 번째로, 리더의 작은 성과를 크게 인정해야 한다. 모든 변화를 숫자로 측정할 수는 없다. 작은 행동 하나, 작은 캠페인 하나라도 전사적으로 칭찬하고, 성과로 인정해주는 문화가 필요하다. 인정받은 리더는 더 강한 동기부여를 얻고, 다른 구성원들의 롤모델이 된다.

여섯 번째로, 리더를 단기 목표의 도구로만 이용해서는 안 된다. ESG 리더십은 장기적인 가치관 구축의 과정이다. 당장의 결과만 요구하면 본질이 왜곡된다. 리더들이 장기적인 관점에서 ESG 문화를 키워갈 수 있도록 격려해야 한다.

결국 내부 리더는 ESG 경영의 씨앗이다. 한 사람, 한 부서의 작은 변화를 통해 조직 전체가 조금씩 바뀌고, 그 변화가 지속 가능성을 만든다. 강소기업에게 필요한 것은 완벽한 시스템이 아니라, 스스로 움직이는 작은 불꽃들이다. 이제 강소기업은 스스로 물어야 한다. "우리 조직 안에 ESG를 진심으로 말하고 행동하는 리더는 있는가?" 그 답이 있다면, 이미 변화는 시작된 것이다.

에필로그

언론이 선택한 브랜드가 만들어갈 새로운 세상

 이제 긴 여정의 마지막 페이지를 넘기며, 우리는 다시금 출발점에 서 있습니다. 『홍보하지 말고 언론으로 보도하라』는 단순한 마케팅 전략서를 넘어, 브랜드의 본질적 가치가 미디어와 결합했을 때 얼마나 강력한 힘을 발휘할 수 있는지를 탐구한 여정이었습니다. 광고의 시대가 저물고, 진정성 있는 스토리를 품은 브랜드가 언론과 함께 시장을 지배하는 새로운 시대가 도래했습니다.

 우리는 이 책에서 언론이 브랜드에 가져다줄 수 있는 가치와 영향력을 깊이 있게 다루었습니다. 브랜드의 핵심이 무엇인지, 언론이 선택할 수밖에 없는 브랜드란 어떤 브랜드인지 명확히 정의하고자 했습니다. 그 과정에서 광고 중심의 접근에서 벗어나 소비자와 언론이 진정으로 신뢰하고 공감할 수 있는 브랜드를 만들기 위한 전략들을 살펴보았습니다.

 이 여정에서 우리가 반복해서 강조했던 핵심은 바로 '신뢰'였습니다. 앞으로의 시대는 신뢰가 브랜드 경쟁력의 가장 중요한 요소로 자리 잡을 것입니다. 언론이 브랜드의 신뢰를 검증하고 소비자가 이를 받아들이는 과정은 광고가 만들어내는 인위적인 이미지와는 본질적으로 다릅니다. 브랜드가 소비자에게 의미 있는 존재로 인정받으려면, 꾸준한 진정성과 투명성, 사회적 책임을 기반으로 언론과 소통해야 합니다.

 디지털 전환과 기술 혁신은 언론과 브랜드 모두에게 큰 도전이자 기회를 제공합니다. 이제 브랜드는 인공지능(AI), 빅데이터, 메타버스와 같은 첨단 기술을 적극적으로 활용하여 더욱 효과적으로 언론과 협력할 수 있습니다. 데이터를 기반으로 정밀하게 소비자의 마음을 읽고, 그들에게 공감과 신뢰를 이끌어내는 맞춤형 콘텐츠를 제공하는 능력은 브랜드의 필수 경쟁력이 될 것입니다. 앞으로는 언론과 브랜드가 이러한 디지털 환경에서 더욱 깊고 창의적으로 협력하는 시대가 열릴 것입니다.

그러나 우리는 여기서 멈추어서는 안 됩니다. 미래의 브랜드는 단순히 소비자에게 상품과 서비스를 제공하는 것을 넘어, 사회적 이슈에 적극적으로 목소리를 내고, 사회적 가치를 창출하는 리더가 되어야 합니다. ESG(환경·사회·지배구조)의 중요성은 점점 커지고 있으며, 소비자는 브랜드가 어떤 사회적 가치를 지향하는지 더욱 민감하게 판단하고 있습니다. 언론은 브랜드가 추구하는 ESG 메시지를 검증하고 소비자에게 진정성 있게 전달하는 강력한 파트너가 될 것입니다. 브랜드가 사회적 책임을 다하는 순간, 언론을 통해 전달된 그 진심은 소비자와 시장의 마음을 움직이고, 브랜드의 지속가능한 성장을 보장할 것입니다.

더불어 우리는 이번 책에서 위기 상황에서의 언론 소통 전략을 상세히 제시했습니다. 위기는 언제든 찾아올 수 있으며, 그것을 어떻게 관리하느냐에 따라 브랜드의 미래가 결정됩니다. 브랜드가 위기 속에서도 언론과의 신뢰 관계를 굳건히 유지한다면, 위기는 오히려 브랜드를 강화하는 기회가 될 것입니다. 위기에 대한 빠르고 정확한 대응, 투명하고 진정성 있는 소통이 미래의 성공적인 브랜드가 반드시 갖춰야 할 능력입니다.

이제 여러분은 이 책에서 얻은 지식과 전략을 현장에서 적극적으로 실천할 때입니다. 언론이 브랜드를 선택하는 시대, 브랜드가 가진 진정한 가치를 언론과 소비자에게 보여줄 때입니다. 물론 실전에서는 예상치 못한 난관과 어려움이 있을 수 있지만, 여러분은 이미 이를 극복할 충분한 지혜와 전략을 갖추었습니다. 지속적인 학습과 현장에서의 경험을 통해 더욱 강력하고 신뢰받는 브랜드로 성장하기를 바랍니다.

『홍보하지 말고 언론으로 보도하라』가 목표로 하는 최종적인 이상은 건강한 미디어 생태계와 투명하고 책임 있는 브랜드 문화의 형성입니다. 우리는 이 책을 통해 브랜드와 언론이 단지 상업적 관계를 넘어, 사회를 보다 건강하게 발전시키는 데 이바지하는 관계로 진화하기를 희망합니다. 언론은 브랜드의 진정성을 검증하고, 브랜드는 사회적 가치와 책임을 다함으로써, 소비자는 더욱 현명한 선택을 할 수 있게 될 것입니다.

여러분이 만들어갈 미래의 브랜드는 광고 없이도 시장을 지배하고, 진정한 의미에서 소비자와 사회의 삶을 더 나은 방향으로 바꿀 수 있는 힘을 가질 것입니다. 브랜드의 사회적 영향력이 커질수록 언론의 책임과 역할도 더욱 중요해질 것입니다. 브랜드와 언론이 상호 신뢰와 존중을 바탕으로 건강한 협력을 유지한다면, 우리가 살아가는 세상은 더욱 신뢰와 의미로 가득 찰 것입니다.

이제 여러분은 이 책을 통해 광고 중심의 시대를 넘어 '언론으로 브랜딩 하는 시대'를 이끌어갈 충분한 역량을 갖추었습니다. 이 책은 마침표가 아니라 여러분의 미래를 향한 쉼표일 뿐입니다. 브랜드가 지속적으로 진화하는 미디어 환경에 빠르게 적응하고, 창의적이고 혁신적인 방법으로 언론과 협력할 수 있도록 앞으로도 지속적인 연구와 실천을 당부합니다.

이 책이 탄생하는 과정에서 소중한 경험과 깊은 통찰력을 공유해주신 한국미디어창업뉴스 기자분들과 전문가들께 진심 어린 감사의 인사를 전합니다. 또한, 변함없는 관심과 열정으로 이 책을 읽어주신 독자 여러분께도 존경과 감사를 표합니다. 여러분의 성공 이야기가 바로 이 책의 가장 값진 보람이 될 것입니다.

여러분의 브랜드가 시장과 사회를 아름답게 변화시키는 놀라운 이야기를 만들어가기를 응원합니다. 그 미래를 여러분과 함께 기대하며, 이 책을 마무리하고자 합니다. 언론이 선택한 브랜드가 만들어갈 멋진 미래를 향해, 힘차게 나아가십시오.

감사합니다.

2025년 5월, 가산디지털단지에서
한국미디어창업뉴스 편집장 올림